A QUESTÃO DA IDEOLOGIA
NO CÍRCULO DE BAKHTIN

A QUESTÃO DA IDEOLOGIA NO [CÍRCULO] DE BAKH[TIN]

LUIZ ROSALVO COSTA

OGIA
CÍRCULO
TIN

E os Embates no Discurso
de Divulgação Científica
da Revista *Ciência Hoje*

Copyright © 2017 by Luiz Rosalvo Costa

Direitos reservados e protegidos pela Lei 9.610 de 19.02.1998.
É proibida a reprodução total ou parcial sem autorização, por escrito, da editora.

Processo: 2016/03378-2

Dados Internacionais de Catalogação na Publicação (CIP)
(Câmara Brasileira do Livro, SP, Brasil)

Costa, Luiz Rosalvo
A Questão da Ideologia no Círculo de Bakhtin: E os Embates no Discurso de Divulgação Científica da Revista Ciência Hoje / Luiz Rosalvo Costa. – Cotia, SP: Ateliê Editorial, 2017.

Bibliografia
ISBN: 978-85-7480-760-7

1. Análise do discurso 2. Bakhtin, Mikhail Mikhailovitch, 1895-1975 – Crítica e interpretação 3. Divulgação científica 4. Ideologia 5. Linguagem 6. Linguística I. Título.

17-02296   CDD-410

Índice para catálogo sistemático:
1. Análise do discurso. Linguística   410

Direitos reservados à

ATELIÊ EDITORIAL
Estrada da Aldeia de Carapicuíba, 897
06709-300 – Granja Viana – Cotia – SP
Tels.: (11) 4612-9666 / 4702-5915
www.atelie.com.br
contato@atelie.com.br

Printed in Brazil 2017
Foi feito o depósito legal

SUMÁRIO

Prefácio: Ideologia, Linguagem e Divulgação Científica – Sheila Vieira de Camargo Grillo, 7

Introdução, 11

01

Objeto e Pressupostos

15

1. Sobre a Controvérsia em Torno do Círculo, 16
2. Sobre a Posição Assumida neste Trabalho, 21
3. Sobre a Pertinência e a Delimitação do Objeto, 27
4. Sobre as Traduções Utilizadas, 31
5. Sobre a Definição do *Corpus*, 36

02

O Círculo de Bakhtin e a Questão da Ideologia no Contexto Intelectual da Rússia na Década de 1920

41

1. O Círculo e o Marxismo, 44
2. A Ideologia no Século xix, 52
3. A Ideologia nos Marxistas Russos, 57
4. A Questão da Falsa Consciência na Rússia, 74
5. A Geração de 1860 e as Relações entre Arte e Vida, 79
6. Estética e Linguística nos Anos Revolucionários, 82
7. Principais Embates: Saussure, o Formalismo e o Subjetivismo, 89

03

A Ideologia no Círculo de Bakhtin

93

1. Sociologização e Primado do Social, 95
2. O Estatuto dos Textos Iniciais de Bakhtin, 98
3. Historicidade como Pressuposto Comum, 103
4. A Ideologia em Medviédev, 113
5. A Ideologia em Volóchinov, 122
6. A Ideologia em Bakhtin, 139

04

Novas Tecnologias, Conhecimento Científico e Produção Enunciativa na Sociedade Contemporânea

165

1. Produção Discursiva e Esferas Ideológicas, 165
2. Autonomia e Heteronomia no Funcionamento das Esferas, 167
3. Sobre as Transformações nas Forças Produtivas, 171
4. A Configuração do Universo Ideológico, 177
5. Mídia, Novas Tecnologias e Interação Sociodiscursiva, 185
6. A Ciência como Força Produtiva e como Ideologia, 188
7. Reflexo e Refrações no Universo Discursivo, 192

05

A Divulgação Científica e o Discurso da Revista *Ciência Hoje* nas Décadas de 1990 e 2000

201

1. Divulgação Científica como Articulação Discursiva de Esferas, 201
2. A SBPC e a Criação da Revista *Ciência Hoje*, 205
3. *Ciência Hoje* na Década de 1980: Sob o Impulso da Politização, 209
4. Do Fim dos Anos 1980 a Meados dos Anos 1990: Continuidades, 216
5. Da Segunda Metade dos Anos 1990 em Diante: Descontinuidades, 220
6. *Ciência Hoje* sob o Assédio de Vozes Pós-Modernas, 234
7. *Ciência Hoje* Após 2004: Reação de Vozes Modernas, 250

Considerações Finais, 255

Referências Bibliográficas, 257
Bibliografia Geral, 257
Bibliografia do Círculo, 267

PREFÁCIO

Ideologia, Linguagem
e Divulgação Científica

Sheila Vieira de Camargo Grillo[1]

O presente livro é o resultado da tese de doutorado defendida em 2014 no Programa de Pós-Graduação em Filologia e Língua Portuguesa da Universidade de São Paulo e desenvolvida no âmbito do Grupo de Pesquisa Diálogo (USP/CNPq). Ele é uma continuidade da pesquisa de mestrado também publicada em livro com auxílio da Fapesp e intitulada *Da Ciência à Política: Dialogismo e Responsividade no Discurso da SBPC nos Anos 80*. Portanto, o trabalho aqui publicado é a continuidade de um bem-sucedido percurso de investigação sobre a divulgação ou popularização científica empreendida pela Sociedade Brasileira para o Progresso da Ciência (SBPC), ao mesmo tempo que lança luz sobre um conceito basilar e complexo nas obras de Mikhail Bakhtin, Pável Medviédev e Valentin Volóchinov: a ideologia.

A pesquisa de Luiz Rosalvo se organiza em torno de dois eixos centrais: a compreensão de que a produção sígnica (verbal e não-verbal) é o lugar de materialização das relações entre as determinações do sistema econômico e as formas de significar e atribuir sentidos à realidade; e a análie da divulgação científica como um campo privilegiado de reflexo e refração do conjunto de transformações pelos quais passa o sistema produtivo e a sociedade de um modo geral. Em conformidade com esses dois eixos, o trabalho está organizado em duas partes: na primeira, é abordado o modo como a ideologia perpassa não só os textos de Medviédev e Volóchinov, mas também a obra

---

1. Professora Livre-Docente do Departamento de Letras Clássicas e Vernáculas (DLCV) da Faculdade de Filosofia, Letras e Ciências Humanas (FFLCH) da Universidade de São Paulo (USP).

de Bakhtin; e, na segunda, é analisado o discurso da divulgação científica da SBPC materializado em seus editoriais das décadas de 1990 e 2000 por meio da caracterização das mudanças no sistema produtivo contemporâneo e da configuração do universo ideológico correspondente.

Entre os vários méritos do trabalho, destaca-se o modo autoral e exaustivo como Luiz Rosalvo dialoga com a bibliografia já produzida sobre a obra do Círculo e suas traduções, de modo que o leitor pode tomar conhecimento da fortuna crítica, bem como das escolhas e avanços da abordagem aqui proposta. Em razão disso, a pesquisa evidencia exemplarmente como a construção do conhecimento científico se tece, por um lado, mediante a inserção em um tradição e, por outro, através de formulações originais que a movimentam, deslocam, avançam.

Outra grande virtude é o tratamento dado à obra do Círculo a partir do juízo de que

[...] toda produção intelectual, a exemplo de qualquer discurso, é uma construção historicamente situada e, por isso, apreensível como um trabalho elaborado em interação dialógica e responsiva com as condições histórico-sociais do momento em que ele é realizado (p. 35).

Esse princípio teórico definidor do discurso orienta a compreensão e a delimitação dos conceitos bakhtinianos (em especial o de ideologia) como uma resposta a condições acadêmicas, históricas, sociais, culturais e políticas da Rússia e da União Soviética pós-Revolução de 1917. Para realizar essa contextualização, Luiz Rosalvo faz uma leitura atenta da bibliografia disponível sobre o tema e especialmente da obra do Círculo de Bakhtin, procedimento que lhe permite encontrar elementos reveladores da ambiguidade da relação dos textos de Mikhail Bakhtin com o marxismo. Por conseguinte, sem desconsiderar a variedade de interlocuções teóricas que perpassa os textos de Bakhtin, Luiz Rosalvo aponta consonâncias entre as obras de Bakhtin, Medviédev e Volóchinov a respeito do conceito de ideologia e sua relação com a linguagem e chega à seguinte síntese:

A ideologia da sociedade se constitui por significados e sentidos materializados em objetos-signo e em enunciados concretos produzidos nas diferentes esferas ideológicas e na comunicação da vida cotidiana. Nesses significados e sentidos se refletem e se refratam (sob a ação de diversas mediações, entre as quais as dos gêneros discursivos) as determinações emanadas das estruturas econômicas e políticas e as relações travadas pelas forças em contradição e luta no fluxo de interação dialógica e responsiva da sociedade (p. 147).

Uma terceira virtude deste livro é descrição e análise da evolução discursiva nos editoriais da revista *Ciência Hoje* coerentemente articuladas com a base teórica formulada na primeira parte do trabalho. Para realizar a análise do *corpus*, Luiz Rosalvo parte da configuração das determinações econômicas, políticas, culturais e sociais decorrentes de mudanças no modelo produtivo capitalista do qual as tecnologias da informação e comunicação são um componente preponderante. Essas determinações irão configurar o universo ideológico refletido e refratado nos editoriais de *Ciência Hoje* nos anos 1990 e 2000 que se configura como a "luta pelo controle de sentidos e significados" organizada na tensão entre dois projetos de divulgação científica: um de cunho modernista-iluminista e outro pós-moderno.

Se esta breve apresentação das principais contribuições da pesquisa de Luiz Rosalvo tiver cumprido seu objetivo, o leitor interessado em questões de linguagem, ideologia, discurso, teoria bakhtiniana, divulgação científica estará convencido da consistência, relevância e atualidade do livro que ele tem em mãos.

INTRODUÇÃO

A ordem de fenômenos para os quais se volta o trabalho apresentado a seguir pode ser rapidamente ilustrada por um evento que aponta emblematicamente para a produção discursiva e ideológica na contemporaneidade: o título de "palavra do ano" outorgado pelo *Dicionário Oxford*, da Inglaterra, em 2013, ao vocábulo *selfie*.

Segundo *sites* que desde então registram o acontecimento, a razão para que esse substantivo (cujo significado é descrito como "fotografia que alguém tira de si mesmo, normalmente com um *smartphone* ou uma *webcam*, para disponibilizar em uma rede social") tenha sido agraciado com tal distinção é o seu indiscutível "sucesso": no ano mencionado, a frequência do uso da palavra no idioma inglês aumentou 17 000%[1].

O caráter emblemático do evento reside principalmente no fato de que, ao celebrar uma situação já conhecida de todos (qual seja, a difusão do uso da palavra *selfie* pelo planeta inteiro), o selo do dicionário lança os holofotes sobre um signo bastante representativo do modo como a ideologia e a existência material se entrecruzam e se articulam na linguagem.

Atestando a natureza imanentemente ideológica dos significados e sentidos em circulação na sociedade, nos quais, conforme propõe a concepção dialógica de linguagem aqui abraçada, refletem-se e refratam-se, sob o

---

1. Ver, por exemplo, os endereços: blog.oxforddictionaries.com_press-releases_oxford-dictionaries-word-of-the-year-2013; www.bbc.co.uk_portuguese_noticias_2013_11_131119_selfie_oxford_fn e www.dn.pt_inicio_globo_interior.aspx_content_id=3540144.

efeito de diversas mediações, os embates fundamentais da existência social material, a palavra *selfie* pode ser vista como um grande exemplo dos nexos que ligam as determinações do sistema econômico às formas de significar e atribuir sentidos à realidade. Nela se encontram cristalizados elementos que, originalmente associados ao universo da produção material e das relações de produção, estabeleceram-se também como ingredientes dos sistemas de interação, das formas de sociabilidade, dos esquemas cognitivos, das referências espaço-temporais e, por extensão, dos modos de compreensão e de representação da existência humana inscritos nas práticas sígnicas e enunciativas pelas quais se reproduz e se legitima a ordem social e econômica configurada na maior parte do mundo nas últimas quatro ou cinco décadas.

Nesse pequeno vocábulo se enfeixam processos que, desencadeados no âmbito de uma grande reorganização do sistema produtivo, ensejaram concomitantemente mudanças e remodulações na criação e circulação de signos e enunciados nas mais diversas esferas de atividade e de comunicação na sociedade. Ancoradas no grande desenvolvimento das tecnologias de informação e de comunicação e em uma forma específica de apropriação da ciência e de incorporação do conhecimento à vida econômica e social, essas transformações se efetivam em uma produção discursiva da qual a palavra *selfie* e as práticas interacionais a ela associadas representam uma amostra bastante expressiva.

Desse ponto de vista, para além dos limites circunscritos pelo seu referente imediato, *selfie* aponta para uma realidade muito mais ampla, traduzida por modos de significação e de produção de sentidos cujas determinações remetem a um conjunto de processos entre os quais podem ser destacados:

- o desenvolvimento de formas de organização do trabalho e da produção baseadas na compressão do tempo e do espaço;
- a consolidação de um regime produtivo alimentado por um movimento ininterrupto de inovações tecnológicas;
- o vertiginoso avanço da microeletrônica, da telemática, da tecnologia digital e da comunicação sem fio;
- a intensificação do desempenho e da produtividade;
- a exacerbação do individualismo e da competição.

Determinando o ritmo dos sistemas produtivos e das formas de gestão do trabalho, do tempo e do espaço típicas da vida econômica na contemporaneidade, esse conjunto de processos, que reorganiza em novos patamares o domínio do capital sobre a vida social como um todo, reflete-se e refrata-se na produção de signos e enunciados em praticamente todas as esferas de atividade e de comunicação, e aparece de maneira particularmente nítida em traços do significado da palavra *selfie*, tais como:

- imagem obtida em dispositivos eletrônicos digitais de alta tecnologia;
- caráter imediato do processo de obtenção da imagem;
- possibilidade de circulação e propagação instantânea da imagem obtida;
- destinação da imagem para processos de interação virtuais.

Os próprios componentes sêmicos da palavra indicam, como se pode ver, uma sugestiva homologia entre as características dos processos interacionais integrados ou referidos por ela e as formas de organização da produção econômica contemporânea, que também se assentam no fluxo incessante de inovações tecnológicas, na grande velocidade de movimentações (financeiras, administrativas, materiais etc.), na instantaneidade de negócios e transações de variados tipos e na virtualização de espaços, ambientes e operações.

Também sintomático dessa correspondência entre os modos de regulação econômica e as referências incorporadas à produção sígnica é o recrudescimento do individualismo que, estampado de imediato na superfície da palavra por meio do morfema *self*, remete a um modelo de organização no qual a performance competitiva do indivíduo, reafirmada como princípio básico de funcionamento do sistema, é medida principalmente pela capacidade de prover a si mesmo com as mercadorias apropriadas à satisfação das necessidades do momento e participar de uma teia de relações (a que o significado da palavra não deixa de aludir) marcadas pela espetacularização do eu e das trivialidades pessoais, que permeiam os processos de interação em plataformas virtuais e em redes de relacionamento nas quais *selfies* e outros signos correlatos transitam freneticamente.

Um dos dados fundamentais para os quais essas correspondências chamam a atenção é que, na sociedade contemporânea, os paradigmas espaço-temporais, os padrões de raciocínio e os modelos de ação e de representação próprios do tipo de racionalidade instalada no mundo da produção econômica estenderam-se para as mais diversas dimensões da vida social, determinando (em alguns aspectos, à sua imagem e semelhança) as referências estéticas e cognitivas, os modos de pensamento e as formas de consciência consubstanciadas nos significados e sentidos que se constituem e circulam em enunciados de diferentes esferas ideológicas.

Inscrevendo-se, dessa forma, na produção sígnica e enunciativa, a velocidade, a fluidez, a volatilidade, a fragmentação, a instantaneidade e a exigência do desempenho e da produtividade (características da lógica econômica) convertem-se em dados "naturais" da existência e consolidam a insensibilidade e a intolerância em relação ao comportamento e ao pensamento não subordinados a finalidades produtivas, competitivas ou performáticas. Expressões dessa tendência verificam-se tanto na vida cotidiana como nas esferas ideológicas constituídas (arte, religião, direito, mídia, ciência etc.), onde se disseminam significados, práticas e valores pelos quais se firma uma atmosfera de aceleração, ansiedade, fluidez e velocidade na qual a referência espaço-temporal determinante é o *aqui-agora*.

Como vários outros campos, também a ciência é atingida em cheio por esse processo, o que se pode ver refletido e refratado em *selfie* principalmente por meio do traço da *tecnologização*, que, inscrita semicamente no plano do conteúdo do signo, remete ao modo de incorporação do conhecimento à vida contemporânea, caracterizado em grande medida pela subsunção do saber científico a uma lógica de produção de mercadorias conduzida pelo imperativo da produtividade e da inovação tecnológica.

Não é de estranhar, em vista disso, que os discursos em alguma medida ligados à esfera da ciência, como o discurso de divulgação científica, constituam campos privilegiados de reflexo e de refração de todo esse conjunto de transformações.

Assim, a notoriedade alcançada por *selfie*, evidenciando o papel da palavra enquanto signo ideológico e, portanto, enquanto índice de processos histórico-sociais em desenvolvimento, aponta direta ou indiretamente para duas questões situadas no centro dos interesses da reflexão aqui desenvolvida, a saber:

- as relações entre a ideologia e a produção discursiva da sociedade;
- o modo como embates ideológicos da contemporaneidade atingem a ciência e se manifestam no discurso de divulgação científica.

A forma como essas questões se articulam com o objeto e os pressupostos deste trabalho é explicitada no capítulo a seguir.

01

Objeto e Pressupostos

Voltado fundamentalmente para as relações entre a ideologia e a linguagem, o presente estudo é desenvolvido a partir de três premissas básicas. A primeira é que o conceito de ideologia, a despeito de associado a uma tradição intelectual atualmente em baixa e em certos círculos quase proscrita, carrega ainda grande força explicativa para dar conta dos modos pelos quais, na sociedade contemporânea, as formas de pensamento (assim como as referências éticas, estéticas e cognitivas) materializadas nas práticas enunciativas relacionam-se com os processos políticos e econômicos, constituindo-se em valiosa chave para a compreensão dos mecanismos de dominação inscritos na produção e circulação dos discursos. A segunda é que a concepção de linguagem resultante da conjugação dos trabalhos de Mikhail Bakhtin, Valentin Volóchinov e Pável Medviédev (membros do chamado Círculo de Bakhtin), caracterizada por uma determinada apropriação desse conceito, representa um profícuo suporte teórico no qual uma abordagem discursiva interessada na questão da ideologia pode se apoiar e do qual se podem extrair eficazes instrumentos analíticos. A terceira é que as formas pelas quais o saber e o conhecimento científico se incorporam à vida social contemporânea, marcada por uma específica combinação das funções da ciência ao mesmo tempo como ideologia e como força produtiva, fazem do discurso de divulgação científica um terreno privilegiado para a manifestação de embates ideológicos da sociedade atual.

Guiado por essas premissas, este trabalho sistematiza uma reflexão sobre o estatuto da ideologia na obra do Círculo de Bakhtin e, com base nessa reflexão, examina possibilidades e alcances da utilização do conceito na análise do discurso de divulgação científica da SBPC (Sociedade Brasileira para o Progresso da Ciência) materializado em enunciados da revista *Ciência Hoje* nas décadas de 1990 e 2000.

As premissas e os objetivos da pesquisa são concatenados por uma hipótese que se desdobra nos seguintes postulados:

a. entre as várias referências constitutivas da obra do Círculo de Bakhtin pode-se identificar uma apropriação do conceito de ideologia que, desenvolvida principalmente nos textos assinados por Volóchinov e Medviédev, atravessa também, ainda que de forma refratada e nem sempre evidente, o trabalho de Bakhtin, integrando-se a muitos dos conceitos empregados por ele a partir de 1929;

b. a utilização de alguns desses conceitos (com o foco na noção de ideologia a eles subjacente) pode ser extremamente produtiva para o estudo de realizações discursivas contemporâneas, o que é possível demonstrar pela análise do discurso de divulgação científica da SBPC no período recortado.

Definidos o objeto e o referencial teórico, cabe explicitar, antes de mais nada, como a pesquisa lida com algumas questões cruciais relativas ao controvertido processo de recepção da obra do Círculo e às traduções em que essa obra é aqui estudada.

1. SOBRE A CONTROVÉRSIA EM TORNO DO CÍRCULO

Esquematicamente, pode-se dizer que a controvérsia há algum tempo instalada em torno do Círculo de Bakhtin incide especialmente sobre os seguintes pontos:

- a efetiva existência do Círculo;
- a autoria dos chamados "textos disputados";
- o verdadeiro papel desempenhado por Bakhtin no grupo;
- a relação de seus membros e de seu trabalho com o marxismo.

Sem refazer todo o percurso da polêmica ou inventariar detalhadamente as diversas posições envolvidas, de que constituem uma amostra bastante representativa os textos de Morson & Emerson[1], Vasilev[2], Sériot[3], Bronckart & Bota[4], Clark e Holquist[5] e Todorov[6], é possível situar o debate ao longo de uma linha em que um dos extremos defende o ponto de vista de acordo com o qual o filósofo e estudioso da literatura e da linguagem Mikhail Bakhtin (1895-1975) seria o grande mentor, aglutinador e líder inconteste de vários estudiosos que, sob sua ascendência, participaram de grupos de discussões e de diversas atividades intelectuais na Rússia e na URSS[7], do final dos anos 1910 ao final dos anos 1920, tendo sido, inclusive, o verdadeiro autor de diversos textos assinados por alguns de seus "discípulos", entre os quais são arrolados os fundamentais *Marxismo e Filosofia da Linguagem* (1929), publicado sob a assinatura de Valentin Volóchinov (1895-1936), e *O Método Formal nos Estudos Literários* (1928), assinado por Pável Medviédev (1891-1938). Tal posicionamento, defendido pelos bakhtinistas russos Ivanov (que lançou, em 1973, a tese da onipaternidade bakhtiniana)[8], Kózhinov, Gachev e Bocharov[9], e divulgado no mundo ocidental principalmente pela biografia de Bakhtin escrita por Clark &

---

1. G. S. Morson & C. Emerson, *Mikhail Bakhtin. A Criação de uma Prosaística*, trad. Antonio de Pádua Danesi, São Paulo, Edusp, 2008, pp. 119-136.
2. N. L. Vasilev, "A História da Questão sobre a Autoria dos 'Textos Disputados' em *Estudos Russos sobre Bakhtin (M.M. Bakhtin e os seus Coautores)*", trad. Irina Starostina, em C. A. Faraco; C. Tezza & G. Castro (orgs.), *Vinte Ensaios sobre Mikhail Bakhtin*, Petrópolis/RJ, Vozes, 2006, pp. 290-304.
3. P. Sériot, "Preface", em V. N. Voloshinov, *Marxisme et philosophie du langage. Les problèmes fondamentaux de la méthode sociologique dans la science du langage*, éd. bilingue, traduit du russe par Patrick Sériot et Inna Tylkowsky-Ageeva, Lausanne, Lambert-Lucas, 2010.
4. J.-P. Bronckart & C. Bota, *Bakhtin Desmascarado. História de um Mentiroso, de uma Fraude, de um Delírio Coletivo*, trad. Marcos Marcionilo, São Paulo, Parábola, 2012.
5. K. Clark & M. Holquist, *Mikhail Bakhtin*, trad. J. Guinsburg, São Paulo, Perspectiva, 2004 [1984].
6. T. Todorov, *Mikhail Bakhtine: le principe dialogique – Suivi de écrits du Cercle de Bakhtine*, Paris, Du Seuil, 1981.
7. Sobre o percurso geográfico de Bakhtin e o Círculo, conferir Brait e Campos, "Da Rússia Czarista à Web", em B. Brait (org.), *Bakhtin e o Círculo*, São Paulo, Contexto, 2009.
8. Cf. Ivanov ("The Significance of M. M. Bakhtin's Ideas on Sign, Utterance and Dialogue", em H. Baran (ed.), *Semiotics and Structuralism: Readings from the Soviet Union*, New York, International Arts and Science Press, 1974, p. 366). A tese é enunciada na nota n. 101, em que Ivanov, sem maiores explicações, atribui a Bakhtin trabalhos de Medviédev e Volóchinov. Sériot ("Preface". *In*: V. N. Voloshinov, *Marxisme et philosophie du langage. Les problèmes fondamentaux de la méthode sociologique dans la science du langage*, éd. bilingue, traduit du russe par Patrick Sériot et Inna Tylkowsky-Ageeva, Lausanne, Lambert-Lucas, 2010, p. 36) informa que o texto de Ivanov, publicado em russo em 1973, corresponde a uma conferência proferida na Universidade de Moscou em 1970, quando, então, ele não fizera qualquer alusão à questão da autoria.
9. S. Bocharov & V. Liapunov, "Conversations with Bakhtin", *PMLA*, vol. 109, n. 5 (Oct., 1994), pp. 1009--1024. Published by Modern Language Association.

Holquist[10], baseia-se em um conjunto de "provas" (questionadas, obviamente, pelas posições divergentes) que vão desde testemunhos de familiares dos autores em questão e dos próprios testamenteiros intelectuais de Bakhtin, até uma alegada evidência fornecida pelos textos *sub judice*, cujos pontos de contato, proximidades e semelhanças seriam, de acordo com os partidários desse entendimento, a confirmação de terem todos saído de uma mesma fôrma, a de Bakhtin, já que a qualidade dos escritos seria incompatível com a suposta inexpressividade intelectual característica dos autores sob cujos nomes elas foram publicadas.

No outro extremo encontram-se posições como as de Patrick Sériot, para quem a própria existência do Círculo deve ser posta sob suspeita, uma vez que, segundo ele,

A expressão "Círculo de Bakhtin" é uma invenção tardia e apócrifa. Ela jamais foi empregada por quem quer que seja à época do dito "Círculo". Ela engendra, do simples fato de ser proferida como uma evidência, a ilusão retrospectiva de que M. Bakhtin teria sido uma espécie de líder, o chefe carismático de um grupo com estabilidade institucional reconhecida. Ela contribui para a edificação do mito, da Grande Narrativa em que o encantamento e a convicção interior têm lugar de prova e de argumento. Isso é ignorar o papel de outros membros dessa nebulosa informal de pessoas que se encontravam frequentemente mas em que cada um participava também de outros agrupamentos. Pavel Medviédev e Valentin Volóchinov frequentaram mais o ILIAZV (Instituto de História Comparada de Literaturas e de Línguas do Ocidente e do Oriente)[11] em Leningrado que o apartamento de Bakhtin[12].

---

10. K. Clark & M. Holquist, *Mikhail Bakhtin*, trad. J. Guinsburg, São Paulo, Perspectiva, 2004 [1984].

11. ILIAZV – Instituto de História Comparada de Literaturas e de Línguas do Ocidente e do Oriente, em Leningrado, onde, durante os anos 1920, realizavam-se diversas pesquisas linguísticas e literárias e onde atuaram, além de Medviédev e Volóchinov, intelectuais como Boris Eichenbaum, Boris Tomachevski, Vladimir Shishmarev, Viktor Zhirmunski, Lev Shcerba e Lev Iakubinski. Sobre o ILIAZV e sua importância no cenário intelectual soviético, conferir Brandist ("Mikhail Bakhtin e os Primórdios da Sociolinguística Soviética", em C. A. Faraco; C. Tezza & G. Castro (orgs.), *Vinte Ensaios sobre Mikhail Bakhtin*, Petrópolis/RJ, Vozes, 2006; e "Linguística Sociológica em Leningrado: O Instituto de Estudos Comparados das Literaturas e Línguas do Ocidente e do Oriente (ILIAZV) 1921-1933", *Repensando o Círculo de Bakhtin*, trad. Helenice Gouvea e Rosemary H. Schettini, São Paulo, Contexto, 2012b).

12. "L'expression 'Cercle de Bakhtine' est une invention tardive et apocryphe. Elle n'a jamais été employée par qui que ce soit à l'époque dudit 'Cercle'. Elle engendre, du simple fait d'être proférée comme une évidence, l'illusion rétrospective que M. Bakhtine aurait été une sorte de leader, le chef charismatique d'un groupe à la stabilité institutionelle reconnue. Elle contribue à l'édification du mythe, du Grand Récit, où l'incantation et l'intime conviction tiennent lieu de preuve et d'argument. C'est ignorer le rôle des autres membres de cette nébuleuse informelle de gens qui se rencontraient souvent, mais participaient chacun aussi à d'autres regroupements. Pavel Medviédev et Valentin Voloshinov ont plus fréquenté L'ILJAZV (Institut d'histoire comparée des littératures et des langues d'Occident et d'Orient)

Não tendo existido o referido círculo, é incabível, para Sériot, falar de um trabalho intelectual de feição coletiva ligando os membros desse suposto grupo. O mais provável, diz ele, é que tenha havido uma "influência multilateral", com cada um dos autores elaborando "à sua maneira temas que eram discutidos em numerosas ocasiões com interlocutores variados"[13]. Ademais, "se houve 'círculo', não é de modo algum necessário chamá-lo de Círculo de Bakhtin"[14], posto que entre os vários intelectuais integrantes do possível agrupamento, além de Volóchinov e Medviédev, havia outros (Kagan e Pumpiánski, por exemplo) muito mais credenciados que Bakhtin para o exercício de uma eventual liderança. Para Sériot, enfim, atribuir a Bakhtin o papel de centro e líder do pretenso grupo é resultado de uma "mistificação"[15] para a qual o próprio Bakhtin contribuiu, deixando no ar ambiguidades, ocultando informações, fornecendo falsos dados sobre sua vida e eximindo-se de esclarecer de forma definitiva as versões controvertidas a seu respeito e a respeito da natureza das suas relações com os outros membros do grupo.

Posição ainda mais extremada é a de Jean-Paul Bronckart e Cristian Bota[16], para quem a história do que se conhece atualmente como Círculo de Bakhtin exprime, na verdade (conforme indica o subtítulo do livro em que eles apresentam essa tese), a "história de um mentiroso, de uma fraude, de um delírio coletivo". Examinando a obra de Volóchinov, Medviédev e Bakhtin, assim como as suas principais linhas de recepção, os autores defendem a ideia de que a relevância assumida por Bakhtin no cenário intelectual das últimas décadas é resultado de uma bem-sucedida operação de fraude levada a efeito por alguns estudiosos russos que, a partir dos anos 1960, movidos por razões que conjugam interesses acadêmicos, financeiros e editoriais, iniciaram um processo de glorificação de Bakhtin e de sua obra, transformando-o em um pensador cuja grandiosidade se traduz não somente pelo fato de ter

---

à Leningrad que l'appartement de Bakhtine." (Sériot, "Preface", em V. N. Voloshinov, *Marxisme et philosophie du langage. Les problèmes fondamentaux de la méthode sociologique dans la science du langage*, éd. bilingue, traduit du russe par Patrick Sériot et Inna Tylkowsky-Ageeva, Lausanne, Lambert-Lucas, 2010, p. 19).

13. *Idem*, p. 45.
14. *Idem*, p. 21.
15. *Idem*, p. 33.
16. J.-P. Bronckart & C. Bota, *Bakhtin Desmascarado. História de um Mentiroso, de uma Fraude, de um Delírio Coletivo*, trad. Marcos Marcionilo, São Paulo, Parábola, 2012.

produzido um trabalho visionário que antecipou já no início do século xx desenvolvimentos posteriores da linguística, da crítica literária e das ciências humanas em geral, mas também por valorosos traços de personalidade, como (em algumas versões da fraude) a generosidade e o desprendimento que o fizeram oferecer trabalhos de sua lavra (*Marxismo e Filosofia da Linguagem* e *O Método Formal nos Estudos Literários*, por exemplo) para que seus amigos os publicassem sob seus nomes.

Aceita acriticamente pela grande maioria do mundo acadêmico ocidental, com base sobretudo, nas recepções fundadoras de Clark & Holquist[17] e de Todorov[18], essa construção amparou-se, segundo os autores, em um conjunto de mentiras sobre a biografia e a bibliografia de Bakhtin e em interpretações tendenciosas sobre a obra do chamado Círculo. Acusando a crítica ocidental de, em alguns casos, acumpliciamento e, na melhor das hipóteses, de complacência (visto que a despeito das inúmeras contradições e incoerências nos relatos dos promotores da mistificação e nos depoimentos do próprio Bakhtin, assim como das muitas evidências de plágios por ele cometidos, mesmo as recepções mais lúcidas optaram por um caminho de acomodação, evitando destronar Bakhtin do pedestal de grande intelectual a que ele fora alçado por essa construção fraudulenta), os autores não somente reafirmam a importância intelectual de Volóchinov e Medviédev, como também desqualificam o trabalho de Bakhtin, classificando-o no geral de medíocre (particularmente seus textos iniciais, de meados da década de 1920) e sugerindo, inclusive, que seu estudo sobre Dostoiévski, de 1929, além de ser tributário das concepções desenvolvidas por Volóchinov e Medviédev, foi em parte elaborado por eles.

No tocante às relações com o marxismo, a situação é igualmente problemática, uma vez que também aí se observam entendimentos antagônicos: enquanto para alguns (Gardiner[19], LaCapra[20], por exemplo) a presença de ecos do marxismo na obra assinada por Bakhtin é visível, outros (Bocharov

---

17. K. Clark & M. Holquist, *Mikhail Bakhtin*, trad. J. Guinsburg, São Paulo, Perspectiva, 2004 [1984].

18. T. Todorov, *Mikhail Bakhtine: le principe dialogique – Suivi de écrits du Cercle de Bakhtine*, Paris, Du Seuil, 1981.

19. M. E. Gardiner, *The Dialogics of Critique: M. M. Bakhtin and the Theory of Ideology*, London/New York, Routledge, 1992.

20. D. LaCapra, "Bakhtin, o Marxismo e o Carnavalesco", em A. P. G. Ribeiro & I. Sacramento (orgs.), *Mikhail Bakhtin: Linguagem, Cultura e Mídia*, São Carlos/sp, Pedro & João Editores, 2010 [1983].

e Liapunov[21], por exemplo) levam ao limite a posição oposta, considerando Bakhtin (tomado, nesse caso, como o autor de todos os textos) um intelectual não-marxista ou, até mesmo, antimarxista que, inteiramente avesso ao regime soviético desde o seu processo de instalação mas convencido de que só era possível expressar suas posições nos moldes admitidos por este regime, buscou camuflar a perspectiva filosófica identificada com seus verdadeiros interesses e seu verdadeiro pensamento sob a máscara das ideias dominantes do momento. Nessa leitura, não apenas as nítidas referências marxistas dos textos assinados por Volóchinov e Medviédev, como também eventuais ressonâncias sociológicas presentes em textos posteriores subscritos por Bakhtin são interpretadas como parte de um empreendimento intelectual de cunho esopiano, conscientemente preocupado em disfarçar um real propósito teórico e intelectual sob uma roupagem terminológica ao gosto das forças no poder, configurando, desse modo, um projeto que se realiza nos quadros de uma metafórica dualidade entre *kernel* e *shell*[22], ou seja, entre interior e exterior, essência e aparência.

Como se vê, o caráter polêmico dos posicionamentos envolvidos mostra que os estudos bakhtinianos constituem um campo sob acirrada disputa e assediado por entendimentos, interpretações e vozes divergentes e antagônicas que tornam as incursões de quem por aí transita um empreendimento extremamente delicado, para não dizer perigoso. Ao que tudo indica, muito debate ainda há de se travar em torno dessa controvérsia antes que ela seja dada por definitivamente encerrada.

2. SOBRE A POSIÇÃO ASSUMIDA NESTE TRABALHO

Descontados os exageros e as exaltações que todo debate pode comportar, a controvérsia em questão tem o grande mérito de, primeiro, contribuir para a desidealização da esfera da produção científica e intelectual, reforçando a compreensão de que, como as outras, ela não é uma ilha da fantasia

---

21. S. Bocharov & V. Liapunov, "Conversations with Bakhtin", PMLA, vol. 109, n. 5 (Oct., 1994), pp. 1009--1024. Published by Modern Language Association.
22. Cf. Hirschkop, "Bakhtin in the Sober Light of Day (An Introduction to the Second Edition)", em K. Hirschkop & D. Shepherd (eds.), *Bakhtin and Cultural Theory*, Manchester/New York, Manchester University Press, 2001, pp. 4-5.

constituída por mentes assépticas e impermeáveis às imperfeições do mundo, mas, muito ao contrário, por sujeitos históricos suscetíveis aos mais diversos tipos de injunções, e; segundo, proporcionar a oportunidade de se reafirmar que, a despeito das paixões e eventuais equívocos envolvidos (ou justamente com o concurso deles), a discussão e o confronto de ideias, longe de enfraquecerem o conhecimento produzido no campo em disputa, na verdade o fortalecem.

Com isso posto e ciente da instabilidade do terreno em que se movimenta, o presente estudo assume a postura de tirar do debate o máximo proveito possível, valendo-se das contribuições trazidas pelos trabalhos em contenda e procurando descartar os excessos sugeridos pelo entusiasmo ou pelo sectarismo que os espíritos em atitude de combate às vezes não conseguem evitar.

Uma das contribuições trazidas pelas muitas pesquisas realizadas nas últimas décadas por vários estudiosos com os quais este trabalho dialoga e aos quais recorre exprime-se na constatação de que a ideia de um círculo em torno de Bakhtin tem sido questionada demais para ser tratada como uma verdade indiscutível. Ilustrando exemplarmente um dos pressupostos da teoria a que ela remete (a saber, que o signo é um território em disputa e que os sentidos são resultado de lutas), a expressão *Círculo de Bakhtin* é, ela própria, um campo de batalha e, diante de tudo quanto tem sido produzido a respeito, parece inevitável assumir, como Brandist, que "na ausência de uma expressão melhor", pode-se usar esta com a ressalva de que com ela se designa "apenas um ponto no qual diferentes pensadores se intersectavam e não é de modo algum certo que, para qualquer dos participantes, esse fosse o mais importante dos agrupamentos a que pertenciam"[23]. No entanto, se a admissão desse fato relativiza, por um lado, a unidade da atuação de Volóchinov, Medviédev e Bakhtin, não elimina, por outro, a existência de nexos, contatos, proximidades e parentescos constituindo um fundo comum a partir do qual podem ser alinhavadas as obras dos três autores. Uma das interrogações a que este estudo busca responder é justamente em que medida a questão da ideologia pode ser tomada como um elemento de amarração que contribui para a visualização desse fundo comum.

---

23. C. Brandist, *Repensando o Círculo de Bakhtin*, trad. Helenice Gouvea e Rosemary H. Schettini, São Paulo, Contexto, 2012, p. 8.

Assim, desafiado pelo caráter provisório das teses estabelecidas nesse campo e, em compensação, favorecido pela solidez das sínteses produzidas à custa de tão incansável confronto de posições, este trabalho parte para uma abordagem da obra de Volóchinov, Medviédev e Bakhtin alertado contra a tentação (tão forte em nosso pensamento dual e romântico) de produzir heróis e vilões e, ao mesmo tempo, consciente de que a busca da objetividade e da reflexão sistemática não é garantia absoluta de que os objetos de estudo sobre os quais nos debruçamos estejam completamente imunes aos sentidos de que os investimos a partir de nossos interesses, valores e orientações ideológicas.

É com isso em vista que esta pesquisa volta-se para uma obra extremamente complexa que resulta do trabalho não de santos ou de homens superiores, mas de intelectuais forjados pelo encontro de suas próprias inclinações e trajetórias pessoais com os condicionamentos e as determinações de seu tempo e lugar.

Desse modo, a posição assumida aqui é a de prudentemente manter distância tanto de um extremo quanto de outro. Beneficiando-se dos aportes de informação trazidos por estudos realizados nos últimos anos, alguns deles enriquecidos pelo acesso a documentos e arquivos antes desconhecidos, este trabalho toma por pressupostos algumas considerações de base. A primeira diz respeito ao fato, admitido por todos, de que, em diferentes momentos, vários estudiosos[24], entre os quais Bakhtin, participaram, nas cidades de Niével, Vítebsk e Leningrado, de 1918 até o final da década de 1920[25], de reuniões, conferências, seminários, debates e diversas outras atividades intelectuais, em um regime de troca de ideias, discussões e ajuda mútua que conferia a esse grupo o que Shepherd[26] chamou de "ethos colaborativo". Dar a este grupo de amigos e colaboradores o nome de círculo, independentemente de como eles próprios se denominavam, nada mais é que inserir sua atuação nos marcos de uma prática registrada na história

---

24. Há certo consenso quanto aos intelectuais que compuseram as diferentes fases do Círculo: além de Mikhail Mikhailovich Bakhtin (1895-1975), Pavel Nikolaevich Medviédev (1891-1938) e Valentin Nikolaevich Volóchinov (1895-1936), participaram também, em diferentes momentos, Mariia Veniaminovna Iudina (1899-1970), Matvei Isaevich Kagan (1889-1937), Ivan Ivanovich Kanaev (1893-1984), Lev Vasilievich Pumpianskii (1891-1940), Ivan Ivanovich Sollertinskii (1902-1944) e Konstantin Konstantinovich Vaginov (1899-1934). Ver, por exemplo, Brandist (2002), pp. 5-6.
25. Cf. Brandist, *The Bakhtin Circle. Philosophy, Culture and Politics*, London, Pluto Press, 2002, p. 6.
26. D. Shepherd, "Re-Introducing the Bakhtin Circle", em C. Brandist; D. Shepherd & G. Tihanov, *The Bakhtin Circle. In the Master's Absence*, Manchester/UK, Manchester University Press, 2004, p. 20.

da Rússia pelo menos desde a primeira metade do século XIX, quando se observa no país uma *intelligentsia* que, interessada em intervir na vida cultural, política e social, mas defrontada, de um lado, com a inexistência de um espaço público constituído e, de outro, com a repressão do Estado czarista a toda e qualquer manifestação de natureza política, canaliza sua ação em grande medida para o plano da filosofia, da arte e da literatura, que se tornam, desse modo, os terrenos em que se refletem e se refratam os grandes temas em questão no país, sendo os círculos literário-filosóficos uma das mais importantes expressões dessa forma de envolvimento dos intelectuais com a vida política e social[27]. Percorrendo o século XIX, essa prática mantém-se viva no início do século XX, e nos anos imediatamente seguintes à Revolução de Outubro há "uma explosão de círculos, sociedades e associações [...] dedicadas à discussão e disseminação de ideias literárias, filosóficas, religiosas e políticas em variadas combinações"[28]. Assim, não há por que não considerar o referido grupo de intelectuais de que Bakhtin fazia parte uma representativa manifestação dessa prática.

A segunda é que, com a mencionada ressalva proposta por Brandist, pode-se continuar a dar ao Círculo o nome de Bakhtin, uma vez que se, por um lado, há elementos militando a favor da posição segundo a qual ele talvez não tenha tido o papel preponderante que lhe costumam atribuir nem tenha sido o centro do grupo, por outro lado, sua importância é reafirmada pela sua produção no período, pela sua participação em diversas atividades em conjunto ou em colaboração com seus colegas e, não menos relevante, pela sua presença em todas as fases do Círculo, de Niével a Leningrado, constituindo-se em uma espécie de referência permanente do grupo. É justamente essa presença constante, associada à sua contribuição intelectual, que permite a Iuri Medviédev, nada mais nada menos que filho e organizador do legado intelectual de Pável Medviédev, afirmar que o Círculo talvez seja, ao lado dos escritos sobre Dostoiévski, Rabelais e o discurso romanesco, a maior criação de Bakhtin[29].

---

27. Cf. A. B. Ulam, *Os Bolcheviques*, trad. Francisco Manoel da Rocha Filho e Archibaldo Figueira, 2. ed., Rio de Janeiro, Nova Fronteira, 1976.

28. D. Shepherd , "Re-Introducing the Bakhtin Circle", em C. Brandist; D. Shepherd & G. Tihanov, *The Bakhtin Circle. In the Master's Absence*, Manchester/UK, Manchester University Press, 2004, pp. 3-4.

29. Cf. I. Medviédev & D. Medviedeva, "The Scholarly Legacy of Pavel Medvedev in the Light of His Dialogue with Bakhtin", em C. Brandist; D. Shepherd & G. Tihanov, *The Bakhtin Circle. In the Master's Absence,* Manchester/UK, Manchester University Press, 2004, p. 39.

Há quem já tenha preferido, como Bénédicte Vauthier, acompanhando Jean Peytard[30], utilizar a expressão "Círculo Bakhtin, Medviédev, Volóchinov" (abreviada "Círculo BMV")[31], visando resguardar o registro da importância dos dois últimos autores. Que tal solução não tenha sido definitivamente satisfatória parece ser demonstrado pelo fato de a própria Vauthier, na Introdução ao livro *La méthode formelle dans la litterature*[32], traduzido do russo por ela e Roger Comtet, ter abandonado a expressão e utilizado, inclusive na capa do volume, ao lado do nome de Medviédev, a expressão Círculo de Bakhtin.

A terceira consideração é que o reconhecimento da importância de Bakhtin não deve implicar de modo algum o apagamento da importância de outros membros, nem a aceitação acrítica de que ele tenha sido o autor de textos assinados por Volóchinov e Medviédev, a respeito dos quais as informações e dados extraídos das investigações mais recentes estão longe de confirmar a imagem de coadjuvantes intelectualmente inexpressivos proposta pelas recepções iniciais da obra, sugerindo, ao contrário, que, primeiro, eles tinham, sim, estatura intelectual compatível com a produção por eles assinada e, segundo, tanto suas atividades quanto suas relações com a institucionalidade soviética, a despeito de certas ambiguidades e do desfecho trágico que atingiu Medviédev (executado pelo regime stalinista em 1938), garantia a eles durante a década de 1920, em vários aspectos da vida intelectual, um lugar de muito mais relevo que o de Bakhtin[33].

Com base, assim, em todas essas considerações, neste trabalho é empregada a expressão Círculo de Bakhtin para designar o já referido conjunto de estudiosos russos do início do século XX, entre os quais desempenham papel de destaque Medviédev, Volóchinov e Bakhtin, particularmente no

---

30. J. Peytard, *Mikhail Bakhtine: Dialogisme et analyse du discours*, Paris, Bertrand-Lacoste, 1995.

31. Cf. o Prefácio à revista *Slavica Occitania n. 25* [B. Vauthier (dir.), *Mikhail Bakhtine, Valentin Voloshinov et Pavel Medevedev dans les contextes européen et russe. Slavica Occitania* n. 25, Toulouse, Université de Toulouse, 2007, p. 11].

32. B. Vauthier, "Introduction – La poétique sociologique de Pavel Nikolaevich Medvedev. Première contribution du 'Cercle de Bakhtine' à une tentative d'eclairage réciproque des connaissances et des arts", em Medvedev, P/Cercle de Bakhtine, *La méthode formelle en littérature*, Toulouse, Presses Universitaires du Mirail, 2008.

33. Sobre a importância de Volóchinov e Medviédev no contexto intelectual soviético da década de 1920, ver, entre outros, Brandist (2006). Ver também Souza (2002), cujo levantamento da produção bibliográfica dos membros do Círculo dá uma boa ideia da atuação desses autores no período.

tocante ao desenvolvimento de uma concepção de linguagem na qual, conforme se pretende demonstrar adiante, a questão da ideologia tem grande relevância. Os trabalhos desses três autores são vistos, dessa forma, como realizações de projetos intelectuais pessoais que se conjugam com preocupações compartilhadas. Ressalvado o caráter contraditório e, muitas vezes, conflitante das declarações de Bakhtin, vale citar, em defesa da leitura aqui apresentada, seu próprio testemunho, em carta dirigida a V. V. Kózhinov, em 10.10.1961:

> Conheço muito bem os livros *O Método Formal* e *Marxismo e Filosofia da Linguagem*. V. N. Volóchinov e P. N. Medviédev eram meus amigos; quando esses livros foram escritos, nós estávamos trabalhando no mais estreito contato criativo. Além do mais, esses livros, assim como meu estudo sobre Dostoiévski, são baseados em uma mesma concepção de linguagem e da obra verbal. [...] Devo observar que essa concepção comum e nossos contatos durante nosso trabalho não diminuem a independência e a originalidade de cada um desses três livros. Quanto aos outros trabalhos de Medviédev e Volóchinov, situam-se em um plano diferente e não refletem essa concepção comum; não tomei parte de modo algum na sua composição. Até hoje mantenho a concepção de linguagem e discurso que foi, de modo incompleto e nem sempre inteligível, estabelecida nesses livros...[34]

Ao contrário da interpretação proposta por Bocharov & Liapunov (1994), para quem esse depoimento de Bakhtin comprovaria que ele é o autor dos livros mencionados, o entendimento aqui assumido sobre essa passagem é que, combinada com as informações hoje disponíveis a respeito de Volóchinov e Medviédev, ela confirma justamente o caráter colaborativo presente na elaboração desses livros e, ao mesmo tempo, a independência do trabalho de reflexão de cada um dos três pensadores.

---

34. "The Books *The Formal Method* and *Marxism and the Philosophy of Language* are Very Known to Me. V. N. Voloshinov and P. N. Medvedev were my friends; when those books were written, we were working in the closest creative contact. Moreover, those books as well as my study of Dostoevsky are based on a common conception of language and of the verbal work. [...] I should note that this common conception and our contacts during our work do not diminish the independence and originality of each of the three books. As for the other works by P. N. Medvedev and V. N. Voloshinov, they are on a different plane and do not reflect the common conception; I took no part whatsoever in their composition. To this day I hold do the conception of language and speech that was first set forth, incompletely and not always intelligibly, in those books, although the concept has of course evolved in the past thirty years" (cf. S. Bocharov & V. Liapunov, "Conversations with Bakhtin", em *PMLA*, vol. 109, n. 5 (Oct., 1994). Published by Modern Language Association, p. 1016).

Disso tudo decorre que, ante a inexistência de provas cabais confirmando a paternidade bakhtiniana dos textos disputados, eles são tomados aqui como produtos dos autores sob cujos nomes foram publicados. Sem pleitear o *status* de verdade ou de único ponto de vista correto sobre a controvérsia, tal perspectiva se ancora no entendimento de que o estado da arte nesse campo não apenas autoriza como recomenda a admissão da autoria de Volóchinov e Medviédev, assim como o reconhecimento de uma identidade própria na obra de cada um dos três autores, sem prejuízo, entretanto, dos pontos de contato e de intersecção que elas mantêm entre si, como mais adiante se evidenciará.

3. SOBRE A PERTINÊNCIA E A DELIMITAÇÃO DO OBJETO

Em consonância com a hipótese explorada, o estudo é organizado em duas partes. Na primeira, volta-se para a obra do Círculo com o objetivo de mostrar em que medida e de que modo a ideologia, questão-chave nos estudos de Medviédev e Volóchinov na década de 1920, permeia também a obra assinada por Bakhtin, integrando uma concepção de linguagem resultante da articulação dos trabalhos desenvolvidos pelos três autores. Na segunda, procura explorar formas pelas quais esse conceito, conjugado a outros conceitos da teoria do Círculo, contribui para o estudo da realidade discursiva contemporânea, e, para isso, focaliza o discurso de divulgação científica da sbpc nas décadas de 1990 e 2000.

A definição desse objeto, traduzindo um propósito de reflexão sobre a genealogia de conceitos bakhtinianos, assim como sobre algumas de suas possíveis aplicações, norteia-se pelo pressuposto de que, a despeito de não se apresentar como núcleo, fundamento ou qualquer forma de quintessência da obra bakhtiniana, uma certa concepção de ideologia, formulada a partir do encontro com as reflexões de Volóchinov e Medviédev, informa e suporta importantes postulados da produção de Bakhtin, marcando em suas proposições uma presença forte o bastante para habilitá-la, primeiro, como um elemento com que se podem alinhavar alguns desenvolvimentos teóricos do Círculo; segundo, como uma ideia suficientemente fecunda para mostrar como o trabalho intelectual de Bakhtin e de seus companheiros se constrói em interação com condicionamentos e injunções do momento histórico em que ele é realizado; e, terceiro, como um recurso analítico que potencializa a capacidade da teoria do Círculo para explicar fenômenos da realidade discursiva contemporânea.

Uma avaliação inicial da recepção da obra do Círculo indica que a relevância da questão da ideologia nos seus escritos, longe de ser novidade, já foi, de alguma forma, sublinhada por estudiosos de diferentes matizes e tradições, entre os quais podem ser mencionados Hirschkop[35], Bernard-Donals[36], Gardiner[37], Alpátov[38], Tchougounnikov[39], Lähteenmäki[40], Tihanov[41] e Tylkowski[42].

Também no Brasil, onde nos últimos anos tem crescido o interesse pelos estudos bakhtinianos[43], a ideologia aparece como um dos tópicos da obra do

---

35. K. Hirschkop, "Bakhtin, Discurso e Democracia", em A. P. G. Ribeiro & I. Sacramento (orgs.). *Mikhail Bakhtin: Linguagem, Cultura e Mídia*, São Carlos/SP, Pedro & João Editores, 2010 [1986].
36. M. F. Bernard-Donals, *Mikhail Bakhtin: Between Phenomenology and Marxism*, Cambridge, Cambridge University Press, 1994.
37. M. E. Gardiner, *The Dialogics of Critique: M. M. Bakhtin and the Theory of Ideology*, London/New York, Routledge, 1992.
38. V. M. Alpatov, "La linguistique marxiste en URSS dans les années 1920-1930", traduit du russe par Patrick Sériot, em P. Sériot (ed.), *Le discours sur la langue en URSS à l'époque stalienne (espistemologie, philosophie, idéologie)*. *Cahiers de l'ILSL* n. 14, Lausanne, Université de Lausanne, 2003, pp. 5-22.
39. S. Tchougounnikov, "Por uma Arqueologia dos Conceitos do Círculo de Bakhtin: Ideologema, Signo Ideológico, Dialogismo", trad. Ana Zandwais e Vincent Leclercq, em A. Zandwais (org.), *Mikhail Bakhtin - Contribuições para a Filosofia da Linguagem e Estudos Discursivos*, Porto Alegre, Editora Sagra Luzzato, 2005, pp. 11-40; "O Círculo de Bakhtin e o Marxismo Soviético: Uma 'Aliança Ambivalente'", *Conexão Letras*, – PPG Letras UFRGS, Porto Alegre, Nova Prova, vol. 3, n. 3, 2008, pp. 19-36.
40. M. Lähteenmäki, "Sur l'idée du caractere de classe de la langue: Marr et Volosinov", em P. Sériot (ed.), *Un paradigme perdu: la linguistique marriste. Cahiers de l'ILSL* n. 20, Lausanne, Université de Lausanne, 2005; "Da Crítica de Saussure por Voloshinov e Iakubinski", trad. do inglês Carlos A. Faraco, em C. A. Faraco; C. Tezza & G. Castro (orgs.), *Vinte Ensaios sobre Mikhail Bakhtin*, Petrópolis/RJ, Vozes, 2006, pp. 191-207.
41. G. Tihanov, "Volóchinov, Ideology and Language: The Birth of Marxist Sociology from the Spirit of *Lebensphilosophie*", *The South Atlantic Quarterly*, vol. 97, n. 3/4, 1998, pp. 599-621.
42. I. V. N. Tylkovski, *Voloshinov en contexte: essai d'épistémologie historique*, Université de Lausanne, 2010, Thèse de Doctorat. Faculté des Lettres.
43. Entre os vários índices do crescente interesse pelos estudos bakhtinianos no Brasil, podem ser apontados: *a.* a realização, em 2003, na UFPR, da XI Conferência Internacional sobre Bakhtin; *b.* a tradução de textos do (ou relativos ao) Círculo de Bakhtin até recentemente indisponíveis em português, como é o caso de *Para uma Filosofia do Ato* (2010); *Mikhail Bakhtin em Diálogo - Conversas de 1973 com Viktor Duvakin* (2008); *Arte e Responsabilidade* (2010); *O Vitalismo Contemporâneo* (2009); *Sobre Maiakóvski* (2009) e *O Método Formal nos Estudos Literários* (2012); *c.* a publicação da revista semestral *Bakhtiniana*, pelo Grupo de Pesquisa/CNPq Linguagem, Identidade e Memória, e *d.* a realização anual, pelo mesmo grupo, das Jornadas Bakhtinianas.

Círculo a merecer atenção. Exemplos desse registro podem ser observados nos textos de Faraco[44], Miotello[45], Zandwais[46] e Indursky[47], entre outros.

Conquanto esses e outros trabalhos, seja no quadro de uma apreciação geral da obra, seja no âmbito de um interesse dirigido especificamente para o tema, atestem, em diferentes medidas, a presença significativa (particularmente no que diz respeito aos textos subscritos por Volóchinov e Medviédev) da questão da ideologia no trabalho do Círculo, eles também evidenciam a falta de consenso quanto ao estatuto dessa questão nos textos assinados por Bakhtin, predominando quanto a isso uma tendência no sentido de considerá-la um tema que, presente na fase sociológica do autor, é relegado nos escritos posteriores (nos quais, então, sobressairia a perspectiva dialógica da sua reflexão) a um lugar totalmente secundário.

Postulando não haver, *a priori,* qualquer incompatibilidade entre as perspectivas sociológica e dialógica, o presente estudo busca atender ao que considera um convite em aberto para abordagens que, sem menosprezar o fato de serem os textos de Volóchinov e de Medviédev aqueles em que a ideologia tem maior visibilidade, proponham-se investigar se e de que modo essa questão é incorporada também à obra assinada por Bakhtin e em que medida ela contribui para dar a conceitos associados à sua produção teórica uma determinada conformação.

Nesse sentido, esta pesquisa se associa ao entendimento de Gardiner[48] que, constituindo uma das exceções à tendência predominante no tratamento do assunto, toma o conceito de ideologia, na forma específica em que ele é apropriado pelo Círculo, como um dos elementos definidores da obra como um todo, sustentando que, embora a produção assinada por Bakhtin não

---

44. C. A. Faraco, *Linguagem e Diálogo: As Ideias Linguísticas do Círculo de Bakhtin,* São Paulo, Parábola, 2009.
45. V. Miotello, "Ideologia", em B. Brait (org.), *Bakhtin: Conceitos-chave,* São Paulo, Contexto, 2005, pp. 167-176.
46. A. Zandwais (org.), *Mikhail Bakhtin – Contribuições para a Filosofia da Linguagem e Estudos Discursivos,* Porto Alegre, Editora Sagra Luzzato, 2005; "O Papel das Leituras Engajadas em Marxismo e Filosofia da Linguagem". Conexão Letras – PPG Letras UFRGS. Porto Alegre, Sagra Luzzato, vol. 4, n. 4, 2009, pp. 31-40.
47. F. Indursky, "A Ideologia em Bakhtin e em Pêcheux: um Estudo em Contraponto", em A. Zandwais (org.), *Mikhail Bakhtin – Contribuições para a Filosofia da Linguagem e Estudos Discursivos,* Porto Alegre, Editora Sagra Luzzato, 2005, pp. 101-115.
48. M. E. Gardiner, *The Dialogics of Critique: M. M. Bakhtin and the Theory of Ideology,* London/New York, Routledge, 1992.

Objeto e Pressupostos

apresente, à primeira vista, um quadro programático ou metodológico para uma teoria da ideologia, ela comporta, implicitamente, um projeto crítico orientado para a análise dos discursos ideológicos[49].

Voltado para o mesmo objeto de interesse e norteado por pressupostos semelhantes, o presente estudo se beneficia das contribuições proporcionadas pelo trabalho de Gardiner, do qual, no entanto, se distancia em pelo menos dois aspectos essenciais. Em primeiro lugar, a interpretação de Gardiner, interessada em destacar a originalidade do conceito de ideologia apropriado pela obra do Círculo de Bakhtin, enfatiza as rupturas dessa apropriação com a ortodoxia marxista e com os marxistas russos, enquanto a leitura aqui realizada, compartilhando com ele o juízo de que se trata de uma apropriação realmente original, põe em primeiro plano, no entanto, justamente a interlocução do Círculo com a tradição marxista e com as elaborações de autores como Plekhánov, Lenin e Bukhárin, responsáveis pelas principais acepções de ideologia em circulação no ambiente intelectual da Rússia nas primeiras décadas do século XX, em diálogo com as quais (juntamente, é claro, com outras fontes de referência presentes no contexto) o Círculo elabora a sua própria concepção. Em segundo lugar, o seu texto, ao que parece ecoando o tom superlativo de grande parte da recepção bakhtiniana (de que a caracterização de Todorov, definindo Bakhtin como "o mais importante pensador soviético no domínio das ciências humanas e o maior teórico da literatura do século XX"[50], é apenas um dos exemplos clássicos), deixa exalar uma coloração ligeiramente apologética, em meio à qual a vida, o pensamento e a obra de Bakhtin, apresentados como uma unidade guiada desde o princípio por um intuito de cunho democrático, emergem como uma totalidade coerente em que as produções tardias do teórico russo expressam limpidamente a realização de projetos concebidos já no início das suas reflexões. Aqui, diferentemente, o trabalho de Bakhtin é visto como uma obra constitutivamente tensa e atravessada por posições diferentes e às vezes antagônicas cujos diálogos e embates são responsáveis por fissuras, descontinuidades e contradições a despeito das quais, no entanto, pode-se identificar uma unidade.

---

49. *Idem*, p. 4.
50. T. Todorov, *Mikhail Bakhtine: le principe dialogique – Suivi de écrits du Cercle de Bakhtine*, Paris, Du Seuil, 1981, p. 7.

Levando isso em consideração, a primeira parte deste trabalho se debruça sobre alguns dos textos conhecidos mais importantes do Círculo a fim de mostrar como o tema da ideologia pode ser empregado como um elemento de articulação das reflexões ali desenvolvidas. Daí a necessidade de alguns esclarecimentos sobre a questão das traduções.

4. SOBRE AS TRADUÇÕES UTILIZADAS

Discutida em mais de uma ocasião por Souza[51], a questão das traduções tem grande relevância na medida em que esta pesquisa, realizada por um autor que não domina a língua russa (na qual a obra sob análise foi originalmente produzida), insere-se em uma ordem de estudos cujas abordagens se dão nos idiomas em que a referida obra circula no Ocidente. Isso significa que o contato com a própria materialidade dos textos dos autores aqui examinados já ocorre sob a mediação de diferentes leituras. Tal condição, ordinariamente presente em qualquer obra traduzida, é, no caso do Círculo de Bakhtin, amplificada por um conjunto de fatores. Primeiro, pela existência de lapsos de tempo, em diferentes níveis, entre a produção, a publicação e a tradução dos textos, dificultando o conhecimento da obra como uma totalidade acabada. Segundo, pelo caráter fragmentário dos manuscritos que serviram de base para publicações póstumas, cujo processo de edição comportou escolhas, cortes e alterações que, em alguns casos, comprometem a compreensão das relações da obra com o contexto de produção e com as tradições intelectuais com que ela dialoga. E, terceiro, pela já referida controvérsia em torno da autoria dos textos.

Todas essas circunstâncias contribuíram para que a recepção ocidental da obra do Círculo, gravitando em torno da centralidade conferida a Bakhtin, tenha se dado de forma extremamente multifacetada, suscitando leituras as mais diversas, produzidas ao sabor das tendências ou interesses predominantes nos contextos em que ela foi recebida. Em decorrência, produziu-se

---

51. G. T. Souza, *Introdução à Teoria do Enunciado Concreto do Círculo de Bakhtin/Volochinov/Medvedev*. São Paulo, Humanitas, 1999; *A Construção da Metalinguística (Fragmentos de uma Ciência da Linguagem na Obra de Bakhtin e seu Círculo)*, São Paulo, FFLCH-USP, 2002. Tese de doutorado; "Gêneros Discursivos em *Marxismo e Filosofia da Linguagem*", em C. Souza-e-Silva & B. Brait (dir.), *The ESPecialist*, São Paulo, vol. 24, n. esp., 2003, pp. 185-202.

uma multiplicidade de bakhtins: quanto ao objeto de interesse, há o filósofo, o linguista, o crítico literário, o semioticista; quanto à perspectiva teórica, há o estruturalista, o marxista, o formalista, o neokantiano, o pós-modernista, o fenomenologista; quanto à orientação política, há o revolucionário, o anarquista, o anticomunista, o democrata radical.

De que maneira as traduções da obra são, ao mesmo tempo, produtos e produtoras desse quadro é questão que demanda estudos especializados, mas não há dúvida de que, em diferentes medidas, esses problemas necessariamente nelas se refletem e se refratam, condicionando escolhas, preterições, ênfases e também equívocos com que circulam ideias, noções e conceitos da obra. A título de exemplo, vale mencionar o caso relatado por Sériot[52], de acordo com quem a edição francesa do artigo "Rečevye žanry" (1952-53), de Bakhtin, traduzido como "Le problème des genres du discours" e publicado, em 1984, na coletânea *Esthétique de la création verbale*, baseou-se, da mesma forma que as traduções para o espanhol (1982) e para o inglês (1986), em um texto publicado em russo, em 1979, na coletânea *Estetika slovesnogo tvorčestva*, do qual certas expressões tinham sido expurgadas pelo editor S. Bocharov. Assim, enquanto em uma passagem do manuscrito original aparecia a construção "na linguística burguesa", a edição francesa, seguindo o texto editado por Bocharov, registrou "na linguística"[53]; em outra passagem, "a linguística idealista do século xix" foi convertida em "a linguística do século xix"[54].

Embora o próprio Sériot tenha registrado essas ocorrências sem lhes atribuir grande significação, vale a pena observar que elas se prestam providencialmente a determinadas interpretações da obra do Círculo, contribuindo para a produção de efeitos importantes, como, por exemplo:

a. O enfraquecimento de sinais de vínculos entre os escritos tardios de Bakhtin e a tradição marxista, na medida em que a eliminação de sintagmas como "linguística burguesa" limpa o seu texto de referências compreensíveis no interior dessa tradição e reforça a ideia de que na

---

52. P. Sériot, "Généraliser l'unique: genres, types et sphères chez Bakhtine", em S. Simon Bouquet & S. V. C. Grillo, *Linx* [en ligne], 56 | 2007b, mis en ligne le 18 février 2011. url: http://linx.revues.org/352, p. 41.

53. S. Bocharov & V. Liapunov, "Conversations with Bakhtin", *pmla*, vol. 109, n. 5 (Oct., 1994), pp. 1009--1024. Published by Modern Language Association. Stable url: http://www.jstor.org/stable/462968. Acesso em 30.05.2011. p. 275.

54. *Idem*, p. 273.

sua produção a partir da década de 1950 o marxismo não tem nenhuma participação, ficando o leitor, sem qualquer justificativa para a supressão, privado da possibilidade de indagar, ele mesmo, sobre o que a escolha de tal sintagma por Bakhtin revela a respeito das relações de seu texto com as condições histórico-sociais do momento e com as tradições no interior das quais ou em interlocução com as quais o seu trabalho se produz;

b. O esmaecimento dos pontos de contato e das continuidades entre o seu trabalho e as reflexões desenvolvidas pelo Círculo na década de 1920, o que se opera pela conversão de "linguística idealista do século XIX" em "linguística do século XIX", removendo-se do texto uma referência por meio da qual ele se associa a uma linhagem de crítica ao idealismo que, decisiva no materialismo histórico de Marx e Engels, norteia também a reflexão de Volóchinov, cuja filosofia da linguagem se formula em debate com o objetivismo abstrato e o subjetivismo idealista.

Aos cortes promovidos pelos editores russos, a tradução francesa, por sua própria conta, aduziu outras alterações. Um exemplo digno de nota é a substituição de "gêneros primários e secundários (ideológicos)" por "gêneros primários e secundários"[55], em que a supressão do adjetivo "ideológicos" modifica, conforme assinala Sériot, o estatuto da noção de ideologia em Bakhtin e, pode-se acrescentar, subtrai do texto uma evidência do uso que ele faz da mesma contraposição empregada por Volóchinov entre a "ideologia do cotidiano" (em que se situam os gêneros primários) e as "esferas ideológicas" (às quais se associam os gêneros secundários).

Realizada a partir da edição francesa de 1984, a tradução brasileira de 1992 acumulou os cortes/alterações tanto da edição russa quanto da francesa. Somente em 2003, uma nova tradução brasileira, feita agora diretamente do russo e não precisando, portanto, atrelar-se às escolhas de outra tradução, pôde restituir ao texto o adjetivo "ideológicos"[56], embora ainda uma vez se possa pôr em questão a escolha do tradutor, que, optando pela construção "a diferença entre os gêneros primário e secundário (ideológicos)", dá a entender (ao colocar "primário" e "secundário" no singular) que a qualificação de

---

55. *Idem*, p. 267.
56. Cf. M. Bakhtin, "Os Gêneros do Discurso [1952-1953]", *Estética da Criação Verbal*, tradução do russo de Paulo Bezerra, 5. ed., São Paulo, Martins Fontes, 2010d, p. 264.

"ideológicos" se aplica tanto aos gêneros primários quanto aos secundários, quando há fortes razões para pensar que o termo "ideológicos" foi aí empregado por Bakhtin para, em sintonia com as formulações de Volóchinov, em *Marxismo e Filosofia da Linguagem*, referir-se especificamente aos gêneros secundários, associando esses gêneros às esferas ideológicas constituídas, e os gêneros primários, por consequência, à comunicação cotidiana.

Vários outros exemplos dessa natureza poderiam ser mencionados, mas, posto que problemas nesse terreno são, em certa medida, inevitáveis, já que a correspondência absoluta entre o texto original e a tradução é impossível, o ponto de vista assumido aqui é que, diante da necessidade de trabalhar com os textos traduzidos, o melhor a fazer para minimizar os danos é recorrer, sempre que necessário, ao cotejamento de traduções, explicitando e fundamentando, frente às opções existentes, as escolhas feitas pela pesquisa.

Um caso em que esse procedimento se mostra imprescindível é o que se refere ao conceito de *enunciado*. O termo empregado em russo nos textos do Círculo é *vyskázyvanie*, que pode ser vertido, como já observado em algumas traduções, tanto para *enunciado* quanto para *enunciação*. A escolha de *enunciado* baseia-se no entendimento de que um dos eixos da obra do Círculo é constituído não por uma abordagem da enunciação, mas por uma teoria que, propondo se ultrapassar os limites da linguística (cujo foco é a frase ou a proposição), elege como objeto do seu interesse as unidades em que a comunicação discursiva se materializa, ou seja, os enunciados concretos[57].

A consolidação desse entendimento explica a preferência pelo termo *enunciado/énoncé* nas traduções mais recentes, como a de *Marksizm i filossofiia iazyka* para o francês (*Marxisme et philosophie du langage*), feita por Patrick Sériot e Inna Tylokovski-Ageeva, publicada em 2010, e a de *Formálnyi miétod v literaturoviédenii* para o português (*O Método Formal nos Estudos Literários*), feita por Sheila Grillo e Ekaterina Vólkova, publicada em 2012.

---

57. Cf. Sériot, "Généraliser l'unique: genres, types et sphères chez Bakhtine", em Simon Bouquet, S. & Grillo, S. V. C. *Linx* [en ligne], 56 | 2007b, mis en ligne le 18 février 2011.; Todorov, T. *Mikhail Bakhtine: le principe dialogique – Suivi de écrits du Cercle de Bakhtine*, Paris, Du Seuil, 1981; G. T. Souza, *Introdução à Teoria do Enunciado Concreto do Círculo de Bakhtin/Volochinov/Medvedev*, São Paulo, Humanitas, 1999.

Esse é também o entendimento assumido aqui. Por essa razão, foram privilegiadas, sobretudo para efeito de citação, as traduções em que o termo *vyskázyvanie* foi vertido para *enunciado* (ou para o correspondente francês *énoncé*). Nos casos em que essa distinção não estava em foco, foi usada normalmente a tradução disponível em português.

Além dessa distinção básica que requer explicitação imediata, outras questões relativas a traduções são apresentadas à medida que ganham relevância no curso do texto.

Feitos esses esclarecimentos, os textos do Círculo que, nas respectivas traduções, servem de base ao estudo (sem prejuízo, evidentemente, da referência a outros escritos, quando necessário ou conveniente) são os seguintes:

MEDVIÉDEV:

- *O Método Formal nos Estudos Literários: Introdução Crítica a uma Poética Sociológica* (1928).
  Título original: *Formálnyi miétod v literaturoviédenii. kritítcheskoe vvedénie v sotsiologuístcheskyio poétiky*, traduzido para o português por Sheila Grillo e Ekaterina Vólkova.

VOLÓCHINOV:

- *Le discours dans la vie et le discours dans la poésie* (1926).
  Título original: *Slovo v zhini i slovo v poézii*. Traduzido para o francês por Tzvetan Todorov.
- *O Freudismo* (1927).
  Título original: *Freidizm*. Traduzido para o português por Paulo Bezerra.
- *Le freudisme* (1927). Traduzido para o francês por Guy Verret.
- *Marxisme et philosophie du langage*
  Título original: *Marksizm i filossofiia iazyka*: *osnóvnye probliémy sotsiologuítcheskogo miétoda v naúke o iazyke*. Traduzido para o francês por Patrick Sériot e Inna Tylkovski-Ageeva.
- *Marxismo e Filosofia da Linguagem*
  Traduzido para o português (a partir da tradução francesa de Marina Yaguelo, de 1977) por Michel Lahud, Yara Frateschi Vieira, Lúcia Teixeira Wisnik e Carlos Henrique D. Chagas Cruz.

BAKHTIN:

- *O Problema do Conteúdo, do Material e da Forma na Criação Literária* (1923-24)
  Título original: *Problema soderzhanija, materiala i formy v slovesnom khudozhestvennom tvorchestve*. Traduzido para o português por Aurora F. Bernardini, José Pereira Júnior, Augusto Góes Júnior, Helena S. Nazário e Homero F. Andrade.
- *Problemi dell'opera di Dostoevskij* (1929)
  Título original: *Problemy tvorcestva Dostoevskogo*. Traduzido para o italiano por Margherita De Michiel.
- *O Discurso no Romance* (1934-35)
  Título original: *Slovo v romane*. Traduzido para o português por Aurora F. Bernardini, José Pereira Júnior, Augusto Góes Júnior, Helena S. Nazário e Homero F. Andrade.
- *Os Gêneros do Discurso* (1951-53)
  Título original: *Rečevye žanry*. Traduzido para o português por Paulo Bezerra.
- *Problemas da Poética de Dostoiévski* (1963)
  Título original: *Problemi poétiki Dostoiévskogo*. Traduzido para o português por Paulo Bezerra.

Cabe, ainda, registrar que, em conformidade com a posição assumida na pesquisa, as referências bibliográficas são apresentadas com o autor sob cujo nome a obra foi originalmente publicada, mesmo quando na tradução a autoria tenha sido atribuída a Bakhtin. Assim, *O Freudismo*, por exemplo, publicado por Volóchinov em 1927 e traduzido para o português sob o nome de Bakhtin, é referido aqui da seguinte maneira:

VOLÓCHINOV, V. *O Freudismo* [1927]. Trad. Paulo Bezerra. Publicado sob o nome de Mikhail Bakhtin. São Paulo, Perspectiva, 2007.

5. SOBRE A DEFINIÇÃO DO *CORPUS*

A escolha do *corpus*, por sua vez, atende pelo menos duas sugestões que apontam para a relevância de um estudo sobre a divulgação científica da SBPC nas décadas de 1990 e 2000. A primeira delas provém de uma pesquisa anteriormente realizada por este autor, que, numa abordagem norteada pela teoria do Círculo de Bakhtin, debruçou-se sobre o discurso da revista *Ciência Hoje*, enfocando as relações dialógicas constitutivas dos seus editoriais no panorama discursivo da sociedade brasileira ao longo da década de 1980[58]. Tal pesquisa revelou que, naquele período, o discurso da SBPC materializado nos editoriais da revista distinguiu-se pela combinação de uma intensa politização com uma forte retorização, traduzidas, no primeiro caso, por uma atitude de engajamento na discussão das questões em pauta na conjuntura social, política e econômica do país e, no segundo, pela utilização acentuada de procedimentos enunciativos voltados para persuadir o leitor a aderir às posições defendidas pelo sujeito enunciador. Animados pelo objetivo de participar ativamente do grande debate que se desenrolava no país, os editoriais da revista constituíram-se em uma espécie de tribuna onde, dialógica e responsivamente, manifestavam-se, além dos pontos de vista com os quais a SBPC se identificava, outras posições que, presentes no fluxo interdiscursivo da sociedade no período, também se refletiam e se refratavam no território desses enunciados. As edições da revista eram, então, amarradas pelo intuito (explicitado sobretudo nos editoriais) de relacionar o conhecimento produzido pela comunidade científica do país aos temas em relevo no processo de luta contra a ditadura militar e em defesa da construção do Estado de Direito. Tudo isso se refletia na produção visual, no padrão gráfico, na distribuição das matérias, na priorização dos assuntos tratados e, principalmente, na arquitetura dos editoriais, em que o recurso a procedimentos de natureza retórica era colocado a serviço do projeto político da revista.

Tomando como referência essa atuação da revista na sua primeira década de existência, este trabalho volta-se agora para ela com o objetivo de estudar o seu comportamento enunciativo em um novo momento histórico-social. Os anos 1990 e 2000 afiguram-se bastante apropriados como recorte temporal, primeiro, porque correspondem ao período imediatamente posterior ao já pesquisado e, segundo, porque mudanças significativas dos pontos de vista econômico, social e político fazem dessas duas décadas, tanto no plano internacional quanto no que diz respeito especificamente ao Brasil, um contexto muito diferente, em vários aspectos, daquele observado nos anos 1980, que servem, assim, como

---

58. Desse estudo, que constituiu uma dissertação de mestrado, resultou o livro *Da Ciência à Política: Dialogismo e Responsividade no Discurso da SBPC nos Anos 80*, São Paulo, Fapesp/Annablume, 2010.

parâmetro de comparação. Levando isso em conta, um dos propósitos da pesquisa é explorar a potencialidade de alguns conceitos do Círculo de Bakhtin para estabelecer correspondências, nexos ou determinações entre os enunciados da revista (em particular, os editoriais) e a realidade histórico-social nas décadas de 1990 e 2000, possibilitando ver de que maneira traços da configuração ideológica contemporânea se integram aos elementos composicionais, estilísticos e temáticos (bem como à organização visual) desses enunciados.

Por isso, dois conceitos básicos por meio dos quais a pesquisa aborda, com o foco na ideologia, a relação entre o discurso da revista e o contexto histórico-social são os de *enunciado* e *gênero*. Posto que, conforme assevera Bakhtin, "os enunciados e seus tipos, isto é, os gêneros discursivos, são correias de transmissão entre a história da sociedade e a história da linguagem"[59], então o manuseio dos gêneros utilizados em *Ciência Hoje* e, por extensão, dos elementos que os compõem (tanto verbal como visualmente) pode constituir um bom terreno para se observar como, ao longo do tempo, possíveis mudanças na configuração ideológica da sociedade se refletem e se refratam no discurso da revista. Daí porque a pesquisa dedica grande atenção às alterações observadas no gênero editorial (e, em menor grau, também em outros gêneros manuseados na revista) ao longo do período recortado.

A segunda sugestão deriva do entendimento de que a abordagem do discurso de divulgação científica numa perspectiva bakhtiniana tem muito a contribuir para o estudo do funcionamento ideológico da sociedade contemporânea, marcada nas últimas décadas justamente por uma apropriação do saber e do conhecimento científico que conjuga de um modo muito peculiar as funções da ciência ao mesmo tempo como força produtiva e como ideologia.

Sem entrar detidamente na caracterização desse processo (o que se busca fazer no Capítulo 4), vale, por enquanto, assinalar que um dos seus mais importantes efeitos consiste na expansão de uma racionalidade instrumental que, associada na origem à utilização do conhecimento científico e tecnológico no mundo da produção econômica, espalha-se agora pelos diferentes setores da vida social, convertendo-se em uma das mais importantes fontes de orientação para o comportamento em geral. Expressão dessa tendência é a proliferação, em várias esferas da comunicação social, de enunciados voltados

---

59. Bakhtin, "Os Gêneros do Discurso [1952-1953]", *Estética da Criação Verbal*, tradução do russo de Paulo Bezerra, 5. ed., São Paulo, Martins Fontes, 2010d, p. 268.

para a transmissão de saberes, habilidades e competências direcionadas para a otimização do desempenho, produzindo uma espécie de manualização da vida cotidiana, para a qual há sempre uma prescrição técnica ou "científica" oferecendo a possibilidade de obtenção de melhores resultados, seja em que área for: dos cuidados com a alimentação ao relacionamento no trabalho e à intimidade da vida conjugal.

Tem-se, assim, um saber técnico-científico associado a uma produção enunciativa que, lida nos termos da teoria do Círculo de Bakhtin, aponta diretamente para a articulação entre a existência social material, os sistemas ideológicos constituídos (entre os quais se encontra a ciência) e a ideologia do cotidiano, na qual se elaboram, materializam e circulam difusamente valores, ideias, opiniões e modos de pensar ainda não cristalizados nas ideologias instituídas.

Sendo a divulgação científica, como mostra Gillo[60], uma modalidade de relação dialógica produzida na intersecção da esfera da ciência com outras esferas e também com a ideologia do cotidiano, torna-se extremamente pertinente investigar de que maneira os enunciados da mais importante revista de divulgação científica do país se relacionam com esse modo específico de incorporação do saber técnico e científico à vida social nas últimas décadas.

Assim, em vista de tudo o que até agora foi exposto, a argumentação que adiante se apresenta é conduzida pela intenção de responder às seguintes questões:

1. De que maneira a questão da ideologia é incorporada a conceitos importantes da teoria do Círculo de Bakhtin e quais são as especificidades dessa incorporação?
2. De que modo esses conceitos são produtivos para a análise do discurso de divulgação científica da revista *Ciência Hoje,* possibilitando compreender as relações entre os enunciados da revista e a realidade socioideológica nas décadas 1990 e 2000?

---

60. S. V. C. Grillo, *Divulgação Científica: Linguagens, Esferas e Gêneros*, São Paulo, FFLCH/USP, 2013. Tese de livre-docência.

02

O Círculo de Bakhtin e a Questão da Ideologia no Contexto Intelectual da Rússia na Década de 1920

Com o objetivo de situar, em linhas gerais, o quadro de referências histórico-sociais e teóricas a partir do qual o conceito de ideologia é incorporado ao trabalho do Círculo de Bakhtin, este capítulo se reporta ao ambiente intelectual da Rússia nas décadas iniciais do século XX, quando essa questão ganha relevo no debate das ideias e, entrelaçando-se com outras discussões presentes no fluxo interdiscursivo da sociedade, converte-se em importante ingrediente da reflexão que Volóchinov, Medviédev e Bakhtin desenvolvem acerca da estética e da linguagem.

Tal procedimento se pauta pelo juízo (extraível da própria teoria do Círculo de Bakhtin) de que toda produção intelectual, a exemplo de qualquer discurso, é uma construção historicamente situada e, por isso, apreensível como um trabalho elaborado em interação dialógica e responsiva com as condições histórico-sociais do momento em que ele é realizado.

Afastando-se, assim, de interpretações que a pretexto de enfatizar a singularidade da reflexão bakhtiniana negligenciam a importância do contexto histórico-social na constituição do seu trabalho, a argumentação aqui desenvolvida acolhe a ideia de que um dos mais importantes resultados a que levam vários estudos realizados nesse campo nos últimos anos[1] é o enfraquecimento

---

1. Entre os muitos estudos que podem ser listados estão os de Brandist ("Mikhail Bakhtin e os Primórdios da Sociolinguística Soviética", em C. A. Faraco, C. Tezza & G. Castro (orgs.), *Vinte Ensaios sobre Mikhail Bakhtin*, Petrópolis/RJ, Vozes, 2006), Hirschkop ("Bakhtin in the Sober Light of Day (An Introduction to the Second Edition)", em K. Hirschkop & D. Shepherd (eds.), *Bakhtin and Cultural Theory*, Manchester/New York, Manchester University Press, 2001), Sériot ("Preface", em V. N. Voloshinov, *Marxisme et*

de um conjunto de imagens que Brandist[2] caracterizou como variedades de "mitos sobre Bakhtin", a saber:

- Bakhtin concebeu suas ideias *ab nihilo*;
- o fluxo entre as suas ideias e as de Volóchinov e Medviédev foi unidirecional;
- Bakhtin foi um *outsider* que, decidindo ficar à margem da intelectualidade soviética, manteve-se imune às tendências dominantes do contexto intelectual;
- quando compelido a engajar-se no pensamento dominante, Bakhtin optou sempre pela recusa ou pela subversão.

Ao contrário do que sugerem essas imagens (no dizer de Brandist, mitificadas), o aparato crítico constituído mais recentemente a respeito do Círculo (formado por estudos como os já acima referidos) têm mostrado que: *a.* o trabalho de Bakhtin, como o de qualquer outro pensador, dialoga com inúmeras referências; *b.* o fluxo entre as suas ideias e as de Volóchinov e Medviédev não foi unidirecional; *c.* ele não foi um *outsider* à margem da intelectualidade soviética e imune às tendências dominantes do contexto intelectual, e; *d.* não é verdade que sua atitude em relação ao pensamento dominante tenha sido sempre a recusa ou a subversão.

Um dos principais efeitos dessas constatações é justamente reiterar o dialogismo e a responsividade inerentes à obra do Círculo, cuja elaboração

---

philosophie du langage. Les problèmes fondamentaux de la méthode sociologique dans la science du langage, éd. bilingue, traduit du russe par Patrick Sériot et Inna Tylkowsky-Ageeva, Lausanne, Lambert-Lucas, 2010), Bronckart & Bota (*Bakhtin Desmascarado. História de um Mentiroso, de uma Fraude, de um Delírio Coletivo*, trad. Marcos Marcionilo, São Paulo, Parábola, 2012), Faraco (*Linguagem e Diálogo: As Ideias Linguísticas do Círculo de Bakhtin*, São Paulo, Parábola, 2009; "Aspectos do Pensamento Estético de Bakhtin e seus Pares", *Letras de Hoje*, Porto Alegre, PUC/RS, vol. 46, n. 1, pp. 21-26, jan./mar. 2011), Gardiner (*The Dialogics of Critique: M. M. Bakhtin and the Theory of Ideology*, London/New York, Routledge, 1992; M. E. Gardiner, "Le défi dialogique de Bakhtine aux sciences sociales", em B. Vauthier (dir.). *Mikhail Bakhtine, Valentin Voloshinov et Pavel Medevedev dans les contextes européen et russe. Slavica Occitania* n. 25, Toulouse, Université de Toulouse, 2007) e Vauthier (B. Vauthier, "Lire Medvedev pour mieux comprendre Bakhtine. Le rapport entre pensée et langage dans l'oeuvre de jeunesse de Bakhtine", em Patrick Sériot et Janette Friedrich (eds.), *Langage et pensée : Union Soviétique années 1920-1930. Cahiers de l'ILSL* n. 24, Lausanne, Université de Lausanne, 2008a).

2. "Early Soviet Research Projects and the Development of 'Bakhtinian' Ideas: The View from the Arquives", *Proceedings of the XII International Bakhtin Conference*, Jyväskyla, Finland, 18-22 July, 2005, pp. 144-156. Edited by Department of Languages, University of Jyväskyla, Finland, 2006. p. 144.

é indissociável das circunstâncias históricas em que atuam diferentes forças políticas e econômicas, tradições intelectuais, manifestações artísticas, matrizes de pensamento e correntes filosóficas em diálogo com as quais e em resposta às quais essa obra se produz.

Na Rússia das primeiras décadas do século xx, quando as bases do pensamento do Círculo estão em formação, destaca-se como traço característico uma grande diversidade de correntes e movimentos culturais, intelectuais e artísticos, podendo ser mencionados entre os mais representativos o simbolismo, o futurismo, o acmeísmo, o formalismo, a filosofia da vida, o positivismo, a fenomenologia, o neokantismo, a psicanálise e o marxismo.

Sem ignorar que todos eles, na medida em que compõem o ambiente ideológico-discursivo, representam, em graus diferentes, interlocutores reais ou virtuais de Bakhtin e seus companheiros, a linha de investigação percorrida aqui concentra-se prioritariamente nas relações com o marxismo por dois motivos principais: primeiro, pela proeminência dessa corrente no processo revolucionário em curso, constituindo-se em uma espécie de interlocutor obrigatório para todas as outras posições; segundo, pelo fato de se tratar indiscutivelmente da mais importante fonte do conceito de ideologia, cuja reelaboração será um dos aspectos da concepção de linguagem do Círculo.

Não obstante a eleição desse foco, cabe registrar a presença de duas outras grandes matrizes intelectuais que concorrem de maneira relevante para a composição do contexto no qual se desenha a concepção de linguagem resultante da articulação dos trabalhos de Bakhtin, Medviédev e Volóchinov: a produção teórica e filosófica alemã e a tradição intelectual russa.

A mediação dessas três tradições e o diálogo com a problematização que cada uma a seu modo faz das relações entre a cultura e a vida (ou entre a arte e a vida, ou, ainda, entre as ideias e a vida) são, pois, considerados aqui elementos fundamentais para compreender como, a partir de orientações epistemológicas diferentes, as reflexões de Medviédev e Volóchinov em busca de uma ciência das ideologias e as de Bakhtin acerca da ética, da cultura e da vida podem se encontrar e convergir para uma teorização sobre a estética e a linguagem na qual a questão da ideologia tem um lugar importante.

1. O CÍRCULO E O MARXISMO

Sendo o foco a ideologia e estabelecendo-se inevitavelmente o principal diálogo com o marxismo, o primeiro aspecto a observar é que, enquanto nos trabalhos de Volóchinov e Medviédev esse encontro é visível, o mesmo não ocorre com Bakhtin, em relação a quem não faltam interpretações no sentido de desvinculá-lo da tradição marxista e restringir suas referências a outras fontes, entre as quais costumam ser apontadas a *Lebensphilosophie* (filosofia da vida), a fenomenologia e o neokantismo. Um exame da bibliografia do e sobre o Círculo, no entanto, indica que, sem embargo das influências alemãs no pensamento de Bakhtin, também a tradição intelectual russa e o marxismo participam da configuração de sua obra.

Longe de minimizar as divergências ou desconhecer a complexidade dessas relações, tal reconhecimento reafirma que se, por um lado, carece de lastro a tentativa de filiar o conjunto da produção do Círculo a uma matriz exclusivamente marxista, tampouco se justifica subestimar, além das manifestas ligações de Medviédev e Volóchinov, certas ressonâncias do marxismo também na obra subscrita por Bakhtin, ou explicá-las apenas como fruto de concessões, disfarces e camuflagens empregadas pelo autor para driblar a censura stalinista e dizer o que pensa sob a máscara da terminologia do pensamento oficial.

Evitando esse tipo de raciocínio que heroiciza o autor e investe na caracterização de Bakhtin como um *outsider* totalmente avesso à força política e intelectual dominante no seu tempo e lugar, é possível estender para o conjunto da produção do Círculo o que Alpátov[3] afirma a respeito de *Marxismo e Filosofia da Linguagem* (cuja autoria, para ele, é de Volóchinov e Bakhtin), ou seja, que a problemática da obra não é estritamente nem marxista nem antimarxista, mas resultado de um trabalho em que os autores

[...] construíram sua própria concepção, levando em conta a existência do marxismo, mas sem se confundir com ele. Se a concepção marxista se mostrava útil, eles faziam

---

3. V. M. Alpatov, "La linguistique marxiste en URSS dans les années 1920-1930", traduit du russe par Patrick Sériot, em P. Sériot (ed.), Le discours sur la langue en urss à l'époque stalinenne (espistemologie, philosophie, idéologie), *Cahiers de l'ILSL* n. 14, Lausanne, Université de Lausanne, 2003, pp. 5-22.

uso dela. Se alguma coisa não convinha, eles com ela entravam em polêmica (nos anos 1928-1929 isso ainda era possível)[4].

Mais que indicar uma relação meramente utilitária com as concepções dominantes, a asserção afirma o caráter eminentemente dialógico de qualquer pensamento e, ao mesmo tempo, atesta o clima de discussão e de confronto de ideias que se verifica na Rússia na década de 1920, tanto no interior do marxismo quanto entre este e outras correntes de pensamento. São testemunhos desses debates as críticas que Volóchinov dirige à teoria psicológica de Freud e aos que a defendem:

> O leitor que acompanhou atentamente a exposição do freudismo, afora várias análises críticas, provavelmente já percebeu o quanto essa doutrina é profunda e organicamente estranha ao marxismo. É difícil não perceber o clima inteiramente diverso, a paisagem diferente da visão freudiana de mundo. E ainda assim, há apologistas ardorosos do freudismo entre os marxistas[5].

No mesmo espírito podem ser interpretadas as reservas de Medviédev aos marxistas que, adotando uma leitura mecanicista, advogam uma relação direta e imediata entre a base econômica e os produtos da criação ideológica:

> Os marxistas frequentemente subestimam a união concreta, a singularidade e a importância do meio ideológico e passam apressados demais e de maneira imediata do fenômeno ideológico isolado às condições do meio socioeconômico de produção. Neste caso, perde-se de vista o fato de que o fenômeno isolado é somente parte dependente do meio ideológico e é determinado de forma direta por ele de modo mais imediato. Pensar que as obras particulares e separadas da união do mundo ideológico sejam determinadas, em seu isolamento, de forma direta por fatores econômicos é tão ingênuo quanto considerar que uma rima ajusta-se com outra rima e uma estrofe com outra dentro dos limites de um poema sob o efeito da ação imediata da causalidade econômica[6].

---

4. "[...] ont bâti leur propre conception, en tenant compte de l'existence du marxisme, mais sans se confondre avec lui. Si la conception marxiste s'avérait utile, ils en faisaient usage. Si quelque chose ne convenait pas, ils entraient en polémique (dans les années 1928-1929 cela était encore possible)" (*Idem*, p. 19).
5. V. Volochinov, *O Freudismo, um Esboço Crítico*. [1927]. Publicado sob o nome de M. Bakhtin, trad. Paulo Bezerra. São Paulo, Perspectiva, 2007, p. 93.
6. P. Medviédev, *O Método Formal nos Estudos Literários – Introdução Crítica a uma Poética Sociológica*, [1928], trad. Ekaterina V. Américo e Sheila C. Grillo, São Paulo, Contexto, 2012, pp. 57-58.

Seja no próprio campo do materialismo histórico, seja entre este e outras correntes, os debates comprovam a riqueza da vida intelectual e a centralidade do marxismo como referência teórica do momento. Nenhum motivo, portanto, para se surpreender com a presença de vozes marxistas nas reflexões de Bakhtin, posto que no período de constituição das bases de seu pensamento, o encontro com o marxismo é simplesmente inevitável, pela simples razão de que, sendo a corrente de pensamento associada à grande transformação política e social em curso no país nas décadas de 1910 e 1920, suas ideias-força tendem naturalmente a polarizar os debates e a hegemonizar o panorama ideológico-discursivo, afirmando-se como paradigmas com os quais todas as outras posições, de um modo ou de outro, têm inescapavelmente de se defrontar.

Como outros intelectuais de sua época, Bakhtin não poderia ficar imune aos impactos do processo revolucionário na vida social, política e cultural da Rússia, e uma das constatações a que seguramente se pode chegar pela leitura de seus trabalhos, assim como de estudos a seu respeito, é que, querendo ele ou não, o marxismo se fez presente tanto na sua vida quanto na sua obra, refletindo-se e refratando-se, em diferentes níveis e graus, em muitos momentos da sua produção teórica.

Vários são os casos de passagens e textos a autorizar essa conclusão. Veja-se, por exemplo, este excerto do Prefácio ao livro *Ressurreição*, de Tolstoi, publicado sob o nome de Bakhtin, em 1929:

> O processo de diferenciação começa desde os anos 1870. O capitalismo se instalava, determinando com uma lógica implacável o campo de forças sociais, pondo em desacordo as vozes ideológicas, conferindo a cada uma delas maior nitidez e estabelecendo em tudo fronteiras precisas. Esse processo se acentua ainda mais nos anos 1880-1890, período durante o qual as correntes ideológicas da sociedade russa acabam de se diferenciar. Defensores inveterados do regime patriarcal tradicional, burgueses liberais de todos os tipos, populistas, marxistas – todas essas correntes se distinguem umas das outras, elaboram sua ideologia própria que, em vista do agravamento da luta de classes, tende a se caracterizar com uma maior precisão. O criador deve doravante se orientar sem ambiguidade no seio dessa luta social sob pena de perder suas faculdades criativas[7].

---

7. "Le processus de différentation commence dès les années 1870. Le capitalisme s'installait, déterminant avec une logique implacable le champ des forces sociales, désaccordant les voix idéologiques, conférant à chacune une plus grande netteté et établissant partout des frontières précises. Ce processus s'accentue encore dans les années 1880-1890, période durant laquelle les courants idéologiques de la societé russe

Como conciliar um texto como esse, cujo tônus é visivelmente moldado pela perspectiva e pelas categorias do marxismo, com a afirmação de que Bakhtin não assumiu a paternidade de *Marxismo e Filosofia da Linguagem* porque não queria subscrever as proposições marxistas do livro? Por outro lado, como situar Bakhtin no campo do marxismo se ele próprio declarou nunca ter sido um marxista?[8]

Incongruências desse tipo mostram como as relações entre Bakhtin e o marxismo foram marcadas por contradições, registrando-se, no curso da sua produção intelectual, tanto aceitação quanto rejeição de aspectos da teoria marxista.

É para esse diálogo complexo que aponta o estado da arte mais recente sobre Bakhtin, desaconselhando as leituras maniqueístas que buscam ou enquadrá--lo como marxista ou simplesmente rotulá-lo de antimarxista. A esse propósito, vale dizer que mesmo estudos alinhados com uma das duas posições, como o de Emerson[9] e o de Clark & Holquist[10], não deixam de atestar a dificuldade de enquadramento de Bakhtin com relação ao marxismo. Se, enfatizando as incompatibilidades, há passagens como as seguintes, em que se assevera que:

- Bakhtin "desesperou-se com a ascensão daquele regime ruidoso, maximalista, que brutalizava o ato humano e aviltava a palavra"[11];
- "durante a Primeira Guerra Mundial (quando era um estudante altivo e um tanto recluso), [ele] passa pelas revoluções de 1917 na capital (Bakhtin opôs-se a ambas)"[12];

---

achèvent de se différencier. Défenseurs invétérés du régime patricarcal traditionnel, bourgeois libéraux de tout poil, populistes, marxistes – tous ces courants se distinguent les uns des autres, élaborent leur idéologie propre qui, par le fait de l'aggravation de la lutte des classes, tend à se caractériser avec une plus grande précision. Le créateur doit désormais s'orienter sans ambiguïté au sein de cette lutte sociale sous peine de perdre ses facultés créatrices" (M. Bakhtine, "Préface à *Résurrection* [1929]", em T. Todorov, *Mikhail Bakhtine: le principe dialogique*, Paris V, Éditions du Seuil, 1981, p. 220).

8. É o que relata Bocharov: "Later, on 21 November 1974, I asked, 'M. M. were you ever fascinated with Marxism?' 'No, never. I took an interest in it, as much else – Freudianism, even spiritualism. But I was never a Marxist to any degree whatsoever'" (S. Bocharov & V. Liapunov, "Conversations with Bakhtin", *PMLA*, vol. 109, n. 5 [Oct., 1994], p. 1016).

9. C. Emerson, *Os Cem Primeiros Anos de Mikhail Bakhtin*, trad. Pedro Jorgensen Jr., Rio de Janeiro, Difel, 2003.

10. Clark & Holquist, *Mikhail Bakhtin*, trad. J. Guinsburg, São Paulo, Perspectiva, 2004 [1984].

11. C. Emerson, *Os Cem Primeiros Anos de Mikhail Bakhtin*, trad. Pedro Jorgensen Jr. Rio de Janeiro, Difel, 2003, p. 41.

12. *Idem*, p. 52.

- nos anos 1920 ele estava em "descompasso não só com o pensamento marxista dominante naquele período, mas também com o inconformismo da vanguarda", posto que pregava "não uma revolução estrutural, porém uma imersão na complexidade e na interioridade"[13];
- Bakhtin "nunca manifestara nenhum interesse pelo marxismo..."[14];
- "agora ele é visto como fonte de um modelo de mundo deliberadamente oposto ao 'socialismo científico' e suas visões esquemáticas"[15];
- "Em suas discussões com Victor Duvakin, 50 anos depois, Bakhtin afirmou sua consternação com a queda da monarquia e sua irreconciliável oposição aos bolcheviques desde os primeiros dias do novo regime"[16];
- Bakhtin era "um 'anti-revolucionário'. Não 'contra', apenas 'anti': uma pessoa que via a dinâmica do mundo por parâmetros absolutamente outros. Ele rejeitou desde o começo a lógica binária que jazia na base do pensamento revolucionário mais bem-sucedido de sua época, isto é, o modelo marxista-leninista"[17];
- "ele permaneceu não oficial e 'do lado de fora' [...] um *outsider* até certo ponto por opção [...]"[18];

Por outro lado, mostrando os tangenciamentos, proximidades e contatos entre Bakhtin e o marxismo, podem ser encontrados, principalmente em Clark & Holquist, os registros de que:

- "A Revolução, não obstante, exerceu grande impacto sobre o desenvolvimento intelectual de Bakhtin"[19].
- Além de Volóchinov e Medviédev, outros marxistas fizeram parte dos círculos mais próximos de Bakhtin, como, por exemplo, Josif Naumóvitch Gúrvitch, que, na condição de responsável pelo Departamento de Educação de Niével, abriu caminhos e forneceu algum suporte para a atuação

---

13. Clark & Holquist, *op. cit.*, p. 64.
14. C. Emerson, *Os Cem Primeiros Anos de Mikhail Bakhtin*, trad. Pedro Jorgensen Jr., Rio de Janeiro, Difel, 2003, p. 65.
15. *Idem*, p. 85.
16. *Idem*, p. 95.
17. *Idem*, p. 96.
18. *Idem*, p. 157.
19. Clark & Holquist, *op. cit.*, p. 64.

do grupo de Bakhtin nos anos pós-revolucionários. Sobre esta atuação, Clark & Holquist anotam que, em Niével, não havia clima de inimizade entre o grupo de Bakhtin e os marxistas, e chegam a afirmar que "Bakhtin e seus amigos não eram hostis à Revolução e ao socialismo"[20].

- Embora não da mesma forma que Volóchinov e Medviédev, outros amigos de Bakhtin tiveram relações estreitas com o marxismo. Um exemplo é Matvei Kagan, que "aderiu ao Partido Social-Democrata ainda na escola e sofreu na juventude várias prisões e desterros. Estando em Smolensk a serviço do Partido, como afirmou mais tarde, conseguiu ocultar Stalin das garras da polícia"[21].

- A despeito da afirmação de que Bakhtin sempre se manteve distanciado do marxismo e sobretudo da institucionalidade soviética, há indícios de que nas suas relações com o *establishment* houve também proximidade. Sirva de ilustração o fato de que, nos seus anos em Vítebski, por exemplo, sob o patrocínio de Medviédev, ele realizou uma série de atividades ligadas ao aparato oficial. Além de professor no Instituto Superior de Educação da cidade, ele

> [...] prelecionava no conservatório, num clube literário que estava a seu cargo na Escola Regional do Partido Comunista, no Clube do Partido, no Departamento Político da Quinta Divisão de Infantaria de Vítebsk, no Centro de Propaganda, na União dos Trabalhadores em Comunicação e na União dos Trabalhadores dos Sovietes. Era gaurda-livros e consultor econômico do Birô Estatístico de Vítebski, utilizando presumivelmente qualificações que obtivera no banco de seu pai. Participou com Miedviedev e Volóchinov de um estúdio literário organizado pelo Sindicato dos Trabalhadores nas Artes [...] Estas múltiplas associações, mesmo que em grande parte decorrentes do patrocínio de Miedviedev, mostram quão bem entrosado estava na vida institucional do regime soviético nestes primeiros anos de sua vigência. Nas aulas ministradas a grupos do Partido, Bakhtin prosseguiu o diálogo com a posição marxista que iniciara nos debates de Niével[22].

Quer a serviço de uma tese, quer a serviço da outra, o dado que as passagens citadas não permitem ignorar é que o ambiente político e cultural em que se formam as bases do trabalho de Bakhtin encontra-se sob forte

---

20. Clark & Holquist, *op. cit.*, p. 69.
21. Clark & Holquist, *op. cit.*, p. 67.
22. Clark & Holquist, *op. cit.*, p. 76.

influxo marxista. Nesse contexto, ainda que inicialmente norteie suas reflexões fundamentalmente por parâmetros à primeira vista incompatíveis com o marxismo, como a fenomenologia, o neokantismo e a *Lebensphilosophie*, que a partir da Alemanha exercem grande influência sobre a produção teórica na Rússia, Bakhtin não é impermeável às injunções que o processo revolucionário imprime à *doxa* do momento, e não pode, por consequência, furtar-se completamente aos problemas que, pela ação dessas injunções, são propostos e discutidos na conjuntura intelectual, até porque alguns deles correspondem a objetos de interesse de membros de seu próprio círculo.

Nessa conjuntura, sob os efeitos da revolução política e social em andamento e da consequente reorganização das visões de mundo na Rússia, o pensamento em geral e as ciências humanas em particular vão sofrer um forte processo de sociologização, expresso primordialmente pela tendência (dominante na atmosfera da época) a considerar os fenômenos do ponto de vista das suas condicionantes e determinações sociais. A linguística, a poética e a crítica literária, campos de interesse dos membros do Círculo de Bakhtin, são diretamente afetadas por esse processo, que é descrito assim por Ivanova:

> Enfim, após a revolução russa de 1917, a sociologia marxista, frequentemente muito popularizada pelos seus intérpretes, começou a penetrar fortemente nas ciências humanas. Pelo final dos anos 20, as pesquisas sobre a língua poética foram transformadas em "poética sociológica". Sua posição no paradigma das ciências humanas foi fortemente discutida, pois esse novo domínio foi um ponto de articulação da linguística e da crítica literária[23].
>
> [...] O interesse pela língua viva, pela utilização da língua e pela criatividade linguageira fez nascer pesquisas de novos objetos para a linguística. O desenvolvimento de novas ciências – da poética e da pragmática, a penetração da filosofia marxista e da sociologia

---

23. "Enfin, après la révolution russe de 1917, la sociologie marxiste, souvent très vulgarisée par ses interprétateurs, a commencé à fortement pénétrer dans les sciences humaines. Vers la fin des années 20, les recherches sur la langue poétique ont été transformées en 'poétique sociologique'. Sa position dans le paradigme des sciences humaines a été fortement discutée, car ce nouveau domaine a été un point d'articulation de la linguistique et de la critique littéraire" (I. Ivanova, "Le dialogue dans la linguistique soviétique des années 1920-1930", em P. Sériot (ed.), "Le discours sur la langue en *urss* à l'époque stalienne (espistemologie, philosophie, idéologie)", *Cahiers de l'ILSL* n. 14, Lausanne, Université de Lausanne, 2003, pp. 177-178.

transformou o paradigma das ciências humanas. Essa mudança de paradigma afetou não somente a linguística, mas também outras ciências e as belas artes[24].

Em meio a esses condicionamentos, ao lado de várias questões presentes no fluxo da produção e do debate teórico e político, o problema da ideologia vai se entrelaçar, de diferentes maneiras, com outras discussões travadas no ambiente intelectual, marcando uma presença cuja força se pode observar desde a virada do século, como testemunha, entre outros, o estudo de Inna Tylkovski:

[...] na virada dos séculos XIX-XX, marcada por uma grande popularidade da concepção marxista entre os intelectuais russos, esse termo [ideologia] é empregado não somente pelos partidários do materialismo histórico e dialético, mas também por pesquisadores cujas convicções são depois qualificadas por aqueles como "burguesas", "idealistas" ou "positivistas"[25].

Nesse contexto, em que o trabalho intelectual e a produção teórica são inevitavelmente atravessados pelo impacto das transformações políticas e sociais em curso, o trabalho do Círculo, dirigindo o seu foco para temas centrais no ambiente intelectual da Rússia (como a natureza da linguagem e o estatuto da criação estética), insere-se em um diálogo no qual diferentes tradições intelectuais discutem as relações entre o mundo da realidade social e o mundo da arte, o mundo da vida e o mundo da cultura, o mundo da existência material e o mundo das ideias.

É, em grande medida, na esteira de uma teorização que tem como um de seus intuitos vislumbrar modos pelos quais essa questão se articula com a linguagem que vai se incorporar às reflexões do Círculo de Bakhtin e à sua concepção linguística uma visão de ideologia elaborada no seio de um longo processo cujas linhas principais cumpre repassar.

---

24. "[...] l'intérêt pour la langue vivante, pour l'utilisation de la langue et la créativité langagière a fait naître des recherches de nouveaux objets pour la linguistique. Le développement des nouvelles sciences – de la poétique et de la pragmatique, la pénétration de la philosophie marxiste et de la sociologie a transformé le paradigme de les sciences humaines. Ce changement de paradigme a touché non seulement la linguistique, mais aussi d'autres sciences et les beaux-arts" (*Idem*, p. 179).

25. "... à la charnière des XIXe-XXe siècles marquée par une grande popularité de la conception marxiste parmi les intellectuels russes, ce terme est employé non seulement par les partisans du matérialisme historique et dialectique, mais aussi par des chercheurs dont les convictions sont ensuite qualifiées par ceux-là comme 'bourgeoises', 'idéalistes' ou 'positivistes.'" (I. V. N. Tylkovski, *Voloshinov en contexte: essai d'épistémologie historique*, Université de Lausanne, 2010. Thèse de Doctorat. Faculté des Lettres, p. 31).

2. A IDEOLOGIA NO SÉCULO XIX

Destutt de Tracy

A maior parte dos estudos sobre a ideologia costuma situar o ponto de partida na França, no início do século XIX, quando, em 1801, Destutt de Tracy, sob os auspícios do regime napoleônico, publica o livro *Eléments d'Idéologie*, cunhando o termo que, nesse primeiro momento, tem um sentido positivo: ideologia, na concepção de De Tracy, designa a ciência cujo propósito é explicar a constituição das ideias de um ponto de vista materialista. Na qualidade de iluminista e discípulo dos enciclopedistas, De Tracy vê esta ciência como um projeto antimetafísico, a serviço da compreensão racional do pensamento humano e da libertação do homem das explicações teológicas e irracionalistas. Para ele, as ideias, enquanto fenômenos produzidos no plano da sensorialidade, originam-se das relações do homem com o seu meio e têm, desse modo, uma base material.

Depois de desfrutar, durante certo tempo, de boas relações com o Estado bonapartista, De Tracy e outros intelectuais partidários da mesma concepção acabam se desentendendo com Napoleão, que, em 1812, incomodado com a incompatibilidade entre suas pretensões autoritárias e as posições dos ideólogos, para ele ainda identificados com o idealismo revolucionário, chama-os exatamente de metafísicos, responsabilizando-os pelos infortúnios que se abateram sobre a França e acusando-os, e à sua ciência, de promover o divórcio entre as leis e o "conhecimento do coração humano e das lições da história"[26].

Assim, ilustrando o postulado que mais de um século depois Volóchinov iria apresentar em *Marxismo e Filosofia da Linguagem*, de acordo com o qual o signo é um território em disputa, o termo *ideologia*, nascido com uma valoração positiva, ganha, a partir das apreciações que lhe imprime Napoleão, um sentido negativo, passando a designar algo como uma visão distorcida e distanciada da realidade. E essa conotação pejorativa durante muito tempo permanecerá associada ao termo na tradição marxista, que deu ao conceito as feições com as quais ele ficou conhecido e foi largamente empregado.

---

26. Naess *et al.*, *Democracy, Ideology and Objectivity: Studies in the Semantics and Cognitive Analysis of Ideological Controversy*, 1956, p. 151.

Marx

Embora normalmente se considere *A Ideologia Alemã* seu texto-fundamento, é preciso ter em conta que o conceito de ideologia está presente (ainda que nem sempre formulado explicitamente) em muitos pontos da obra de Marx e pode, como propõe Eagleton[27], ser compreendido como parte de uma teoria da alienação cujo foco são os processos pelos quais, na sociedade capitalista, os produtos das relações entre os homens, sejam os materiais, sejam os espirituais, objetivam-se e apresentam-se diante dos seres humanos como fenômenos a eles estranhos (alheios), independentes e autônomos, como se determinassem as relações sociais, em vez de ser por elas determinados, e como se sua existência fosse um dado da natureza das coisas, em vez de resultado de construções histórico-sociais.

Na base dessa teoria, não à toa autodenominada materialismo histórico, está o pressuposto segundo o qual o núcleo estruturador da existência humana são as condições materiais de existência, ou seja, o modo como homens concretos em situações históricas concretas organizam as relações entre si e com a natureza para produzir e distribuir os produtos do trabalho, elaborando e reelaborando também (no curso do desenvolvimento dessas relações) ideias, crenças, imagens, referências éticas, estéticas e cognitivas por meio das quais e nas quais representam a si mesmos e tomam consciência do seu existir. Assim, cada modo de organização da vida humana, ao mesmo tempo em que produz as condições materiais da existência social, produz também as formas de consciência constitutivas dessa existência. Numa sociedade de classes, fundada na exploração e no domínio de uma classe sobre outra, as formas de consciência traduzirão (mesmo que de maneira transfigurada) esse domínio, posto que produzidas sob a primazia dos interesses da classe dominante. É, basicamente, a isso que remete a célebre e frequentemente citada passagem de *A Ideologia Alemã*:

> Os pensamentos da classe dominante são também, em todas as épocas, os pensamentos dominantes; em outras palavras, a classe que é o poder *material* dominante numa determinada sociedade é também o poder *espiritual* dominante. A classe que dispõe dos meios da produção material dispõe também dos meios da produção intelectual, de tal modo que o pensamento daqueles aos quais são negados os meios de produção intelectual está submetido

---

27. T. Eagleton, *Ideologia*, trad. Silvana Vieira e Luís Carlos Borges, São Paulo, Boitempo, 1997, p. 71.

também à classe dominante. Os pensamentos dominantes nada mais são do que a expressão ideal das relações materiais dominantes; eles são essas relações materiais dominantes consideradas sob forma de ideias, portanto a expressão das relações que fazem de uma classe a classe dominante; em outras palavras, são as ideias de sua dominação[28].

Dessa forma, a ideologia se define como o conjunto de ideias, crenças, valores, representações, referências éticas, estéticas e cognitivas que, condicionadas pelas relações de produção vigentes em uma sociedade de classes e produzidas, portanto, sob a determinação dos interesses da classe dominante, instituem-se como visão de mundo de toda a sociedade. Nas palavras de Marilena Chauí:

> [...] a maneira pela qual a classe dominante representa a si mesma [...] sua relação com a natureza, com os demais homens, com a sobrenatureza (deuses), com o Estado etc., tornar-se-á a maneira pela qual *todos* os membros dessa sociedade irão pensar.
> A ideologia é o processo pelo qual as ideias da classe dominante se tornam ideias de todas as classes sociais, se tornam ideias dominantes[29].

Entendida nesses termos, a ideologia é o pensamento social que, originado pela luta de classes e intrínseco ao processo de dominação, não pode, sob pena de se autoanular, admitir sua verdadeira origem. Por isso, ela é plena de artifícios e dissimulações, preenchimentos e vazios, pronunciamentos e silêncios. De novo, Chauí:

> Ela é, portanto, um corpo explicativo (representações) e prático (normas, regras, preceitos) de caráter prescritivo, normativo, regulador, cuja função é dar aos membros de uma sociedade dividida em classes uma explicação racional para as diferenças sociais, políticas e culturais, sem jamais atribuir tais diferenças à divisão da sociedade em classes, a partir das divisões na esfera da produção. Pelo contrário, a função da ideologia é a de apagar as diferenças como de classes e de fornecer aos membros da sociedade o sentimento da identidade social, encontrando certos referenciais identificadores de todos e para todos, como, por exemplo, a Humanidade, a Liberdade, a Igualdade, a Nação, ou o Estado [...] Ou seja, nascida por causa da luta de classes e nascida da luta de classes, a ideologia é um corpo teórico (religioso, filosófico ou científico) que não pode pensar realmente a luta de classes que lhe deu origem[30].

---

28. K. Marx & F. Engels, *A Ideologia Alemã* (I- Feuerbach) [1845-46], trad. José Carlos Bruni e Marco Aurélio Nogueira, 3ª ed., São Paulo, Livraria Editora Ciências Humanas, 1982, pp. 48-9 – grifos no original.
29. M. Chauí, *O Que É Ideologia*, 8. ed. São Paulo, Brasiliense, 1982, p. 92 – grifo no original.
30. *Idem*, pp. 112-113.

Operando como visão de mundo de toda a sociedade e, portanto, como maneira pela qual os membros dessa sociedade representam suas ações e relações com os outros e com o mundo, a ideologia inscreve-se nas mais diversas práticas sociais e legitima, assim, o exercício da dominação de uma classe sobre outra, organizando-se por meio de procedimentos e processos (como universalizações, encobrimentos, naturalizações, inversões etc.) nos quais vertentes da tradição marxista se concentraram para, apoiando-se principalmente no texto de *A Ideologia Alemã* (1845-46), defini-la como representação enganosa da realidade ou como falsa consciência. Tal falseamento estaria presente, por exemplo, no fato de a ideologia, recobrindo-se com uma aparência de universalidade, apagar o caráter de classe das instituições e práticas nas quais se manifesta (o Estado, o Direito etc.) e apresentar essas instituições e práticas não como expressão dos interesses da classe dominante, mas de toda a sociedade. Também se exprimiria por meio de um processo de inversão graças ao qual as ideias são apresentadas não como construções humanas condicionadas por relações materiais de existência atravessadas pela luta de classes, mas, ao contrário, como se fossem fontes de explicação e precedessem essas relações, situando-se em um plano exterior e superior a elas. Exprimir-se-ia, ainda, pela desvinculação entre as relações sociais e os processos históricos que as constituem, naturalizando e apresentando essas relações como se estivessem inscritas na natureza das coisas.

A Ideologia Alemã (1845-46) só viria a público na década de 1930, mas, contemplada (ainda que não nomeada) também em outros textos de Marx, como *O Dezoito Brumário, A Sagrada Família, O Manifesto Comunista* e *O Capital*, a questão da ideologia tornou-se, a partir das décadas finais do século XIX, um tema de grande importância na agenda teórica e política do marxismo, tendo sido Engels[31] o responsável, após a morte de Marx, por um trabalho de difusão que consagrou junto ao movimento revolucionário internacional uma conotação "negativa" do conceito, traduzida sobretudo por duas caracterizações básicas. Uma delas consiste justamente na definição de ideologia como falsa consciência, ou seja, como um processo que, obliterando o verdadeiro conhecimento do real, apresenta a realidade sob uma aparência ilusória ou

---

31. Cf. T. Eagleton, *Ideologia*, trad. Silvana Vieira e Luís Carlos Borges, São Paulo, Boitempo, 1997, p. 86; I. V. N. Tylkovski, *Voloshinov en contexte: essai d'épistémologie historique*, Université de Lausanne, 2010. Thèse de Doctorat. Faculté des Lettres, p. 36.

distorcida, constituindo dela uma falsa representação. A outra é a ideia de que essa consciência, objetivada e reificada, atua como uma espécie de força cega e inconsciente, impondo-se aos seres humanos como um poder exterior que os impele para ações sobre as quais eles não exercem controle.

É pertinente observar neste ponto que a contraposição explorada por Marx e Engels entre, de um lado, a existência social material e, de outro, as ideias, crenças, representações (que, na sociedade capitalista, tendem a se objetificar e a se apresentar diante dos indivíduos como forças separadas e alheias), ensejou uma dicotomia que, em moldes distintos e alicerçada em pressupostos filosóficos completamente diferentes, também se verificou, paralelamente, em outras tradições, como o neokantismo e a filosofia da vida[32], nas quais se encontrariam décadas mais tarde a inspiração e as bases para algumas discussões dos textos iniciais de Bakhtin, em que ele, no âmbito de uma crítica à incapacidade da razão teórica para apreender a unicidade dos eventos, também evocaria uma separação entre "dois mundos absolutamente incomunicáveis e mutuamente impenetráveis: o mundo da cultura e o mundo da vida"[33]. É, aliás, essa contradição entre um mundo da produção espiritual instituída, objetificada, e um mundo da existência social viva, em permanente fluxo, que, para Tihanov, permite ler certas formulações do Círculo sobre ideologia e linguagem como parte de um "esforço complexo para reformular e traduzir em termos marxistas ideias da *Lebensphilosophie* e da filosofia neokantiana, de modo a torná-las instrumentais em seu projeto sociológico"[34].

Em desenvolvimentos ulteriores do marxismo, essa antinomia manuseada inicialmente por Marx e Engels como um recurso teórico útil ao mesmo tempo para combater o idealismo (em que se atribuía às ideias o papel de protagonistas dos processos históricos) e sustentar o caráter determinante da existência material e das relações de produção na configuração do todo social, acabou se transformando em um modelo excessivamente esquemático e reducionista de descrição da sociedade, entendida, a partir da aplicação

---

32. Cf. G. Tihanov, "Culture, Form, Life: The Early Lukács and the Early Bakhtin", em C. Brandist & G. Tihanov, *Materializing Bakhtin. The Bakhtin Circle and Social Theory*, London, MacMillan Press, 2000, pp. 43-69.

33. M. Bakhtin, *Para uma Filosofia do Ato Responsável* [1920-1924], trad. do it. Valdemir Miotelllo e Carlos Alberto Faraco, São Carlos, Pedro & João Editores, 2010, p. 43.

34. G. Tihanov, "Volóchinov, Ideology and Language: The Birth of Marxist Sociology from the Spirit of *Lebensphilosophie*", *The South Atlantic Quarterly*, vol. 97, n. 3/4, 1998, p. 509.

mecânica dessa dicotomia, como uma realidade linear e vertical formada por dois planos, níveis ou camadas sobrepostas: uma base material e, acima e depois dela, uma superestrutura ideológica que seria o reflexo posterior (invertido ou não) das relações travadas no nível dessa base. Como muitos estudiosos, entre os quais Williams (1979), já salientaram, esse caminho enfraqueceu o potencial crítico do construto de Marx e, sucumbindo ao "dualismo ingênuo do materialismo mecânico"[35], perdeu de vista a explicação do real como uma totalidade na qual as ideias e a consciência, conquanto determinadas pela existência social material, são também, simultânea e indissoluvelmente, constituintes dessa existência.

O modo como os intelectuais marxistas russos, envolvidos em diferentes graus no processo revolucionário em andamento na Rússia no início do século XX, lidaram com esse problema e pensaram a ideologia e as relações entre base e superestrutura constitui um dos momentos mais importantes da história do conceito e afeta diretamente a sua apropriação pelo trabalho do Círculo de Bakhtin, que, em grande medida, pode ser visto como uma tentativa de explorar, na teoria da linguagem e da estética, aportes teóricos do marxismo sem necessariamente aderir às inclinações mecanicistas de algumas de suas correntes.

3. A IDEOLOGIA NOS MARXISTAS RUSSOS

Uma primeira observação a ser feita sobre a questão da ideologia na Rússia no início do século XX é que, pensado exclusivamente na sua dimensão negativa e designando uma consciência ilusória da realidade imposta aos sujeitos, o conceito não pareceria muito compatível com os objetivos e as práticas de revolucionários que, imbuídos da convicção no poder transformador dos seres humanos e movidos pelo que eles próprios vieram a chamar de ideologia (no caso, a socialista), tinham como propósito tomar a história nas mãos e mudar radicalmente a sociedade, reorganizando-a sobre novas bases.

As especificidades do momento histórico na Rússia ajudam, por isso, a explicar por que nesse país as interpretações do conceito não privilegiaram

---

35. R. Williams, *Marxismo e Literatura*, trad. Waltensir Dutra, Rio de Janeiro, Zahar Editores, 1979, p. 64.

sua conotação "negativa" e, em vez disso, concorreram para que, sobrepujando o sentido de falsa consciência e/ou representação distorcida da realidade, outros sentidos ganhassem muito mais relevo. Um deles, manejado principalmente por Plekhánov e Bukhárin, explorou a acepção de ideologia como conjunto de sistemas organizados de pensamento, preceitos, valores, crenças, criações artísticas e intelectuais etc., apontando, assim, para uma proximidade entre a noção de formas ideológicas e a de formas culturais. O outro, desenvolvido sobretudo na obra de Lênin, consagrou o entendimento de ideologia como expressão dos interesses e da visão de mundo de uma classe social no processo da luta de classes, o que possibilitou falar não apenas de ideologia burguesa, mas também de ideologia proletária, ideia fundamental no processo revolucionário russo.

As concepções de Plekhánov, Lênin e Bukhárin representam, assim, as principais referências do ambiente intelectual da Rússia no início do século xx no que diz respeito à questão da ideologia. Daí porque Tylkovski[36] considera esses autores elementos essenciais da biblioteca virtual com que Volóchinov dialoga para produzir a sua reflexão sobre o fenômeno ideológico. Compartilhando, no geral, a caracterização que essa autora faz da produção dos mencionados teóricos, a linha de argumentação desenvolvida aqui diverge, no entanto, da sua leitura em um ponto crucial: enquanto para ela, essa biblioteca virtual ajuda a elucidar a produção de Volóchinov desvinculando-a do trabalho do Círculo de Bakhtin, a interpretação que aqui se defende vai justamente no sentido de tentar mostrar que o fluxo interdiscursivo no interior do qual circulam enunciados habitados por diferentes posições sobre a ideologia ajuda a compreender o modo como essa questão é incorporada também às reflexões de Medviédev e de Bakhtin, constituindo um ingrediente de grande importância no desenvolvimento de uma concepção de linguagem de fundo comum.

PLEKHÁNOV

Presença das mais fortes no referido fluxo interdiscursivo (a despeito de ter, no transcurso do processo da revolução, aderido aos mencheviques e se colocado em oposição aos revolucionários que tomaram o poder em 1917),

---

36. I. V. N. Tylkovski, *Voloshinov en contexte: essai d'épistémologie historique,* Université de Lausanne, 2010. Thèse de Doctorat. Faculté des Lettres.

Plekhánov teve seu papel de grande divulgador do marxismo reconhecido até mesmo por líderes bolcheviques como Lênin e Trotsky. Tradutor de obras de Marx e um dos mais importantes teóricos marxistas russos, ele foi um dos pioneiros na abordagem sistemática de questões-chave para o marxismo e algumas de suas formulações teóricas exerceram bastante influência no ambiente intelectual da Rússia nas primeiras décadas do século xx, repercutindo (mesmo depois de sua morte, em 1918) na produção de vários autores, inclusive membros do Círculo de Bakhtin.

No que diz respeito à questão da ideologia, pode-se dizer que o trabalho de Plekhánov representa uma das grandes contribuições para a sua compreensão como sistemas de saberes, pensamentos, valores, normas, produtos intelectuais, crenças etc., marcando, assim, a intersecção entre o fenômeno ideológico e o universo cultural, e entre noções como criação ideológica/criação cultural, esferas ideológicas/esferas culturais, o que oferecerá um ponto de aproximação entre os objetos de interesse de Volóchinov, Medviédev e Bakhtin.

Trabalhando como uma espécie de exegeta do marxismo e, por isso, remetendo-se constantemente às obras de Marx e Engels, Plekhánov concebe as ideologias no interior de um sistema que, constituído pela base material e pela superestrutura, comporta vários níveis, conforme segue:

1. *estado das forças produtivas*;
2. *relações econômicas* condicionadas por essas forças;
3. *regime sócio-político*, edificado sobre uma base econômica dada;
4. *psicologia do homem social*, determinada, em parte, diretamente pela economia, em parte por todo o regime sócio-político edificado por ela;
5. *ideologias* diversas refletindo esta psicologia[37].

Tal esquema, que se tornou quase um dogma na Rússia da década de 1920 e ficou conhecido como *piatichlenka*, ou *fórmula dos cinco pontos*[38], supõe o raciocínio de acordo com o qual na base da sociedade estão as forças

---

37. G. Plekhanov, *Os Princípios Fundamentais do Marxismo* [1908], trad. Sônia Rangel, São Paulo, Hucitec, 1978, p. 62 – grifos no original.
38. G. Tihanov, "Volóchinov, Ideology and Language: The Birth of Marxist Sociology from the Spirit of *Lebensphilosophie*", *The South Atlantic Quarterly*, vol. 97, n. 3/4, 1998, p. 603.

produtivas e as relações econômicas que os homens contraem entre si no processo social da produção. Sobre essa base, condicionada por ela, erige-se a superestrutura, formada, para Plekhánov, por três componentes: um deles compreende o regime social e político; um outro corresponde à psicologia social; e um último diz respeito justamente às ideologias (a arte, a ciência, a religião, a filosofia etc.).

Embora, como se verá mais adiante, proposições de *A Ideologia Alemã* não estejam ausentes do ambiente intelectual da Rússia e não sejam, portanto, totalmente desconhecidas de Plekhánov, o que se depreende tanto de suas citações quanto de suas conclusões é que suas fontes principais são outros textos de Marx e Engels, incluindo o *Manifesto Comunista*, de 1848, *O Dezoito Brumário de Luís Bonaparte*, de 1851-52, e o "Prefácio" à *Crítica da Economia Política*, de 1859, do qual, em mais de uma ocasião, ele cita a passagem em que Marx aborda a relação entre base e superestrutura:

[...] na produção social da própria vida, os homens contraem relações determinadas, necessárias e independentes da sua vontade, relações de produção estas que correspondem a uma etapa determinada de desenvolvimento das suas forças produtivas materiais. A totalidade destas relações de produção forma a estrutura econômica da sociedade, a base real sobre a qual se levanta uma superestrutura jurídica e política, e à qual correspondem formas sociais determinadas de consciência. [...] Com a transformação da base econômica, toda a enorme superestrutura se transforma com maior ou menor rapidez. Na consideração de tais transformações é necessário distinguir sempre entre a transformação material das condições econômicas de produção, que pode ser objeto de rigorosa verificação da ciência natural, e *as formas jurídicas, políticas, religiosas, artísticas ou filosóficas, em resumo, as formas ideológicas* pelas quais os homens tomam consciência desse conflito e o conduzem até o fim[39].

Em torno dessa formulação nuclear e de proposições equivalentes encontradas em outros pontos da obra de Marx, Plekhánov estabelece, quase sempre em debate com perspectivas antagônicas ou divergentes, algumas de suas posições fundamentais sobre a questão da ideologia.

Uma delas é justamente a que diz respeito ao entendimento do plano ideológico como um universo plural, isto é, formado por vários domínios

---

39. K. Marx, *Para a Crítica da Economia Política* [1858-59], trad. José Arthur Giannotti e Edgar Malagodi, *Os Pensadores*, São Paulo, Abril Cultural, 1978, pp. 129-130 – grifos meus.

que, embora distintos, mantêm-se em interação e agem uns sobre os outros e igualmente sobre a base econômica, correspondendo ao que no Círculo será designado, por um lado, como "sistemas ideológicos constituídos", expressão com a qual Volóchinov, em *Marxismo e Filosofia da Linguagem*, refere-se à ciência, à arte, à religião etc., e, por outro, como *campo* ou *esfera* da comunicação ideológica, noção explorada tanto por Volóchinov e Medviédev, na década de 1920, como por Bakhtin, ao longo de sua produção[40].

Quanto à natureza das relações entre base e superestrutura, a posição de Plekhánov sucumbe, às vezes, ao dilema da determinação: em alguns momentos, combatendo de forma veemente os que acusam de unilateral a visão marxista, ele enfatiza a reciprocidade de condicionamentos:

> [...] Tudo o que foi dito até hoje pelos "críticos" de Marx sobre o suposto caráter unilateral do marxismo e sobre seu pretenso desprezo por todos os "fatores" da evolução social, exceto o fator econômico, resulta simplesmente da incompreensão do papel que Marx e Engels reservam à *ação e reação recíprocas entre a "base" e a "superestrutura"*[41].
>
> [...] O próprio Bernstein, evidentemente, compreendeu o prefácio de *Zur Kritik* um pouco diferentemente, ou seja, no sentido de que a superestrutura social e ideológica que vem se levantar sobre a "base econômica" não exerce nenhuma influência sobre ela. Mas já sabemos que não há nada mais errado que tal maneira de compreender o pensamento de Marx[42].

Em outros, ele destaca a anterioridade da base material em relação à superestrutura, deixando claro que, sem prejuízo da reciprocidade, a determinação fundamental é exercida sobre esta por aquela: "Não há dúvida que as relações políticas influem sobre o desenvolvimento econômico, mas é também indubitável que *antes de influir sobre este desenvolvimento, elas são por ele criadas*"[43].

Vê-se, dessa forma, que embora Plekhánov reconheça a possibilidade de as ideologias influírem na transformação das relações de produção, mantém-se, para ele, o entendimento de que as formas ideológicas, criadas a

---

40. Sobre a noção de *esfera* na obra do Círculo de Bakhtin, ver Grillo, "Esfera e Campo", *Bakhtin: Outros Conceitos-chave*, São Paulo, Contexto, 2006.

41. G. Plekhanov, *Os Princípios Fundamentais do Marxismo*. [1908], trad. Sônia Rangel, São Paulo, Hucitec, 1978, p. 47 – grifos no original.

42. *Idem*, p. 49.

43. *Idem*, p. 47 – grifos no original.

partir da base, constituem a expressão da atividade produtiva e das relações econômicas, seja de forma direta, como na sociedade primitiva, seja com a interveniência de mediações, como na sociedade de classes:

> Na sociedade primitiva, que ignora a divisão em classes, a atividade produtiva exerce uma influência direta sobre a concepção do mundo e sobre o gosto estético. [...] Mas, numa sociedade dividida em classes, a influência direta desta atividade sobre a ideologia se torna bem menos aparente[44].

Reforça-se, assim, a ideia de que as formas ideológicas apresentam uma indefectível correspondência (seja direta, seja mediada) com a base material da sociedade, como fica evidente na passagem a seguir:

> O movimento intelectual do qual haviam saído os teóricos do sensualismo não expressava, por sua vez, as tendências de certa classe social? Incontestavelmente. Este movimento expressava as tendências de emancipação do terceiro estado francês. Se fôssemos mais longe neste sentido, veríamos que, por exemplo, a filosofia de Descartes reflete muito vivamente as necessidades da evolução econômica e a relação das forças sociais de sua época. Se nos reportássemos, enfim, ao século XIV e fixássemos nossa atenção, por exemplo, sobre os romances de cavalaria que tiveram grande sucesso na corte e entre a aristocracia francesa da época, veríamos que estes romances eram o espelho da vida e das preferências da classe em questão. Em poucas palavras, neste notável país, que ainda há pouco estava perfeitamente no direito de dizer que "caminhava à testa das nações", *a curva do movimento intelectual toma uma direção paralela à curva do desenvolvimento econômico* e à do desenvolvimento social e político, condicionado também pelo precedente[45].

Embora trechos como esse cheguem a sugerir uma relação imediata entre a base econômica e a produção intelectual, favorecendo o entendimento da ideologia como um reflexo direto da vida material, as elaborações de Plekhánov não deixam de salvaguardar a reciprocidade de condicionamentos e a existência de mediações entre a base e os sistemas ideológicos. Uma dessas mediações é representada pela psicologia social, concebida como o conjunto difuso de crenças, noções, maneiras de pensar, referências estéticas etc. que configuram o "espírito" de uma época ou da classe que em determina-

---

44. *Idem*, pp. 52-53.
45. *Idem*, p. 66 – grifos meus.

A Questão da Ideologia no Círculo de Bakhtin

da época dá o tom à vida da sociedade. A psicologia social constitui, para Plekhánov, uma instância superestrutural intermediária que, condicionada pela base e pelo regime jurídico-político, condiciona, por sua vez, os diferentes domínios ideológicos.

Presente também na obra de Bukhárin, o conceito de psicologia social liga-se diretamente ao de ideologia e desempenha, como se verá, papel importante no modo como essa questão será apropriada pelo Círculo de Bakhtin.

Lênin

Em Lênin, cuja visão sobre o tema, como toda a sua teoria, foi forjada no calor da ação política concreta e em grande medida ditada pela necessidade de responder de modo imediato a questões colocadas pelo dia a dia do processo revolucionário, a ideologia assume um estatuto essencialmente político, sendo compreendida como a visão de mundo de uma classe social determinada, constituída no processo da luta de classes e a seu serviço. Nessa concepção, uma sociedade cindida em classes comporta tantas ideologias quantas são as classes fundamentais em antagonismo, daí, por consequência, serem duas as ideologias fundamentais no capitalismo: a da burguesia e a do proletariado.

Afirmando, assim, o sentido de ideologia como visão de mundo de uma classe, Lênin sustenta, no entanto, que a consciência da classe operária não brota espontaneamente da sua prática, sendo necessário que os intelectuais socialistas atuem no sentido de desenvolver nos operários essa consciência. Esse ponto de vista é formulado principalmente em *O Que Fazer* (1902), texto no qual Lênin combate as posições dos economicistas e sindicalistas, para quem a consciência de classe dos operários seria desenvolvida espontaneamente no seu processo de luta. Deixada a si mesma, argumenta Lênin, a classe operária só pode atingir uma consciência situada nos limites da ideologia burguesa. Por isso, é preciso incutir-lhe a ideologia socialista:

> Dissemos anteriormente que, na época, os operários *não podiam ter* consciência social-democrata. Esta só poderia ser introduzida de fora. A história de todos os países demonstra que, contando apenas com as próprias forças, a classe operária só está em condições de atingir uma consciência trade-unionista, isto é, a convicção de que é preciso agrupar-se em sindicatos, lutar contra os patrões, reivindicar ao governo a promulgação desta ou daquela lei necessária aos operários etc. A doutrina socialista, ao contrário,

nasceu das teorias filosóficas, históricas e econômicas elaboradas pelos representantes instruídos das classes proprietárias, pelos intelectuais[46].

Desse modo, o problema da ideologia, em Lênin, torna-se essencialmente um problema da luta política, isto é, do enfrentamento que, opondo burguesia e proletariado, trava-se também no plano das ideias e da representação da realidade, entre ideologia burguesa (ou capitalista) e ideologia proletária (ou socialista).

Uma vez que é impensável uma ideologia independente, elaborada pelas próprias massas operárias no curso de seu movimento, o problema se apresenta *somente assim*: ideologia burguesa ou ideologia socialista. Não há meio-termo (pois a humanidade não elaborou uma 'terceira' ideologia; além disso, de maneira geral, numa sociedade dilacerada pelos antagonismos de classe não seria possível existir uma ideologia à margem ou acima dessas classes). Por isso, *tudo que redunde* em rebaixar a ideologia socialista, *tudo que redunde em afastar-se* dela equivale a fortalecer a ideologia burguesa. Fala-se em espontaneidade, mas o desenvolvimento espontâneo do movimento operário aponta justamente para a subordinação deste à ideologia burguesa[47].

Por essa razão é que, para Lênin, não se pode falar em desenvolvimento espontâneo da ideologia proletária, já que a consciência imediata do proletariado (e não a consciência que corresponde verdadeiramente aos seus interesses) é formada sob o domínio da ideologia burguesa.

Mas por que – perguntará o leitor – o movimento espontâneo, o movimento pela linha de menor resistência, leva justamente à supremacia da ideologia burguesa? Pela simples razão de que a ideologia burguesa é muito mais antiga que a ideologia socialista, porque está completamente elaborada; porque conta com meios de difusão *incomparavelmente mais poderosos*. E quanto mais jovem é o movimento socialista de um país, mais enérgica tem de ser sua luta contra toda tentativa de reforçar a ideologia não socialista; mais resolutamente os operários têm de ser postos em guarda contra os maus conselheiros que bradam contra a "superestimação do elemento consciente" etc.[48].

Consolidando, assim, o entendimento de que a ideologia corresponde à visão de mundo de uma classe social e representa a consciência dessa classe, a

---

46. V. I. Lênin, *O Que Fazer?*, São Paulo, Martins, 2006 [1902], p. 135 – grifos no original.
47. *Idem*, p. 145 – grifos no original.
48. *Idem*, pp. 148-149 – grifos no original.

acepção desenvolvida por Lênin, que se transformou, em vista da liderança e da proeminência do autor, na acepção mais popular não apenas na Rússia mas também em boa parte do mundo ao longo do século xx, afirma o papel fundamental da luta ideológica na luta de classes. Um dos grandes aportes de sua concepção, portanto, é caracterizar o universo da ideologia não apenas como um campo de exercício da dominação, mas também de combate, uma vez que se trata de um terreno constituído pelo conflito e pela luta de ideias entre a classe dominante e a classe dominada. Não são necessárias grandes ilações para se perceber como essa ideia ressoa no conceito volochinoviano de signo ideológico, muito sintomaticamente definido como uma "arena da luta de classes".

BUKHÁRIN

Figura destacada nos quadros bolcheviques no período pré e pós-revolucionário, Bukhárin foi um intelectual marxista de grande importância e, a exemplo de Plekhánov, teve como uma de suas principais preocupações sistematizar as concepções fundamentais do marxismo. Assim fazendo, sua produção contribuiu de maneira significativa para o modo como certos entendimentos sobre a questão da ideologia se construíram e se difundiram no ambiente intelectual da Rússia no período da revolução.

Para ele, a ideologia, abrangendo os sistemas organizados de valores, sentimentos e regras de conduta (ou seja, a moral, a religião, a arte, a filosofia etc.), é vista como um dos componentes da superestrutura (a qual é constituída também por outros elementos, como o regime político, a psicologia social, a linguagem e o pensamento) e, nessa condição, é compreendida no âmbito da sua relação com a infraestrutura, sendo por ela determinada.

O traço, aliás, que unifica a ideologia e os demais elementos da superestrutura é justamente sua condição de fenômenos determinados pela base material da sociedade. Esta é, com efeito, uma das tônicas da explanação de Bukhárin acerca dos elementos da superestrutura: todos eles, em maior ou menor grau, direta ou indiretamente, expressam ou refletem a realidade das forças produtivas e das relações de produção. É assim com o Estado, pois "a estrutura econômica de uma sociedade determina também a estrutura estatal e política"[49] e "a estrutura do próprio poder político reflete a estru-

---

49. N. Bukharin, *Tratado de Materialismo Histórico* [1921], tradução revista por Edgard Carone, Rio de Janeiro, Laemmert, 1970, p. 169.

tura econômica da sociedade, isto é, as mesmas classes ocupam os mesmos lugares"[50]. E não apenas o poder político organizado no Estado, mas também os diversos partidos, grupos, associações e agremiações de todo tipo engajados na luta de classes, tanto do lado da classe dominante quanto do lado das classes oprimidas, fazem parte da superestrutura política e "não é necessário fazer grande esforço para compreender o que determina a sua existência. É o reflexo e a expressão das classes. Por conseguinte, aqui também o 'econômico' determina o 'político'"[51].

O mesmo processo ocorre com os sistemas ideológicos. É o caso das normas de conduta, da moral e dos costumes, que, garantindo as condições de equilíbrio e neutralizando "até um certo ponto as contradições internas dos sistemas humanos [...] devem necessariamente concordar mais ou menos com o regime econômico da sociedade"[52]. A esse respeito, Bukhárin argumenta:

> Formulemos somente a seguinte pergunta: quando a sociedade existe, será possível que o sistema dos costumes e da moral que nela dominam possa ser contrário durante muito tempo à sua estrutura essencial, isto é, a econômica? A resposta é clara. Uma tal situação não se pode prolongar por muito tempo. Se os costumes e a moral que dominam em uma dada sociedade fossem fortemente contrários ao seu regime econômico, uma das condições essenciais de equilíbrio social viria a faltar. Na realidade o direito, os costumes e a moral que dominam uma dada sociedade concordam sempre com as relações econômicas, têm as mesmas bases, modificam se e desaparecem com elas. [...] "A consciência moral" da sociedade capitalista reflete e exprime seu estado material. Tomemos ainda o mesmo exemplo da propriedade privada. A moral diz que não é correto roubar, que é preciso ser honesto e não tocar, sob nenhum pretexto, nos bens de outrem. Isto é compreensível. Se, por exemplo, este preceito não estivesse gravado no cérebro dos homens, a sociedade capitalista se teria decomposto muito rapidamente[53].

Não é diferente com as outras ideologias. Tanto a ciência quanto a filosofia, a arte e a religião têm o seu desenvolvimento determinado pelo desenvolvimento das forças produtivas, refletindo ou expressando as relações que se dão no nível da organização econômica da sociedade. Bukhárin não se furta, em cada um dos casos, a discorrer sobre como, ao longo da histó-

---

50. *Idem*, p. 170.
51. *Idem*, p. 172.
52. *Idem*, p. 176.
53. *Idem*, pp. 176-177.

ria, pode ser observada essa correspondência. Explorando, por exemplo, os paralelos entre as forças produtivas e a ciência, ele afirma que o conteúdo desta "é determinado, no fim das contas, pelo lado técnico e econômico da sociedade"[54]. Onde a técnica e as relações econômicas transformam-se com rapidez, da mesma forma a ciência, "guiada pela ideia de transformação", desenvolve-se rapidamente. O contrário também é verdadeiro:

> [...] com uma técnica conservadora que evolui lentamente, a vida econômica se desenvolve também lentamente e a psicologia humana é tal que os homens encaram tudo debaixo de um aspecto estável; a ciência caminha devagar; ao mesmo tempo o caráter de classe aparece na ciência sob várias formas; seja como o reflexo da maneira de pensar, que é peculiar a uma certa classe, seja como o reflexo do interesse dessa classe. E o modo de pensar, o "interesse" etc. são determinados por sua vez pela estrutura econômica da sociedade[55].

No tocante à religião, também se podem observar os paralelos com a estrutura econômica da sociedade, que serve de modelo inclusive para a divisão entre corpo e alma, reproduzindo no plano religioso uma hierarquia típica do mundo da produção, já que "a alma é tão superior ao corpo quanto o organizador e o diretor são superiores a um simples executante"[56].

O raciocínio é igualmente válido para a filosofia e para a arte, cujas manifestações, conforme os vários exemplos que Bukhárin vai apresentando, refletem ou exprimem, direta ou indiretamente, o estado das forças produtivas e das relações de produção.

No entanto, tal como Plekhánov, Bukhárin faz questão de ressalvar que, embora criadas a partir da base material, as ideologias, assim como todas as superestruturas, também interferem sobre essa base.

> Isto esclarece perfeitamente a questão da "influência de retorno" das superestruturas sobre a base econômica e sobre as forças produtivas da sociedade. Elas mesmas (as superestruturas) são engendradas pelas relações econômicas e pelas forças produtivas que determinam estas relações. Mas têm elas do seu lado uma influência sobre estas últimas? Depois do que ficou dito acima, está claro que elas *não podem* deixar de o ter. Elas podem ser uma força de evolução, podem também, em condições determinadas, ser um obstáculo à evolução. Mas de uma forma ou de outra, elas têm sempre uma influência

---

54. *Idem*, p. 185.
55. *Idem*, p. 187.
56. *Idem*, p. 194.

sobre a base econômica e sobre o estado das forças produtivas. Noutras palavras, *entre as diversas séries de fenômenos sociais existe um processo incessante de ação recíproca*. A causa e o efeito se substituem um ao outro[57].

Isso não elimina, de qualquer modo, o fato fundamental: apesar da existência de ações e influências recíprocas entre os diferentes fatos e fenômenos no interior da sociedade, tudo se passa sob o quadro geral da determinação das superestruturas pelo desenvolvimento das forças produtivas. A esse respeito, Bukhárin também é enfático:

> Este estado de coisas é incontestável. E nessas condições, está claro que a análise deve expressamente partir das forças produtivas; que a interdependência ao infinito entre as várias partes da sociedade não suprime em absoluto a dependência fundamental, ativa "no fim das contas", a mais profunda de todas, aquela que estabelece uma relação de efeito para causa entre todos os fenômenos sociais e a evolução das forças produtivas; que a multiplicidade das causas que fazem sentir a sua ação na sociedade não contradiz em nada a existência *de uma lei única de evolução social*[58].

Constituindo uma das principais fontes do conceito de ideologia na Rússia, o trabalho de Bukhárin é um dos mais importantes componentes do quadro de referências básicas com o qual o Círculo de Bakhtin, direta ou indiretamente, dialoga na elaboração da sua concepção de linguagem, cabendo destacar, no que se refere ao modo como se dá esse diálogo, alguns pontos relevantes. O primeiro é que, ao conceber o universo ideológico constituído pelas esferas da arte, ciência, moral, religião etc., Bukhárin, à semelhança de Plekhánov, sugere a afinidade do universo da ideologia com o que em terminologia não marxista é designado como *cultura* ou *universo cultural*, o que possibilita, como já mencionado, aproximações entre os trabalhos de Volóchinov e Medviédev e o de Bakhtin.

O segundo refere-se ao conceito de *psicologia social* e à maneira pela qual ele se relaciona com o de *ideologia*. Vendo as ideologias na qualidade de esferas organizadas de valores, sentimentos, regras de conduta etc., Bukhárin as distingue da psicologia social justamente pelo caráter não sistematizado desta última, que corresponde ao conjunto de ideias dispersas,

---

57. *Idem*, p. 269 – grifos no original.
58. *Idem*, pp. 270-1 – grifos no original.

"noções fragmentárias", "valores não refletidos", "gostos", "modos de pensar", "representações não refletidas", "opiniões correntes", "julgamentos variados", "esperanças confusas"[59] ainda não organizadas nos sistemas ideológicos.

Há, assim, uma implicação e uma contiguidade entre a psicologia social e a ideologia: esta é a depuração daquela. Diz ele:

> A psicologia social é de certa maneira um reservatório para a ideologia. [...] Vimos no princípio deste parágrafo que a ideologia se distingue por uma maior sistematização de seus elementos, isto é, dos pensamentos, sentimentos, sensações, imagens etc. Que é que a ideologia sistematiza? Ela sistematiza aquilo que está pouco sistematizado ou que não está absolutamente sistematizado, isto é, a psicologia social. *As ideologias são as cristalizações da psicologia social*[60].

Praticamente a mesma concepção aparece em Volóchinov, para quem a psicologia social, denominada também de *ideologia do cotidiano*[61], mantém com os sistemas ideológicos uma relação orgânica. A diferença digna de nota, como salienta Tihanov (1998), é que, enquanto Bukhárin parece conceder um papel de superioridade à ideologia, em detrimento da psicologia social, Volóchinov confere a esta uma importância da mesma grandeza, considerando-a um alimento vital das ideologias constituídas. Assim, numa formulação que ao mesmo tempo retoma e ultrapassa Bukhárin, Volóchinov sustenta que

> Os sistemas ideológicos constituídos da moral social, da ciência, da arte e da religião cristalizam-se a partir da ideologia do cotidiano, exercem por sua vez, em retorno, uma forte influência e dão assim o tom a essa ideologia. Mas ao mesmo tempo, esses produtos ideológicos constituídos conservam constantemente um elo orgânico com a ideologia do cotidiano; alimentam-se de sua seiva, pois fora dela morrem, assim como morrem, por exemplo, a obra literária acabada ou a ideia cognitiva se não são submetidas a uma avaliação crítica viva[62].

---

59. *Idem*, p. 244.
60. *Idem*, p. 253 – grifos no original.
61. Nas palavras do próprio Volóchinov: "... podemos dizer que a ideologia do cotidiano corresponde, no essencial, àquilo que se designa, na literatura marxista, sob o nome de 'psicologia social'" (V. Volochinov, *Marxismo e Filosofia da Linguagem* [1929], publicado sob o nome de M. Bakhtin (Volochinov), tradução do fr. Michel Lahud e outros. 9. ed., São Paulo, Hucitec/Annablume, 2002, p. 119).
62. V. Volochinov, *Marxismo e Filosofia da Linguagem* [1929], publicado sob o nome de M. Bakhtin (Volochinov), tradução do fr. Michel Lahud e outros. 9. ed., São Paulo, Hucitec/Annablume, 2002, p. 119.

Essa importância atribuída à psicologia social, entendida como uma ideologia da vida cotidiana que se distingue dos sistemas ideológicos instituídos, constitui, a propósito, um outro ponto no qual se podem ver, segundo Tihanov[63], certas ressonâncias da *Lebensphilosophie* na concepção de ideologia apropriada pelo Círculo[64].

Também merece registro o fato de Bukhárin definir a linguagem como uma superestrutura, o que se firmará como um pressuposto para muitas pesquisas e produções teóricas desenvolvidas nos anos 1920 e 1930, fornecendo as bases para algumas linhas teóricas (como, por exemplo, o marrismo[65]) que investirão numa abordagem (da qual o Círculo de Bakhtin divergirá) da língua como um fenômeno de classe.

Outro relevante aporte que Bukhárin legou ao fluxo interdiscursivo da época refere-se ao fato de ter chamado a atenção para a dimensão material do fenômeno ideológico, assinalando que a ideologia, a despeito de se constituir como um produto espiritual, ganha concretude ao se materializar em determinadas coisas e objetos.

Digamo-lo já: existe uma analogia, e ela se manifesta nisto, que a ideologia social se materializa, se fixa nas coisas, se acumula ela também sob a forma de objetos perfeitamente materiais. Com efeito, lembremo-nos das fontes de que nos servimos para ressuscitar as antigas "culturas intelectuais", o que chamamos os "monumentos" das épocas passadas, os restos de bibliotecas antigas, os livros, as inscrições, as estátuas, os quadros, os templos, os instrumentos de música encontrados, os milhares de outras coisas. Estes objetos são para nós como que a forma fixada, materializada, da ideologia de épocas afastadas, e por eles podemos com aproximação julgar da psicologia dos contemporâneos, da sua

---

63. G. Tihanov, "Volóchinov, Ideology and Language: The Birth of Marxist Sociology from the Spirit of *Lebensphilosophie*", *The South Atlantic Quarterly*, vol. 97, n. 3/4, 1998.

64. O termo *ideologia do cotidiano*, empregado na edição brasileira (baseada na edição francesa de 1977) de *Marxismo e Filosofia da Linguagem*, conquanto muito mais apropriado que *behavioral ideology*, usado na tradução para o inglês, talvez ainda peque pela ausência do lexema *vida*, presente na construção russa original жизненная идеология, que literalmente significaria *ideologia da vida*. O detalhe, bastante relevante, é um dos motes utilizados por Tihanov (que prefere traduzir a expressão russa justamente por *life-ideology*) para assinalar os ecos da *Lebensphilosophie* na concepção de ideologia explorada em *Marxismo e filosofia da linguagem* e em trabalhos posteriores de Bakhtin, como *O Discurso no Romance* e *A Cultura Popular na Idade Média e no Renascimento* (cf. Tihanov, "Volochinov, Ideology and Language: The Birth of Marxist Sociology from the Spirit of *Lebensphilosophie*", *The South Atlantic Quarterly*, vol. 97, n. 3/4, 1998).

65. Corrente teórica associada a Nikolai Jakovlevtch Marr (1865-1934), criador da Nova Teoria da Linguagem, cujas proposições desfrutaram de grande prestígio durante o regime stalinista, sendo consideradas, do início da década de 1930 até 1950, a posição oficial do marxismo soviético em linguística.

ideologia, exatamente da mesma forma que, pelos instrumentos de trabalho, fazemos um juízo sobre o grande desenvolvimento das forças produtivas e em parte também da economia destas épocas[66].

Trata-se de uma ideia que, reputada pelo próprio Bukhárin uma de suas inovações[67] no trato de questões do materialismo histórico, repercute de modo bastante significativo na obra do Círculo de Bakhtin, particularmente na concepção de signo e de enunciado que dela vai emergir.

Outros autores

O fato de Plekhánov, Lênin e Bukhárin serem, no campo do marxismo, as grandes matrizes conceituais que, nesse período, norteiam a produção teórica sobre diversas questões, incluindo a da ideologia, não significa que não haja outros marxistas se dedicando ao tema. No que diz respeito a possíveis influências sobre, por exemplo, o trabalho de Volóchinov, Tylkovski[68] assinala também a importância de Alexander Bogdanov e Mikhail Reisner.

No caso de Bogdanov, ela aponta vários paralelos com a obra de Volóchinov. Um deles é a centralidade conferida à palavra. Definindo a ideologia como a consciência social na forma de linguagem, conhecimentos, arte, costumes, leis, regras morais etc., Bogdanov atribui à palavra o papel de elemento fundamental por cujo intermédio essa consciência social não apenas se exprime mas também se organiza e organiza a sociedade. Vale reproduzir um trecho, citado por Tylkovski, em que ele aborda o modo como isso ocorre no caso das normas sociais:

---

66. N. Bukharin, *Tratado de Materialismo Histórico* [1921], tradução revista por Edgard Carone, Rio de Janeiro, Laemmert, 1970, p. 318 – grifos no original.

67. Assim se expressa Bukhárin sobre esse ponto: "Outra 'inovação' minha é a teoria que expus sobre a materialização dos fenômenos sociais, sobre o processo especial de acumulação da cultura, que se produz quando a psicologia e a ideologia sociais se condensam e se cristalizam sob forma de coisas, tendo uma existência social original. Estas psicologia e ideologia sociais materializadas se tornam, por sua vez, o ponto de partida de toda evolução ulterior (livros, bibliotecas, galerias de arte, museus etc.). Se a materialização dos fenômenos sociais é uma das leis fundamentais do desenvolvimento da sociedade, é claro que é o que é preciso começar a análise nos domínios correspondentes (isto é, nas superestruturas). Aqui ainda, o ponto de vista materialista encontra uma nova confirmação" (N. Bukharin, "Breves Notas sobre o Problema da *Teoria do Materialismo Histórico* [1923]", *Tratado de Materialismo Histórico* [1921], trad. revista por Edgard Carone, Rio de Janeiro, Laemmert, 1970, p. 376).

68. I. V. N. Tylkovski, *Voloshinov en contexte: essai d'épistémologie historique*, 2010.

As regras ou *normas* de relacionamentos. De início inconscientemente, depois de maneira mais consciente, os povos elaboram as relações mais adaptadas e mais vantajosas para eles e as fixam primeiro nos costumes, depois nas regras e leis morais etc. Essas "normas" da vida em sociedade (ou "normas sociais") **são expressas em *palavras*** tais como: "é necessário fazer isto", "é interdito se comportar de tal forma", "isto é justo e aquilo é ruim" etc. Dessa forma, as normas são transmitidas de um grupo de pessoas a outro, de uma geração a outra, dos que dominam aos que obedecem, são selecionadas, assimiladas e dirigem a vida social como a consciência do homem dirige suas ações. Assim, as normas dizem respeito à *consciência social*[69].

Um dos focos de Bogdanov incide, portanto, na relação entre ideologia e linguagem, conforme se explicita também nesta passagem:

Linguagem. **Compõe-se de palavras**, que têm uma *significação*, o que significa que por seu intermédio, os homens *comunicam* uns aos outros o que querem, sentem, veem, ouvem, pensam, ou seja, aquilo de que eles *têm consciência* de uma maneira ou de outra. "Comunicar" quer dizer tornar *comum* para as pessoas: aquilo de que alguém tem consciência, o que sente, deseja e pensa torna-se, com a ajuda da linguagem, acessível, conhecido para os outros e entra, desse modo, no domínio da *consciência social*[70].

Outro paralelo importante apontado por Tylkovski tem a ver com a noção de *palavra interior*. Explorada por Volóchinov em *Marxismo e Filosofia da Linguagem*, essa noção, segundo ela, já estaria presente na obra de Bogdanov, para quem haveria uma ligação intrínseca entre a palavra e o pensamento, sendo este último definido como "a palavra sem o som".

---

69. "Les règles ou les *normes* des rapports entre les gens. D'abbord, inconsciemment, par la suite de façon plus consciente les gens élaborent les rapports les plus adaptés et les plus avantageux pour eux et les fixent avant tout dans les coutumes, puis dans les règles et les lois morales, etc. Des 'normes' de l avie en société (ou les 'normes sociales') **sont exprimés dans les *mots*** tels que: 'il faut faire ceci', 'il est interdit de se comporter comme cela', 'ceci est juste et cela est mauvais', etc. Sous cette forme, les normes sont transmises d'um groupe de gens à un autre, d'une génération à une autre, de ceux qui dominent à ceux qui obéissent, eles sont retenues, assimilées et dirigent l avie sociale, tout comme la conscience de l'homme dirige ses actions. Ainsi, les normes ont trait à la *conscience sociale*". Os grifos em itálico são de Bogdanov, os em negrito são de Tylkowski." Bogdanov, citado por Tylkowski, *Voloshinov en contexte: essai d'épistémologie historique*, Université de Lausanne, 2010. Thèse de Doctorat. Faculté des Lettres, p. 46 – grifos no original.

70. "*Langage*. **Il se compose de mots**, qui ont une *signification*, c'est-à-dire que par leur intermédiaire, les hommes *communiquent* les uns aux autres ce qu'ils veulent, sentent, voient, entendent, pensent, bref, ce dont ils ont conscience d'une manière ou d'une autre. 'Communiquer' veut dire rendre commun pour les gens: ce dont l'un a conscience, ce qu'il ressent, désire, pense deviant à l'aide du langage accessible, connu pour les autres et entre, de ce fait, dans le domaine de la *conscience sociale*." *Idem*, p. 45 – grifos no original.

Apesar desses inegáveis paralelos, não há, como Tylkovski reconhece, qualquer sinal de que Volóchinov tenha tido contato direto com a obra de Bogdanov. É lícito supor que uma das razões para isso seja a total desqualificação a que Bogdanov foi submetido por parte de marxistas importantes como Plekhánov e Lênin, chegando a ser proibido de publicar em veículos da imprensa operária[71].

Em vista disso, o mais provável, como indica a própria Tylkovski, é que suas ideias tenham integrado a "biblioteca virtual" de Volóchinov por meio da apropriação feita por Bukhárin, que, em sua obra sobre o materialismo histórico, cita Bogdanov em vários momentos.

A respeito de Reisner, Tylkovski aponta como um dado relevante o fato de este autor associar a ideologia à noção de *avaliação*, o que, segundo ela, encontrará ressonância nos textos de Volóchinov, nos quais a ideia de avaliação ideológica é muito presente.

Reconhecendo, a partir do trabalho de Tylkovski, a necessidade de registrar a presença de Bogdanov e Reisner no campo das reflexões teóricas sobre a ideologia, cabe, não obstante, pontuar a esse respeito dois aspectos importantes. O primeiro é que a produção desses autores não compete em popularidade com as concepções defendidas por Plekhánov, Lênin e Bukhárin, as quais constituem, como já assinalado, as referências fundamentais em circulação no ambiente intelectual da Rússia no início do século xx. O segundo é que a associação entre ideologia e *avaliação* apontada por Reisner marca presença não apenas na obra de Volóchinov como também, em graus

---

71. Em *Materialismo e Empiriocriticismo* (1908), por exemplo, Lênin não economiza comentários, críticas e referências desqualificadoras a Bogdanov, que podem ser sintetizadas no juízo que ele emite no prólogo à 2ª edição do livro, em 1920: "sob a capa da 'cultura proletária', A. A. Bogdanov sustenta concepções burguesas e reacionárias" (p. 19). Quanto a Plekhánov, em um de seus comentários a respeito de Bogdanov, assim ele se exprime: "A 'mentira convencional' de uma sociedade dividida em classes adquire proporções tanto mais consideráveis quanto a ordem de coisas existente é abalada pela ação do desenvolvimento econômico e da luta de classes por ele provocada. Marx disse, com muita justeza, que quanto mais se desenvolvem os antagonismos entre as forças produtivas crescentes, mais a ideologia da classe dominante se impregna de hipocrisia. E quanto mais a vida desmascara a natureza mentirosa dessa ideologia mais a *linguagem* desta classe se faz sublime e virtuosa. A justeza deste pensamento salta aos olhos com evidência particular, agora que, por exemplo, na Alemanha, a propagação da corrupção, revelada pelo processo de Harden-Moltke, caminha a par com o 'renascimento do idealismo' em sociologia. E entre nós encontra-se, mesmo nas fileiras dos 'teóricos do proletariado', pessoas que não compreendem a causa social deste 'renascimento' e se submetem a sua influência. Tal é o caso dos Bogdanov, Bazarov e outros" (G. Plekhanov, *Os Princípios Fundamentais do Marxismo* [1908], trad. Sônia Rangel, São Paulo, Hucitec, 1978, p. 69).

diferentes, em Medviédev (que, em *O Método Formal nos Estudos Literários* (1928), chega a dedicar alguns tópicos a essa relação), e em Bakhtin, cuja ênfase no elemento axiológico constitui justamente uma das entradas por onde se podem articular suas reflexões iniciais com seus próprios textos posteriores e com os trabalhos de Medviédev e Volóchinov.

4. A QUESTÃO DA FALSA CONSCIÊNCIA NA RÚSSIA

A despeito das diferenças, uma característica comum a todos os autores acima apresentados é que nenhum deles assumiu como eixo de suas reflexões sobre a ideologia a acepção de falsa consciência, o que pode levar, erroneamente, à conclusão de que as formulações de Marx e Engels em *A Ideologia Alemã* (1845--46) não tivessem qualquer presença no ambiente intelectual da Rússia no início do século. Que isso não procede é demonstrado pelo fato de que o sentido de ideologia como falsa representação do real, embora em posição de inferioridade, tinha entre seus adeptos alguns marxistas que, combatendo as outras acepções, militavam pela "pureza terminológica" do conceito. Esses autores

[...] defendiam a pureza inicial do termo e questionavam a acepção corrente, "banal e vulgarizada", segundo a expressão de Vl. Adoratski (1878-1945), historiador do marxismo, futuro editor da primeira edição em alemão (1932) de *A Ideologia Alemã*. Seu posicionamento competente lançou então a primeira pedra de uma polêmica em torno do termo, que foi mantida e desenvolvida por seu colega da Academia Comunista I. P. Razumovski[72].

Para esses marxistas[73], era necessário compreender e apreender o "verdadeiro" sentido de ideologia, que, em Marx e Engels designava, segundo eles, a visão de mundo (recortada da realidade e ilusória) da classe burguesa.

---

72. "Ils prônaient la pureté initiale du terme et mettaient en cause l'acception courante, 'rebattue et vulgarisée', selon l'expression de Vl. Adoratskij (1878-1945), historien du marxisme, futur rédacteur de la première édition en allemand (1932) de L'idéologie allemande. La position compétente de ce dernier posa donc la première pierre d'une polémique autour du terme et fut soutenue et développée par son collègue de l'Académie Communiste I. P. Razumovskij" (M. Bondarenko, "Reflet et réfraction chez les philosophes marxistes du langage des années 1920-30 en Russie: V. Volochinov lu à travers V. Abaev", em Patrick Sériot et Janette Friedrich (eds.), "Langage et pensée: Union Soviétique années 1920-1930", *Cahiers de l'ILSL* n. 24, Lausanne: Université de Lausanne, 2008, p. 116).

73. Cf. I. V. N. Tylkovski, *Voloshinov en contexte: essai d'épistémologie historique*, Université de Lausanne, 2010. Thèse de Doctorat. Faculté des Lettres, p. 70.

Isso mostra que, embora o texto completo de *A Ideologia Alemã* só tenha sido publicado pela primeira vez em 1932, as proposições ali formuladas, seja em virtude da divulgação promovida por Engels, seja pela disseminação de ideias produzida pelos debates que caracterizavam o movimento revolucionário internacional, não eram desconhecidas dos marxistas russos.

Mesmo no que se refere a Lênin, Plekhánov e Bukhárin, responsáveis pelas acepções de ideologia mais difundidas no ambiente intelectual da Rússia, não é de modo algum patente que eles fossem totalmente indiferentes às reflexões desenvolvidas por Marx e Engels no texto de 1845-46. Se é verdade que suas reflexões não adotam o sentido de ideologia como falsa consciência, não é menos verdade que entre as inúmeras proposições de Marx e Engels incorporadas à sua produção teórica há algumas de cujo processo de elaboração *A Ideologia Alemã* representa um momento importante. Uma dessas formulações, que ultrapassa diferenças de conceituação entre os autores e constitui um postulado recorrente na tradição marxista, consiste na ideia de que a ideologia é condicionada pelas relações materiais de existência e pelo movimento da luta de classes. Por consequência, ela exprime um fenômeno indissociável da luta política, na medida em que corresponde a um processo por meio do qual as ideias de uma classe social cumprem papel fundamental no domínio que essa classe exerce sobre as outras classes da sociedade.

Por isso, embora não atribuindo o caráter de falsidade ou de distorção a toda ideologia, esses autores não deixam de ver esses atributos na ideologia da burguesia. É o que se exprime, por exemplo, no seguinte fragmento de uma já citada passagem de Plekhánov:

A "mentira convencional" de uma sociedade dividida em classes adquire proporções tanto mais consideráveis quanto a ordem de coisas existente é abalada pela ação do desenvolvimento econômico e da luta de classes por ele provocada. Marx disse, com muita justeza, que quanto mais se desenvolvem os antagonismos entre as forças produtivas crescentes, mais a ideologia da classe dominante se impregna de hipocrisia. E quanto mais a vida desmascara a natureza mentirosa dessa ideologia mais a *linguagem* desta classe se faz sublime e virtuosa[74].

---

74. G. Plekhanov, *Os Princípios Fundamentais do Marxismo* [1908], trad. Sônia Rangel, São Paulo, Hucitec, 1978, p. 69 – grifo no original.

Dessa forma, uma vez que a ideologia burguesa é mentirosa, ver o mundo com os olhos dessa ideologia significa, da perspectiva do proletariado, vê-lo de maneira distorcida e enganosa.

O sentido "negativo", pois, que, em Marx e Engels, era característico da ideologia em si, passa a ser, na leitura de alguns marxistas russos, um traço da ideologia burguesa, enquanto à ideologia proletária é atribuído um valor positivo, culminando, sob o stalinismo, na sua caracterização como uma concepção científica que, opondo-se à concepção da burguesia, apreende o mundo de modo totalmente verdadeiro.

Não é, por isso, descabido, presumir que formulações de *A Ideologia Alemã* circulassem no fluxo interdiscursivo e integrassem o arcabouço teórico ou, para usar a expressão de Tylkovski[75], a biblioteca virtual a que os marxistas russos recorreram para, em consonância com as particularidades e exigências do momento histórico vivido pela Rússia, produzir suas reflexões sobre diversas questões, inclusive a da ideologia.

Reforça essa inferência a presença de ecos de *A Ideologia Alemã* (1845-46) também no trabalho do Círculo de Bakhtin, que, nos marcos do projeto de uma ciência das ideologias destinada a estudar a especificidade de cada um dos domínios da criação ideológica, irá abordar os nexos entre consciência, ideologia e linguagem. Realizado principalmente por Volóchinov e Medviédev, mas atingindo também a obra de Bakhtin, esse trabalho, dialogando com as contribuições dos principais teóricos marxistas russos e, ao que tudo indica, sem contato direto com o texto de *A Ideologia Alemã*, curiosamente vai explorar sugestões ali presentes, como, por exemplo, as da seguinte passagem:

Somente agora, depois de ter examinado quatro momentos, quatro aspectos das relações históricas originárias, verificamos que o homem tem também "consciência". Mas, ainda assim, não se trata de consciência "pura". Desde o início pesa sobre o "espírito" a maldição de estar "contaminado" pela matéria, que se apresenta sob a forma de camadas de ar em movimento, de sons, em suma, de linguagem. A linguagem é tão antiga quanto a consciência – *a linguagem é a consciência real, prática, que existe para os outros homens e, portanto, existe também para mim mesmo*; e a linguagem nasce, como a consciência, da carência, da necessidade de *intercâmbio com outros homens*.

---

75. I. V. N. Tylkovski, *Voloshinov en contexte: essai d'épistémologie historique*, Université de Lausanne, 2010. Thèse de Doctorat. Faculté des Lettres.

Onde existe uma relação, ela existe para mim: o animal não se relaciona com nada, simplesmente não se relaciona. Para o animal, sua relação com outros não existe como relação. A consciência, portanto, é desde o início um produto social, e continuará sendo enquanto existirem homens[76].

Se, por um lado, a passagem por si só não autoriza o estabelecimento de uma conexão direta entre os textos de Marx e Engels e os trabalhos de Volóchinov, Medviédev e Bakhtin, não há como deixar de perceber, por outro lado, que as formulações aí apresentadas, ao associar linguagem e consciência social, apontam diretamente para aspectos que assumirão papel central na teoria desenvolvida pelo Círculo: em primeiro lugar, a importância atribuída ao caráter *relacional* (vale dizer, social) da consciência; em segundo lugar, a referência à realidade do *intercâmbio* (que ressoa na ideia volochinoviana de *interação*) como condição que organiza e da qual nascem a linguagem e a consciência; e, por fim, a alusão à *materialidade* sígnica da consciência, já que ela está, segundo Marx e Engels, "contaminada" pela matéria do ar e dos sons da linguagem em que se manifesta.

Relações sociais, interação e materialidade da ideologia. Três ideias fundamentais que, presentes de forma articulada na concepção de linguagem do Círculo, não são, como se pode ver, estranhas às reflexões desenvolvidas por Marx e Engels em *A Ideologia Alemã*[77].

De todo o exposto pode-se concluir que a obra de Marx, buscando estabelecer os fundamentos de uma teoria materialista da ideologia e da consciência, deixou em aberto uma gama de caminhos por onde diferentes facetas do conceito puderam ser exploradas. Defrontados com as injunções e demandas concretas do processo revolucionário em curso, em cujo contexto uma das discussões importantes dizia respeito às relações entre a existência social material e as criações intelectuais (ou, em outros termos, entre a vida socioeconômica e a cultura ou, ainda, entre a base e a superestrutura), os marxistas russos canalizaram sua reflexão para alguns caminhos

---

76. K. Marx & F. Engels, *A Ideologia Alemã* (I- Feuerbach) [1845-46], trad. José Carlos Bruni e Marco Aurélio Nogueira, 3. ed., São Paulo, Livraria Editora Ciências Humanas, 1982, p. 43 – grifos meus.

77. Expressivamente, décadas mais tarde, em notas preparatórias, o próprio Bakhtin manifesta esse parentesco, ao mencionar a "fórmula dialógica de Marx e Engels" e registrar: "Karl Marx dizia que só um pensamento expresso *na palavra* torna-se realmente um pensamento *para outro* e, somente assim, igualmente *para mim mesmo*" (citado por Sériot, 2007b, p. 40).

possíveis. Visibilizada principalmente pela produção desses marxistas, a ideologia vai se tornar uma das mais relevantes questões no debate teórico e político da Rússia imediatamente pré e pós-revolucionária, constituindo um dos elementos importantes do contexto intelectual em que o Círculo de Bakhtin produz o seu trabalho.

Embora, nesse contexto, o entendimento preponderante seja o de Lênin, em vista da sua importância no processo revolucionário e na construção do Estado soviético, outras posições também disputam o conceito, de modo que, considerando apenas o campo marxista, é possível assinalar (cf. Bondarenko, 2008) a existência de três principais acepções de ideologia em circulação na Rússia nesse período:

1. ideologia como falsa consciência e/ou representação distorcida da realidade – pleiteada por autores como Adoratsky e Razumovsky;
2. ideologia como conjunto de representações sistematizadas do mundo: arte, religião, moral, ciência, filosofia etc. – desenvolvida nas obras de Plekhánov, Bukhárin e Bogdanov;
3. ideologia como expressão dos interesses e da visão de mundo de uma determinada classe social – defendida particularmente na obra de Lênin.

É em grande medida providos por essas concepções que os marxistas da Rússia vão se debruçar sobre temas centrais no ambiente intelectual das primeiras décadas do século xx, como, por exemplo, a linguagem e a estética. Assim fazendo, esses marxistas, ao mesmo tempo em que respondem a demandas do contexto histórico, também atualizam e repõem nos debates do momento algumas discussões travadas por várias gerações da *intelligentsia* russa, entre as quais a dos críticos realistas (também chamados de niilistas) da década de 1860, que, com seus posicionamentos radicais sobre as relações entre arte e vida social, engrossaram o caldo de contribuições para a forma como essa discussão desembocou na Rússia no início do século xx e, portanto, para a maneira pela qual ela repercutiu na obra do Círculo de Bakhtin.

5. A GERAÇÃO DE 1860 E AS RELAÇÕES ENTRE ARTE E VIDA

Brandist[78] já procurou mostrar como ideias familiares ao marxismo, assim como ao idealismo alemão, penetram no trabalho de Bakhtin por intermédio da apropriação que delas faz o populismo russo, do qual é possível encontrar certas ressonâncias na obra bakhtiniana. Exemplos dessas ressonâncias seriam, de um lado, certas proximidades entre as proposições de natureza ética dos primeiros trabalhos de Bakhtin, em cujas formulações há forte presença da *Lebensphilosophie* alemã, e a condenação moral dos populistas russos à aceitação passiva da lógica destrutiva do desenvolvimento capitalista. De outro, o paralelo observável entre o papel do romancista (caracterizado, nos trabalhos bakhtinianos sobre o discurso romanesco, como uma espécie de sistematizador das concepções populares) e o do verdadeiro intelectual segundo o populismo, concebido como alguém que coloca o seu saber a serviço do esclarecimento do povo.

Também Williams[79] registra a influência exercida sobre o marxismo pela ênfase dada por autores como Belinsky, Chernichevsky e Dobroliubov ao modo pelo qual certas "essências" da realidade podem se representar na produção artística.

Nessa mesma linha de nexos, um ponto central em que algumas proposições da *intelligentsia* russa do século XIX reverberam em discussões das décadas iniciais do século XX, articulando-se, ainda que de forma indireta e residual, com o problema da ideologia, diz respeito ao papel da arte (e, em especial, da literatura) na sociedade. Antes de se tornar o núcleo da teorização e também das críticas enfrentadas pelos formalistas nos anos 1920, a questão da autonomia da arte e das suas conexões com a realidade extra-artística já tinha sido, embora numa perspectiva diferente, objeto de muito debate ao longo do século XIX, e, por volta dos anos 1860, essa era uma questão crucial para a intelectualidade russa, cabendo à literatura, que já ocupava um lugar privilegiado na vida cultural e política do país, o papel de principal foco de interesse nas discussões sobre as especificidades da estética e suas relações com a vida social. Sobre essa centralidade da literatura, Holquist informa que:

---

78. C. Brandist, "Bakhtin, Marxism and Russian Populism", em C. Brandist & G. Tihanov, *Materializing Bakhtin. The Bakhtin Circle and Social Theory*, London, MacMillan Press, 2000.

79. R. Williams, *Marxismo e Literatura*, trad. Waltensir Dutra, Rio de Janeiro, Zahar Editores, 1979.

Embora na época não houvesse nenhuma escassez de disputas sobre a "estética", pouquíssima atenção foi realmente dada por qualquer um às artes além da literatura. Os motivos para tanto não são difíceis de encontrar. O primeiro deles é local: foi a literatura, ou a conversa sobre a literatura, que se tornou institucionalizada como fórum de debate das questões cuja discussão era de outro modo proibida. A literatura era uma preocupação central na sociedade russa não só porque produzia um dilúvio extraordinário de grandes obras no decorrer desses anos, mas porque era um código para se falar sobre todas as coisas que careciam com mais urgência de discussão na sociedade. Outro motivo, é claro, jaz na natureza da própria literatura: porque o seu veículo são palavras, e não sons ou pedras, ela era mais próxima da expressão extraestética e, assim, mais provável de ser confundida com as linguagens usadas fora da arte[80].

Nesse debate sobre as relações entre a arte (principalmente a literatura) e a vida social, a geração de críticos de 1860, de que Chernichevsky, Dobrolyubov e Pisarev eram os principais representantes, não tinha dúvida quanto à importância de cada um dos elementos sob comparação. Para eles, não apenas a vida tinha total precedência sobre a arte como esta devia estar a serviço daquela. Numa elaboração que em certas nuanças lembrava o Platão de *A República*, a realidade social, na visão desses autores, estava para o verdadeiro assim como a estética, concebida como uma arte alheia à vida, estava para o falso. Em alguns aspectos, as concepções dessa geração apontavam para conclusões posteriormente adotadas pelo marxismo oficial, como, por exemplo, a noção, potencialmente presente em Chernichevsky, de que a arte, incumbida de desvelar a essência por trás da aparência, não teria razão de ser numa sociedade futura em que essas duas dimensões estivessem conciliadas, ou, ainda, a ideia, ao que tudo indica inspiradora do realismo socialista, de que numa sociedade futura o papel da arte restringir-se-ia ao de meramente descrever a realidade[81].

Na base dos pontos de vista desses autores e dos critérios fornecidos por eles para aferição do valor da obra literária estava um pressuposto também caro ao marxismo: a inquestionável preponderância atribuída ao social em face do individual. Apoiando-se nesse postulado é que Pisarev, levando a

---

80. M. Holquist, "Dialogismo e Estética", em A. P. G. Ribeiro & I. Sacramento (orgs.), *Mikhail Bakhtin: Linguagem, Cultura e Mídia*, São Carlos/SP, Pedro & João Editores, 2010, p. 43.

81. Para uma discussão sobre as ideias e a importância da geração de críticos realistas no período 1855- -1870, ver C. A. Moser, *Esthetics as Nightmare: Russian Literary Theory, 1855-1870*, Princeton, Princeton University Press, 1989.

extremos o pensamento da sua geração, investia pesadamente contra aquele tipo de arte (e, em particular, de literatura) que em vez de se engajar política e socialmente, colocando-se a serviço de uma ação emancipadora, destinada a mostrar à sociedade a verdadeira face da realidade e o modo como a vida dos indivíduos é determinada pelas condições políticas e sociais, ocupava-se em "guiar os seus leitores a um mundinho de alegrias e sofrimentos puramente pessoais", rodeando "seus continhos com encantadoras descrições de noites enluaradas, noites de verão, êxtases apaixonados e seios luxuriantes", de modo a ocultar, assim, "aquela ligação inquebrável entre o destino da personalidade individual e a condição da sociedade como um todo"[82].

Para esses autores, cuja influência extrapolou as décadas de 1860 e 1870 e inspirou muitos dos bolcheviques que tomariam o poder em 1917[83], a arte voltada para si mesma e preocupada exclusivamente com a produção da *beleza* distanciava-se da realidade e obstruía o conhecimento da *verdade*. A estética, assim concebida, opunha-se ao conhecimento verdadeiro e precisava, por isso, ser combatida e até mesmo destruída, como propugnava o artigo de Pisarev "The Destruction of Esthetics"[84].

Para além das sugestões platônicas que o raciocínio ecoa, os tangenciamentos com a questão da ideologia são aqui bastante acentuados, na medida em que o foco é justamente o papel das ideias e da criação artística na so-

---

82. Os trechos citados foram extraídos da seguinte passagem citada por Moser: "In order to distract people from serious meditation, in order to divert their gaze from the idiocies of life both large and small, in order to conceal from them the genuine necessities of this age and this nation, the writer must draw his readers away into a tiny little world of purely personal joys and purely personal griefs; ... he must surround his small tales with charming descriptions of moonlit nights, summer evenings, passionate ecstasies, and luxuriant bosoms; and the main thing is that while he is at it he must carefully conceal from his reader that unbreakable link connecting the fate of the individual personality with the condition of society as a whole" (C. A. Moser, *Esthetics as Nightmare: Russian Literary Theory, 1855-1870*. Princeton, Princeton University Press, 1989, p. 80). O mesmo trecho é citado também por M. Holquist, "Dialogismo e Estética", em A. P. G. Ribeiro & I. Sacramento (orgs.), *Mikhail Bakhtin: Linguagem, Cultura e Midia*, São Carlos/SP, Pedro & João Editores, 2010, p. 40.

83. Para se ter uma ideia dessa influência, basta dizer que o livro *Que Fazer*, de Lênin (um dos livros, aliás, em que ele desenvolve a sua concepção de ideologia), retoma abertamente o título do principal livro de Chernichevsky. Reforçando essas conexões, Adam B. Ulam informa que, aos dezoito anos, Lênin escreveu uma carta cheia de admiração a Chernichevsky, cujos trabalhos, mais tarde, dividiriam com os de Marx o lugar de honra no seu gabinete como presidente do Conselho dos Comissários do Povo, no Kremlin (A. B. Ulam, *Os Bolcheviques*, trad. Francisco Manoel da Rocha Filho e Archibaldo Figueira, 2. ed., Rio de Janeiro, Nova Fronteira, 1976, p. 70).

84. Cf. C. A. Moser, *Esthetics as Nightmare: Russian Literary Theory, 1855-1870*, Princeton, Princeton University Press, 1989, p. 59.

ciedade. Ao problematizar de maneira tão visceral as relações entre a arte e a vida social, as discussões travadas pela geração de 1860 contribuíram para deixar na tradição intelectual russa um saldo significativo de debates que se coadunavam perfeitamente com certas preocupações marxistas e com as reflexões desenvolvidas depois pelo Círculo de Bakhtin no sentido de considerar a produção estética não como uma esfera autônoma, mas como um campo intrinsecamente condicionado pela realidade histórico-social e pela inter-relação com os outros campos da criação ideológica.

6. ESTÉTICA E LINGUÍSTICA NOS ANOS REVOLUCIONÁRIOS

Quando, portanto, nas primeiras décadas do século xx, a questão das relações entre a arte e a vida, bem como a do estatuto da estética frente às demais esferas da realidade social, encontrando-se com várias outras discussões do contexto discursivo, tornam-se, por conta, entre outras coisas, da evidência dos formalistas[85], focos do debate intelectual na Rússia, elas, longe de serem novidades, inscrevem-se em uma tradição que, apesar de não inaugurada pelos marxistas, toca diretamente em problemas situados no horizonte dos seus interesses, sendo um deles justamente o da ideologia, que, sob diferentes formulações, compõe o campo de referências do aludido debate, permeando o universo discursivo no interior do qual os intelectuais russos das primeiras décadas do século xx (marxistas e não marxistas) estão produzindo suas reflexões.

É importante salientar que as apropriações do legado teórico marxiano na Rússia no período, em que pese certa influência da interlocução com as concepções e práticas da ii Internacional (onde, sob a hegemonia das leituras propostas por Kautsky, predominam interpretações evolucionistas e mecanicistas da obra de Marx[86]), são produzidas principalmente sob o influxo

---

85. Não é objetivo deste trabalho abordar detidamente o formalismo russo ou o trabalho de seus principais representantes, mas apenas focalizá-lo na condição de posição importante no fluxo interdiscursivo do momento e interlocutor privilegiado do Círculo de Bakhtin, que faz dele contraponto para algumas de suas proposições. Para análises mais detidas, ver, entre outros, Tezza (*Entre a Prosa e a Poesia: Bakhtin e o Formalismo Russo*, Rio de Janeiro, Rocco, 2003), Bennet (*Formalism and Marxism*, London/New York, Routledge, 2003) e Irene Machado (*Analogia do Dissimilar. Bakhtin e o Formalismo Russo*, São Paulo, Perspectiva, 1989).

86. Cf. L. Konder, *A Questão da Ideologia*, São Paulo, Companhia das Letras, 2002, pp. 51-58.

das demandas imediatas do processo revolucionário em curso, o que tem como uma de suas principais consequências um alto grau de politização dos conceitos manuseados, que tendem a ser operacionalizados como armas e ferramentas a serviço da luta política.

No tocante à ideologia, isso contribui, por um lado, para o fortalecimento da tonalidade "classista" e "reflexivista" do conceito, ou seja, para o entendimento do universo ideológico primordialmente como expressão, mais ou menos direta, dos interesses e do pensamento de um determinado grupo ou classe social (o que se traduz, no plano da linguagem, por construções adjetivadas do tipo "literatura burguesa", "arte proletária" etc.). Por outro lado, contribui também para o entendimento da ideologia como um universo definido pelo confronto de posições antagônicas e, portanto, como um universo intrinsecamente marcado pelo conflito entre as classes.

Nessas circunstâncias, o debate sobre a estética encontra-se inevitavelmente com a questão da ideologia, na medida em que põe em foco o papel do universo ideológico (ou, em termos não marxistas, do "universo cultural"), assim como dos diferentes domínios que o constituem (particularmente a arte e a literatura) em um processo de transformação revolucionária que supõe a tomada do poder burguês e a construção do Estado proletário.

Sob variadas perspectivas, essas questões vão compor a atmosfera intelectual do período, de modo que, no momento em que o Círculo de Bakhtin está começando a desenvolver o seu trabalho de reflexão, grande parte dos enunciados produzidos em diversas esferas da comunicação discursiva na Rússia (e, após 1922, na URSS) é motivada ou se encontra sob o assédio de indagações direta ou indiretamente voltadas para as relações entre base e superestrutura, incidindo principalmente sobre os seguintes pontos:

- Qual o papel e o destino da superestrutura (da arte e da literatura, em particular), assim como da linguagem na transformação do capitalismo em socialismo?
- Que atitude a revolução deve adotar acerca dessas questões, tanto antes quanto depois da tomada do poder?

Com o propósito de dar resposta a essas questões, várias iniciativas e empreendimentos, em diversos campos de atividade e do conhecimento, são implementados e/ou estimulados pelo estado soviético em processo de construção. É também a esse propósito que se dedica o livro de Trotsky, *Literatura e Revolução*, de 1923, no qual, não se esquecendo de reiterar o caráter absolutamente prioritário das questões econômicas, ele assinala a importância da arte e da literatura na nova sociedade:

> Se a ditadura do proletariado se mostrasse incapaz de organizar a economia e de assegurar à população um mínimo vital de bens materiais, nos anos que se seguiram à sua implantação, o regime soviético estaria, então, realmente condenado a desaparecer. A economia é, atualmente, o problema dos problemas.
>
> Mesmo a solução dos problemas elementares – alimentação, vestuário, habitação e educação primária – de forma alguma significaria, entretanto, a vitória total do novo princípio histórico, isto é, o socialismo. Só o progresso do pensamento científico em escala nacional e o desenvolvimento de uma nova arte mostrariam que a semente histórica não só germinou, mas também floresceu. Nesse sentido, o desenvolvimento da arte é a maior prova da vitalidade e da importância de cada época[87].

Assumindo uma clara posição quanto às relações entre a arte e a vida social, Trotsky mostra também sua inclinação para uma concepção "reflexivista", de acordo com a qual as produções ideológicas (como a arte e a literatura) refletem a realidade social.

> É ridículo, absurdo e mesmo estúpido, ao mais alto grau, pretender que a arte permaneça indiferente às convulsões da época atual. Os homens preparam os acontecimentos, realizam-nos, sofrem os efeitos e se modificam sob o impacto de suas reações. A arte, direta ou indiretamente, reflete a vida dos homens que fazem ou vivem os acontecimentos. Isso é verdadeiro para todas as artes, da mais monumental à mais íntima[88].

Como líder revolucionário e, àquela altura, um dos artífices do Estado soviético, Trotsky manifesta seu ponto de vista quanto à atitude que a revolução deve adotar em relação à arte e aos artistas.

> A nossa política, em relação à arte, durante o período de transição, pode e deve ser a de ajudar os diferentes grupos e escolas artísticas que nasceram com a revolução, a compreender corretamente o sentido histórico da época e conceder-lhes completa liberdade de autodeterminação no domínio da arte, após colocá-los sob o crivo categórico: a favor ou contra a revolução.

---

87. L. Trotsky, *Literatura e Revolução*, trad. M. Bandeira, Rio de Janeiro, Zahar Editores, 1969 [1923], p. 21.
88. *Idem*, p. 24.

Atualmente, a revolução só se reflete na arte de modo parcial, quando os artistas e os poetas novos e antigos deixam de considerá-la uma catástrofe exterior e, tornando-se parte do seu tecido vivente, aprendem a vê-la não de fora, mas de dentro.

Predizendo, por fim, o papel a ser desempenhado pela arte no futuro, Trotsky descreve suas características e, ao fazê-lo, utiliza um vocabulário cujo tom soa bastante familiar àquele que o realismo socialista viria a consagrar depois.

O turbilhão social não se aquietará tão cedo. Temos diante de nós décadas de luta, na Europa e na América. Não somente os nossos contemporâneos participarão, mas também os homens e as mulheres da próxima geração. A arte desta época estará, inteiramente, sob o signo da revolução.

Essa arte necessita de nova consciência. E, antes de tudo, é incompatível com o misticismo, quer franco ou disfarçado em romantismo, porque a revolução parte da ideia central de que o homem coletivo deve tornar-se o único senhor e de que só o conhecimento das forças naturais e a sua capacidade de utilizá-las poderão determinar os limites do seu poder. Essa nova arte é incompatível com o pessimismo, com o ceticismo, com todas as outras formas de abatimento espiritual. Ela é realista, ativa, vitalmente coletivista e cheia de ilimitada confiança no futuro[89].

Muito mais que representar uma preocupação exclusiva do estado soviético, as reflexões de Trotsky ilustram, na verdade, como questões atinentes às relações entre as esferas ideológicas (em particular a arte e a literatura) e a vida social estão no horizonte dos debates da época, o que se aplica não somente ao campo marxista, mas também a correntes intelectuais e artísticas de outras extrações. Relatos sobre o período, como os de Clark & Holquist[90] e Sériot[91] mostram, por exemplo, como Niével e Vítebsk (cidades nas quais se reúne o Círculo de Bakhtin), experimentam, conquanto em meio a um processo de guerra civil, uma forte efervescência pós-revolucionária, abrigando diversas atividades em que intelectuais marxistas e não marxistas debatem temas pertinentes às relações entre a cultura e a revolução[92]. Clark

---

89. *Idem*, pp. 25-26.

90. K. Clark & M. Holquist, *Mikhail Bakhtin*, trad. J. Guinsburg, São Paulo, Perspectiva, 2004 [1984].

91. P. Sériot, "Preface", em V. N. Voloshinov, *Marxisme et philosophie du langage. Les problèmes fondamentaux de la méthode sociologique dans la science du langage*, éd. bilingue, traduit du russe par Patrick Sériot et Inna Tylkowsky-Ageeva. Lausanne, Lambert-Lucas, 2010a.

92. Servem de ilustração as atividades (de que também participam Bakhtin e Kagan) realizadas em Niével, em 19 de agosto de 1919, quando Gurvitch, um dos oradores, discorre justamente sobre esse tema

& Holquist não deixam de assinalar como essas circunstâncias contribuem para definir o campo de interesses do jovem Bakhtin.

Bakhtin abordou a empreitada pela tentativa de responder à pergunta: Como é que a experiência e a atividade da arte se relacionam com outros tipos de atividade e experiência? Ele não estava sozinho nessa área geral de preocupação, pois muitos outros na União Soviética, no curso daqueles anos, também se achavam vivamente empenhados em compreender o lugar da arte no seio da vida. A questão encontrava-se no âmago das diferenças entre críticos formalistas e sociologizantes, bem como entre poetas futuristas e simbolistas. Todas essas controvérsias ocorriam no âmbito de uma tradição mais ampla, que datava dos tempos czaristas, segundo a qual a literatura como instituição tinha uma importância única na Rússia. A Revolução deu nova atualidade a tais discussões, tendo todas elas desempenhado certo papel no direcionamento das ambições do jovem Bakhtin[93].

É em meio a esse processo de efervescência e de pesquisa teórica em diversos setores da vida intelectual que a reflexão sobre a ideologia, além de se imbricar na questão estética, vai se entrelaçar também com a questão linguística, que constitui, durante o período revolucionário, um campo de forte interesse, recebendo a atenção de um grande número de estudiosos, muitos deles atuando em instituições patrocinadas ou apoiadas pelo novo regime, como o já mencionado Instituto de História Comparada de Línguas e Literaturas do Ocidente e do Oriente–ILIAZV, cuja agenda nos anos 1920 inclui projetos nas áreas de linguística geral e políticas linguísticas para a União Soviética, e onde trabalham pesquisadores como Iakubinski, Volóchinov e Medviédev[94].

O envolvimento de vários estudiosos com a pesquisa sobre a linguagem, associado ao interesse do Estado soviético pela questão, consolida a "virada sociológica" nesse campo de estudos e estimula diversos empreendimentos intelectuais voltados para o desenvolvimento de uma ciência linguística de

---

(cf. P. Sériot, "Preface", em V. N. Voloshinov, *Marxisme et philosophie du langage. Les problèmes fondamentaux de la méthode sociologique dans la science du langage*, éd. bilingue, traduit du russe par Patrick Sériot et Inna Tylkowsky-Ageeva, Lausanne, Lambert-Lucas, 2010a, p. 23).

93. K. Clark & M. Holquist, *Mikhail Bakhtin*, trad. J. Guinsburg, São Paulo, Perspectiva, 2004 [1984], p. 83.

94. Cf. C. Brandist, "Mikhail Bakhtin e os Primórdios da Sociolinguística Soviética", em C. A. Faraco; C. Tezza & G. Castro (orgs.), *Vinte Ensaios sobre Mikhail Bakhtin*, Petrópolis/RJ, Vozes, 2006; I. Medviédev & D. Medviedeva, "Pavel Nikoláievitch Medviédev: Nota Biográfica", em *O Método Formal nos Estudos Literários – Introdução Crítica a uma Poética Sociológica* [1928], trad. Ekaterina V. Américo e Sheila C. Grillo, São Paulo, Contexto, 2012.

orientação marxista, alguns deles firmando posições controvertidas sobre a ideologia, como é o caso da Nova Teoria da Linguagem, concepção proposta por Nikolai Marr que, levando ao paroxismo a tendência classista e reflexivista que se institucionalizaria no marxismo soviético, sustenta a ideia de que a língua, sendo um fenômeno da superestrutura e refletindo, de forma direta ou indireta, a base socioeconômica, seria também um fenômeno de classe. Segundo essa visão, em uma sociedade dividida em classes, a cada uma delas corresponderia uma língua diferente, uma vez que

> Não existe língua nacional, língua comum a uma nação, mas línguas de classe, e as línguas de uma só e mesma classe em diferentes países, pelo caráter idêntico de sua estrutura social, são tipologicamente mais próximas umas das outras que as línguas de diferentes classes em um só e mesmo país, em uma só e mesma nação[95].

Apropriada dessa forma extremamente mecânica pelo marrismo, a ideia da língua como um elemento da superestrutura, proposta, como já visto, por Bukhárin[96], permeia também, sob diferentes matizes, outras reflexões e concepções linguísticas em circulação no período (inclusive as de críticos da teoria de Marr, como o grupo Jazykofront)[97] e, em maior ou menor grau, é compartilhada por abordagens sociológicas das ciências da linguagem soviéticas para as quais a estrutura de classe de uma sociedade em alguma medida se reflete na diferenciação linguística[98].

---

95. "Il n'existe pas de langue nationale, de langue commune à une nation, mais il y a des langues de classe, et les langues d'une seule et même classe de différents pays, par le caractere identique de leur structure sociale, sont typologiquement plus proche les unes des autres que les langues des diferentes classes d'un seul et même pays, d'une seule et même nation" (Marr, citado por M. Lähteenmäki, "Sur l'idée du caractere de classe de la langue: Marr et Volosinov", em P. Sériot (ed.), "Un paradigme perdu: la linguistique marriste", *Cahiers de l'ILSL* n. 20, Lausanne, Université de Lausanne, 2005, p. 164.

96. N. Bukharin, *Tratado de Materialismo Histórico* [1921], tradução revista por Edgard Carone, Rio de Janeiro, Laemmert, 1970.

97. Grupo de intelectuais (formado, entre outros, por G. K. Danilov, Ja. V. Loja, P. S. Kuznecov e T. P. Lomtev) cuja atuação, na virada da década de 1920 para a de 1930, tinha como propósito construir uma linguística marxista (cf. V. M. Alpatov, "La linguistique marxiste en URSS dans les années 1920-1930". Traduit du russe par Patrick Sériot, em P. Sériot (ed.), "Le discours sur la langue en URSS à l'époque stalienne (espistemologie, philosophie, idéologie)", *Cahiers de l'ILSL* n. 14, Lausanne, Université de Lausanne, 2003).

98. Cf. M. Lähteenmäki, "Sur l'idée du caractere de classe de la langue: Marr et Volosinov", em P. Sériot (ed.), "Un paradigme perdu: la linguistique marriste", *Cahiers de l'ILSL* n. 20, Lausanne, Université de Lausanne, 2005, p. 162.

O prestígio da concepção marrista, que, sob o stalinismo, converte-se na teoria linguística oficial do marxismo soviético (até que, em 1950, o próprio Stalin a destrona dessa condição), não impede, no entanto, que, durante a década de 1920, confirmando o clima de debate reinante nos anos imediatamente pós-revolucionários, outras vertentes do pensamento linguístico se desenvolvam, sendo possível, por exemplo, a Volóchinov, discordar das teses maristas e postular que

Classe social e comunidade semiótica não se confundem. Pelo segundo termo entendemos a comunidade que utiliza um único e mesmo código ideológico de comunicação. Assim, classes sociais diferentes servem-se de uma só e mesma língua. Consequentemente, *em todo signo ideológico confrontam-se índices de valor contraditórios*. O signo se torna a arena onde se desenvolve a luta de classes. Esta plurivalência social do signo ideológico é um traço da maior importância[99].

Refutando, assim, o postulado da língua de classe, Volóchinov afasta-se do marrismo e, ao mesmo tempo, enuncia um dos eixos da visão de linguagem do Círculo de Bakhtin, apresentando o signo como território no qual não apenas se refletem mas também se refratam as posições ideológicas presentes na sociedade. A esse respeito, diz ele:

O ser, refletido no signo, não apenas nele se reflete, mas também *se refrata*. O que é que determina esta refração do ser no signo ideológico? O confronto de interesses sociais nos limites de uma só e mesma comunidade semiótica, ou seja: *a luta de classes*[100].

Ainda na década de 1920, um outro campo importante nas ciências humanas cujos temas relacionam-se aos estudos desenvolvidos pelo Círculo e com o qual a questão da ideologia tem ligação é o das reflexões acerca dos modos de compreensão da consciência individual e das suas relações com o mundo social e cultural. Em torno dessa discussão ganham relevo os debates sobre as ideias psicanalíticas e as tentativas de desenvolvimento de teorias psicológicas de cunho marxista, que têm como uma de suas principais expressões o trabalho de Vygotsky, cujas pesquisas realizam-se

---

99. V. Volochinov, *Marxismo e Filosofia da Linguagem* [1929], publicado sob o nome de M. Bakhtin (Volochinov), tradução do fr. Michel Lahud e outros, 9. ed., São Paulo, Hucitec/Annablume, 2002, p. 46 – grifos no original.

100. *Idem, ibidem.*

principalmente no Instituto de Psicologia Experimental de Moscou-IEP, patrocinado pela Associação Russa de Institutos de Pesquisa Científica em Ciências Sociais-RANION, organização encarregada de gerir administrativamente os institutos de pesquisa (entre os quais o ILIAZV) envolvidos com o desenvolvimento de projetos orientados pelos "interesses da construção socialista"[101].

Entrelaçando-se, pois, com algumas das discussões centrais na Rússia (e URSS) nesse período, o problema da ideologia vai se constituir, direta ou indiretamente, em uma das mais importantes preocupações dos teóricos marxistas que, debruçando-se de um ou de outro modo sobre o tema, concorrem para sua constituição em elemento relevante da atmosfera intelectual e do fluxo interdiscursivo no interior do qual Bakhtin e seus companheiros produzem o seu trabalho e incorporam esse conceito a suas reflexões. É a esse pano de fundo que se refere Gardiner quando afirma que

> A preocupação do Círculo de Bakhtin com a função produtora de significados da ideologia e com a natureza do fenômeno linguístico em geral surgiu dos intensos debates entre a intelligentsia russa, ocorridos imediatamente antes e depois da Revolução de Outubro de 1917, sobre o papel da linguagem na vida cultural e política[102].

7. PRINCIPAIS EMBATES: SAUSSURE, O FORMALISMO E O SUBJETIVISMO

Sendo a obra do Círculo, como qualquer outra, resultado da conjugação do querer-dizer dos sujeitos com as injunções e condicionamentos da realidade histórico-social, obviamente as linhas principais desse contexto ideológico-discursivo teriam, naturalmente, de se refletir e se refratar também nessa obra.

Nos anos 1920, os elementos a partir dos quais os trabalhos de Bakhtin, Medviédev e Volóchinov vão se articular com o contexto histórico-social

---

101. Cf. C. Brandist, "Os Círculos de Vygotsky e Bakhtin: Explicando a Convergência", *Repensando o Círculo de Bakhtin,* trad. Helenice Gouvea e Rosemary H. Schettini, São Paulo, Contexto, 2012a, p. 93.

102. "The preoccupation of the Bakhtin Circle with the signifying function of ideology, and with the nature of linguistic phenomena in general, grew out of the intense debates amongst the Russian intelligentsia on the role of language in cultural and political life which occurred immediately before and after the October Revolution in 1917" (M. E. Gardiner, *The Dialogics of Critique: M. M. Bakhtin and the Theory of Ideology,* London/New York, Routledge, 1992, p. 67).

e intelectual referem-se principalmente aos debates e reflexões produzidos no campo dos estudos sobre a natureza da consciência e da subjetividade e sobre o estatuto da estética e da linguagem na vida social.

É por meio desses nexos que os trabalhos dos três autores, partindo de orientações epistemológicas diferentes, terão (em níveis também diferentes) como matérias-primas de suas reflexões a consciência, a palavra e a ideologia (ou a "cultura", nos termos do Bakhtin inicial), o que possibilitará, sob o efeito catalisador do processo de sociologização capitaneado pelo marxismo, que suas perspectivas convirjam para uma determinada concepção de linguagem e de enunciado dela decorrente.

Tal processo se dá em um quadro no qual o trabalho do Círculo, dialogando com as circunstâncias histórico-sociais e intelectuais do momento, vai se organizar em contraposição, de um lado, ao subjetivismo que tem como um de seus principais representantes a teoria psicanalítica de Freud e as teorias para as quais a consciência é entendida como uma instância individual ou metafísica, e, de outro lado, ao objetivismo abstrato, cujos maiores exemplos são o formalismo e a linguística saussureana.

Dessa maneira, o interesse do Círculo pela linguagem e pela ideologia enquanto objetos de estudo ocorre nos marcos de uma reflexão que, elaborando-se no encontro com as teorias de cunho subjetivista e com a obra de Saussure e dos formalistas russos, toma a linguagem "como um dado social que estrutura a consciência", o que implica, ante as condições do momento, "reconsiderar a concepção idealista comum tanto à filosofia neo-hegeliana quanto à neokantiana"[103].

Ao se constituir intrinsecamente no diálogo com um contexto histórico no qual os posicionamentos sobre a língua tendem a se encaminhar, nos termos humboldtianos, para uma bifurcação em *"energeia* – o discurso vivo, vital – e em *ergon* – o sistema estático das regras gramaticais"[104], o trabalho do Círculo, optando pelo primeiro caminho, vai se alinhar com as posições hostis ao entendimento saussureano "de um sistema de signos autônomo

---

103. C. Brandist, "Gramsci, Bakhtin e a Semiótica da Hegemonia", em A. P. G. Ribeiro & I. Sacramento (orgs.), *Mikhail Bakhtin: Linguagem, Cultura e Mídia*, São Carlos/SP, Pedro & João Editores, 2010, p. 186.

104. Cf. C. Brandist, "Gramsci, Bakhtin e a Semiótica da Hegemonia", em A. P. G. Ribeiro & I. Sacramento (orgs.), *Mikhail Bakhtin: Linguagem, Cultura e Mídia*, São Carlos/SP, Pedro & João Editores, 2010, p. 188.

como fator-chave de estruturação da consciência social"[105], e, desse modo, enfileirar-se no combate às correntes de pensamento cujas concepções, na contramão dos impulsos desencadeados pelo processo revolucionário, investem no sentido de minimizar o papel da história e excluir a realidade social dos acontecimentos psíquicos, estéticos e linguísticos.

A interveniência de tais influxos ditados pelas circunstâncias históricas ajuda a explicar por que as reflexões iniciais de Bakhtin sobre a consciência e a subjetividade, bem como sobre a relação eu-outro, ganham, a partir principalmente do encontro com os trabalhos de Volóchinov e de Medviédev, uma formulação discursiva e passam a integrar uma visão de linguagem que se poderia denominar sociodialógica.

Assim, a interlocução com o formalismo e a linguística saussureana e com as teorias de cunho subjetivista vai propiciar uma faixa de intersecção entre os trabalhos dos três autores e favorecer a articulação de suas reflexões em uma teoria da linguagem e do enunciado em que um dos principais eixos será uma concepção semiótica de ideologia.

Nessa direção, o diálogo-embate com o formalismo vai oferecer ao Círculo a oportunidade de afirmar a posição de acordo com a qual a especificidade da estética é indissociável da relação que esse domínio mantém com os outros domínios da cultura e, portanto, com o mundo histórico-social, de onde vêm os eixos axiológicos que estruturam o modo como os conteúdos (os valores, as crenças, as imagens, as referências éticas e cognitivas, numa palavra, as ideologias) são reorganizados no objeto estético. Inserindo-se em um debate que repõe na ordem do dia a questão (desde muito discutida pela *inteligentsia* russa e com especial ênfase pela geração radical de 1860) das relações entre a arte e a vida social, o Círculo afina-se, desse modo, com uma atmosfera intelectual marcada pelo primado do social, e, nessa perspectiva, ao dialogar com os postulados do formalismo, reconhece a especificidade do fenômeno estético, mas nega sua independência, propugnando que, assim como outras esferas da cultura, a estética não pode ser adequadamente compreendida fora da sua inter-relação com os outros domínios do mundo histórico-social, sendo inerentemente atravessada pelos conteúdos ideológicos desse mundo.

---

105. *Idem*, p. 189.

É também por esse viés que se dá, na década de 1920, a contraposição à linguística saussureana, que, vista como um dos principais representantes do objetivismo abstrato, é criticada pelo Círculo por pensar a língua exclusivamente como um sistema de regras abstratas independentes da realidade social, desconsiderando, assim, o fato de que o sentido não é uma propriedade imanente da língua, mas o resultado de uma construção histórica de sujeitos em processo de interação social.

No diálogo-embate travado também com as teorias de inspiração subjetivista, o Círculo vai reafirmar, até mesmo à custa do redirecionamento de certas propensões dos textos iniciais de Bakhtin, o entendimento de acordo com o qual a consciência não é uma instância cuja fonte é o sujeito individual, tendo, ao contrário, o seu conteúdo determinado socialmente.

O que há, portanto, em comum na crítica do Círculo ao formalismo, à linguística saussureana e ao subjetivismo é justamente a afirmação do postulado de acordo com o qual tanto o objeto estético quanto o signo linguístico (da mesma forma que o psiquismo individual) são inerentemente atravessados pelos conteúdos ideológicos do mundo histórico-social.

Este é, por sinal, o pressuposto que, comum a Bakhtin, Volóchinov e Medviédev durante a década de 1920, possibilita, a partir de determinado momento, articular o trabalho dos três autores e compreendê-lo como uma reflexão teórica sobre a estética e a linguagem na qual, conforme se pretende mostrar a seguir, o conceito de ideologia tem papel relevante.

03

A Ideologia no Círculo de Bakhtin

Com base em todo o exposto anteriormente, o objetivo deste capítulo é focalizar o processo pelo qual a questão da ideologia, nuclear nos trabalhos de Volóchinov e Medviédev durante os anos 1920, é assimilada também às reflexões de Bakhtin e, incorporando-se a uma concepção de linguagem de fundo comum, passa a integrar, de modo mais ou menos explícito, formulações e conceitos empregados por ele a partir de 1929. Em linhas gerais, o que se pretende mostrar é que a apropriação do conceito de ideologia pela teoria do Círculo se efetiva em um processo produzido pela interação de diversos fatores, dentre os quais podem ser destacados:

- Durante os anos 1920, Volóchinov e Medviédev, afinados com o programa de pesquisas do ILIAZV, propõem-se empreender um trabalho de reflexão que, debruçando-se sobre a estética e a linguagem, tem como um de seus objetivos contribuir para a constituição de uma ciência das ideologias, destinada ao estudo das particularidades de cada um dos campos ou esferas ideológicas.
- Partindo de uma orientação epistemológica diferente, Bakhtin, por sua vez, empreende, no mesmo período, um trabalho situado no terreno da filosofia da cultura. Norteado por um quadro de referências teóricas e intelectuais provenientes, sobretudo, das tradições neokantiana, fenomenológica e da *Lebensphilosophie*, ele dirige inicialmente sua reflexão para a ética e a estética, dedicando-se a temas como a relação autor-herói, a subjetividade e a alteridade, a singularidade e a determinabilidade dos

atos humanos, a importância do ingrediente valorativo na existência sociocultural e as relações entre a cultura e a vida.

- A despeito das diferenças de orientação, um pressuposto comum permeia os trabalhos dos três autores nesse período e possibilita a sua articulação: o juízo de que tanto a criação estética quanto a atividade linguística são inerentemente constituídas por relações sociais e, portanto, atravessadas pelos julgamentos, valorações e tensionamentos da realidade histórico-social. No que diz respeito especificamente à linguagem, esse núcleo comum permite que ao longo dos anos 1920 dois outros grandes pontos de aproximação se desenhem entre Volóchinov, Medviédev e Bakhtin:

  a. a ideia de que a comunicação discursiva na sociedade se realiza por meio de unidades (os enunciados) cujas propriedades ultrapassam a dimensão estritamente linguística;

  b. a ideia de que, por consequência, a linguística de inspiração saussureana, voltada para a língua primordialmente na condição de sistema de regras abstratas, é insuficiente para dar conta da compreensão desses enunciados.

- No final da década (por volta de 1928-29), os estudos de Volóchinov e Medviédev convergem para uma concepção de linguagem organizada em torno da ideia de signo ideológico. Nessa concepção, a ideologia é pensada como um universo constituído por diferentes e interligados modos de significar e dar sentidos ao mundo. Cada uma das esferas ideológicas (a moral, a ciência, a arte, a religião etc.) é entendida, assim, como uma maneira específica pela qual o mundo é significado. Cada uma delas é povoada por objetos-signo os mais diversos, dos quais a palavra é o espécime exemplar. Daí o enunciado concreto, cuja matéria-prima é a palavra, ser o centro da vida socioideológica.

- O modo como os trabalhos de Bakhtin participam dessa apropriação do fenômeno ideológico perfaz um trajeto específico. Praticamente ausentes dos seus trabalhos iniciais, a palavra *ideologia* e seus correlatos começam a frequentar assiduamente seus textos a partir de 1929, momento no qual sua produção se orienta por um núcleo comum compartilhado com Volóchinov e Medviédev, seguindo depois um percurso próprio em que a esse núcleo comum são agregados novos desenvolvimentos. No entanto, mesmo seguindo um caminho específico, permanece em Bakhtin a ideia de que o enunciado concreto e a palavra, inerentemente dialógicos e responsivos, são territórios privilegiados de manifestação da ideologia, uma vez que neles se cruzam, se encontram e se confrontam diferentes posições ideológicas na sociedade.

Nesse sentido, a concepção de linguagem de Bakhtin (assim como o conceito de ideologia a ela subjacente) é indissociável do núcleo de elaborações teóricas do Círculo, cujas raízes remontam ao contexto da Rússia nas primeiras décadas do século xx, quando as bases da produção teórica dos três autores estão se constituindo em um ambiente intelectual hegemonizado pelas proposições marxistas e, por força disso, marcado pela preeminência do coletivo e pela precedência do social tanto em relação ao individual quanto ao biológico/natural.

1. SOCIOLOGIZAÇÃO E PRIMADO DO SOCIAL

O entendimento de que é a preponderância político-ideológica do marxismo a responsável pelo processo que tem como traço característico uma forte sociologização do pensamento teórico na Rússia do início do século xx não chega a ser propriamente um consenso. Sériot[1], por exemplo, examinando o trabalho de Volóchinov, defende a tese de que, nesse autor, a preponderância do social em face do individual, mais que expressão da hegemonia das ideias marxistas, é em grande medida tributária de uma linhagem sociológica conservadora que, remontando a Edmund Burke, na Inglaterra, e a Louis de Bonald e Joseph de Maistre, na França, assenta-se na contraposição ao individualismo proposto pela tradição iluminista. Sériot aponta, nesse sentido, o "paralelismo paradoxal" entre a obra de pensadores ultraconservadores e contrarrevolucionários franceses e ingleses do século xix e a de Volóchinov, que, segundo ele, comunga com aqueles, além da aversão à Filosofia das Luzes e ao racionalismo do século vxiii, a convicção de que "a língua é a marca de uma coletividade que transcende

---

1. P. Sériot, "Volochinov, la sociologie et les lumières", em B. Vauthier (dir.), *Mikhail Bakhtine, Valentin Voloshinov et Pavel Medevedev dans les contextes européen et russe. Slavica Occitania* n. 25, Toulouse, Université de Toulouse, 2007a, pp. 89-108.

e precede o indivíduo" e a de que "o indivíduo não existe fora do *grupo social* ao qual ele pertence"[2].

Sem minimizar a importância da diversidade de ideias, movimentos, concepções e correntes de pensamento em circulação no ambiente intelectual da Rússia nas primeiras décadas do século xx, nem reduzir exclusivamente ao marxismo o quadro de referências da obra do Círculo, que indiscutivelmente dialoga com inúmeras posições teóricas (o neokantismo, a fenomenologia, a filosofia da vida, a psicanálise, o formalismo, a linguística saussureana etc.), não há como ignorar, no entanto, que, assentado na vitória do processo revolucionário e na popularidade e influência das formulações de teóricos como Plekhánov, Bukhárin e Lênin, o marxismo é o grande paradigma intelectual do momento e, ainda que não seja o único, é um dos maiores responsáveis pela disseminação de uma tendência sociológica que, conforme apontam estudos como o de Ivanova[3], invade a maior parte dos domínios do saber e repercute nos estudos literários e linguísticos, refletindo-se em várias produções do período, inclusive no trabalho do Círculo de Bakhtin.

No que diz respeito a Medviédev e Volóchinov, essa orientação se manifesta de plano nos títulos dos seus trabalhos, na maior parte dos quais a alusão ao social ou ao sociológico é um dado imediato: *Sociologismo Sem Sociologia* (1926) e *O Método Formal nos Estudos Literários: Introdução Crítica a uma Poética Sociológica* (1928), no caso de Medviédev; *Além do Social: Sobre o Freudismo* (1925), *O Discurso na Vida e o Discurso na Poesia: Para uma Poética Sociológica* (1926) e *Marxismo e Filosofia da Linguagem: Problemas Fundamentais do Método Sociológico na Ciência da Linguagem* (1929), entre outros, no caso de Volóchinov.

A vinculação a um projeto sociologizante que tem no materialismo histórico um dos principais quadros de referência teórica é, ademais, notoriamente explicitada nos trabalhos desses autores, que, buscando refletir sobre a linguagem e a criação artística numa perspectiva contraposta às abordagens tradicionais em circulação no interior do fluxo interdiscursivo, apresentam

---

2. *Idem*, p. 92 – grifo no original.
3. I. Ivanova, "Le dialogue dans la linguistique soviétique des années 1920-1930", em P. Sériot (ed.), *Le discours sur la langue en urss à l'époque stalienne (espistemologie, philosophie, idéologie). Cahiers de l'ilsl* n. 14, Lausanne, Université de Lausanne, 2003, pp. 157-182.

o marxismo como o método mais eficaz para uma compreensão adequada tanto do fenômeno estético como do linguístico. Assim é que Medviédev, referindo-se aos estudos literários como "um dos ramos da ciência das ideologias"[4], afirma que

> É no terreno do próprio marxismo que devem ser elaboradas as especificações de um único método sociológico por meio da sua aplicação ao estudo das particularidades dos campos da criação ideológica, a fim de que esse método realmente possa dar acesso às estruturas ideológicas, em todos os seus detalhes e sutilezas[5].

Volóchinov, por sua vez, postulando a inexistência de trabalhos marxistas no campo da filosofia da linguagem, propõe-se, no seu texto mais importante, esboçar "orientações de base" e "procedimentos metodológicos" a partir dos quais devem ser, na perspectiva do marxismo, abordados "os problemas concretos da linguística"[6]. Ressaltando, por outro lado, a primazia da sociedade em relação ao indivíduo, assevera, em seu estudo sobre o freudismo, que:

> Não existe o homem fora da sociedade, consequentemente, fora das condições socioeconômicas objetivas. Trata-se de uma abstração simplória. *O indivíduo humano só se torna historicamente real e culturalmente produtivo como parte do todo social, na classe e através da classe.* Para entrar na história é pouco nascer fisicamente: assim nasce o animal, mas ele não entra na história. É necessário algo como um segundo nascimento, um nascimento *social*. O homem não nasce como um organismo biológico abstrato, mas como fazendeiro ou camponês, burguês ou proletário: isto é o principal. Ele nasce como russo ou francês e, por último, nasce em 1800 ou 1900. Só essa *localização social e histórica* do homem o torna real e lhe determina o conteúdo da criação da vida e da cultura[7].

Discorrendo sobre o fenômeno estético, Volóchinov defende, alhures, o ponto de vista de que é o método sociológico em sua concepção marxista o

---

4. P. Medviédev, *O Método Formal nos Estudos Literários – Introdução Crítica a uma Poética Sociológica* [1928], trad. Ekaterina V. Américo e Sheila C. Grillo, São Paulo, Contexto, 2012, p. 59.
5. *Idem*, p. 44.
6. V. Volochinov, *Marxismo e Filosofia da Linguagem* [1929], publicado sob o nome de M. Bakhtin (Volochinov), tradução do fr. Michel Lahud e outros, 9. ed., São Paulo, Hucitec/Annablume, 2002, p. 25.
7. V. Volochinov, *O Freudismo, um Esboço Crítico* [1927]. Publicado sob o nome de M. Bakhtin. Trad. Paulo Bezerra, São Paulo, Perspectiva, 2007, p. 11 – grifos no original.

que possibilita o grau máximo de cientificidade no estudo da criação artística[8] e afirma o caráter social da arte, salientando que

> A arte também é imanentemente social: o meio social extra-artístico, ao agir sobre ela do exterior, aí encontra uma ressonância interna imediata. [...] *A estética*, assim como o direito ou o conhecimento, *não é senão uma variedade do social*. É por isso que a teoria da arte não pode ser senão uma *sociologia da arte*[9].

Se em Volóchinov e Medviédev a preeminência do social e do sociológico é sobejamente evidente, no caso de Bakhtin esse enfoque só aparece de forma clara nos textos de 1929 (*Problemas da Obra de Dostoiévski* e "Prefácio" a *Ressurreição*), em que sua abordagem se torna visivelmente mais próxima da adotada por Medviédev e Volóchinov. De que modo e em que medida os seus textos anteriores a 1929 contribuem para esse processo ou estão em contradição com ele é questão que enseja certa controvérsia, razão pela qual a produção de Bakhtin em sua fase inicial merece uma discussão à parte.

2. O ESTATUTO DOS TEXTOS INICIAIS DE BAKHTIN

Um dado incgável é que, a despeito de uma certa sociologização dos trabalhos de Bakhtin só se visualizar a partir de 1929, a importância do social e do cultural nas suas reflexões pode ser percebida já em textos do início e meados dos anos 1920, e neste ponto, como em outros, a interpretação assumida aqui marca seu distanciamento dos extremos e se afasta tanto das linhas de recepção que, em nome da coerência do conjunto da obra, desconsideram as contradições e as diferenças entre os textos, quanto de leituras como as de Bronckart & Bota[10], para quem os textos de Bakhtin

---

8. V. Volochinov, "Le discours dans la vie et le discours dans la poésie" [1926], em T. Todorov, *Mikhail Bakhtine: Le principe dialogique*, Paris VI, Éditions du Seuil, 1981, p. 184.

9. "L'art est lui aussi social de façon immanente: le milieu social extra-artistique, lorsqu'il agit sur lui de l'extérieur, y rencontre une résonance interne immédiate. [...] L'esthétique, non moins que ce qui a trait au droit ou à la connaissance, n'est qu'une variété du social. C'est ainsi que la théorie de l'art ne peut être qu'une *sociologie de l'art*." *Idem*, pp. 184-185 – grifos no original.

10. J-P. Bronckart & C. Bota, *Bakhtin Desmascarado. História de um Mentiroso, de uma Fraude, de um Delírio Coletivo*, trad. Marcos Marcionilo, São Paulo, Parábola, 2012.

nesse período, qualificados por eles como medíocres e obscuros, estão em aberto antagonismo com os de Volóchinov e Medviédev, do mesmo modo que conflitam também com partes do estudo sobre Dostoiévski. Esse detalhe, por sinal, autorizaria, para eles, a hipótese de que os capítulos mais relevantes (a saber, o Prefácio e o Capítulo 1, da Primeira Parte, e todos os quatro capítulos da Segunda Parte) do livro publicado sob o nome de Bakhtin em 1929 teriam sido na verdade escritos por Volóchinov com, talvez, alguma participação de Medviédev, visto que nesses capítulos encontra-se de fato uma interpretação "nitidamente inspirada na sociologia marxista que orientava os trabalhos do ILIazv"[11], orientação completamente ausente tanto do restante do livro (ou seja, dos Capítulos 2, 3 e 4 da Primeira Parte) quanto dos escritos iniciais de Bakhtin, cujas formulações, segundo os autores, são norteadas por uma epistemologia de cunho eminentemente fenomenológico e religioso.

Ressalvado o furor iconoclástico de Bronckart & Bota, que, na ânsia de denunciar o que consideram uma operação de fraude montada em torno de Bakhtin, parecem incorrer, como não raro acontece nos debates inflamados, na temerária atitude de combater um possível excesso com outro, o fato é que a relação dos textos iniciais de Bakhtin com os escritos de Medviédev e Volóchinov, assim como com os seus próprios escritos posteriores, longe de ser questão simples, representa na verdade um daqueles pontos que resistem a se acomodar docilmente à caracterização do conjunto da obra do Círculo ou do próprio Bakhtin como um todo coerente e unitário. Na busca dessa unidade, não é difícil resvalar para saídas extremas. Uma dessas saídas, adotada pelos partidários da tese da onipaternidade bakhtiniana, como Bocharov[12] e Clark & Holquist[13], consiste em desmarxicizar os textos de Volóchinov e Medviédev (qualificando a terminologia e as proposições de inspiração marxista neles visíveis como uma fachada decorrente de uma estratégia esopiana) e supervalorizar os textos iniciais de Bakhtin, definindo-os como os alicerces de uma perspectiva filosófica que, disfarçada nos textos disputados, é retomada abertamente nos textos do final da vida do autor. Igualmente problemático é tentar ver, como

---

11. *Idem,* p. 443.
12. S. Bocharov & V. Liapunov, "Conversations with Bakhtin", em PMLA, vol. 109, n. 5 (Oct., 1994).
13. K. Clark & M. Holquist, *Mikhail Bakhtin*, trad. J. Guinsburg, São Paulo, Perspectiva, 2004 [1984].

Hitchcock[14], proximidades entre os textos iniciais de Bakhtin e a economia política de Marx.

Fugindo ao extremismo, outras interpretações vão no sentido de reconhecer as diferenças de perspectiva existentes entre os textos iniciais de Bakhtin e seus escritos posteriores (juntamente com os textos disputados) e tentar conciliá-las, apresentando a obra como constituída justamente pela coexistência de orientações teóricas discrepantes. Um dos exemplos desse tipo de tentativa é o de Bernard-Donals[15], para quem o conjunto da obra (para ele, toda de autoria de Bakhtin) é definido exatamente pela permanência de uma insolúvel contradição entre a fenomenologia e o materialismo histórico.

Vauthier[16], por sua vez, identifica nos escritos iniciais de Bakhtin sinais de rejeição da filosofia idealista e indícios de atração pelo marxismo, traços que, segundo ela, teriam sido alvo da censura de editores russos e tradutores ocidentais que, visando compatibilizar a obra de Bakhtin com certos contextos de recepção, fizeram um diligente trabalho no sentido de escoimar os textos originais de notas, adjetivos e fragmentos que pudessem associá-los a concepções marxistas. Ela cita, a propósito, a passagem de *Para uma Filosofia do Ato*, em que Bakhtin alude ao materialismo histórico:

> Portanto, esta filosofia teórica não pode pretender ser uma filosofia primeira, isto é, uma doutrina não sobre a criação cultural unitária, mas sobre o existir-evento unitário e singular. Tal filosofia primeira não existe e parecem estar esquecidos os caminhos de sua criação. Daí, precisamente, a profunda insatisfação em relação à filosofia contemporânea por parte daqueles que pensam de modo participante; insatisfação que leva alguns destes a se orientar por concepções como o materialismo histórico que, com todos os seus limites e suas lacunas, atrai uma consciência participante pelo fato de que procura construir o seu mundo de tal modo que um ato determinado concretamente, histórico e real encontre um lugar nele; por isso, uma consciência que tem um propósito e age se descobre em tal mundo. Nós podemos, aqui, deixar de lado a questão [palavra ilegível] particular e das inadequações metodológicas por meio das quais o materialismo histórico

---

14. P. Hitchcock, "Dialética Dialógica: Bakhtin, Zizek e o Conceito de Ideologia", tradução do inglês por Carlos Alberto Faraco, em C. A. Faraco; C. Tezza & G. Castro (orgs.), *Vinte Ensaios sobre Mikhail Bakhtin*, Petrópolis, Vozes, 2006, pp. 161-171.

15. M. F. Bernard-Donals, *Mikhail Bakhtin: Between Phenomenology and Marxism*, Cambridge, Cambridge University Press, 1994.

16. B. Vauthier, "Lire Medvedev pour mieux comprendre Bakhtine. Le rapport entre pensée et langage dans l'oeuvre de jeunesse de Bakhtine", em Patrick Sériot et Janette Friedrich (eds.), *Langage et pensée: Union Soviétique années 1920-1930. Cahiers de l'ILSL* n. 24, Lausanne, Université de Lausanne, 2008a, pp. 77-99.

realiza sua saída do mundo teórico mais abstrato para entrar no mundo vivo do ato como realização histórica responsável. O que conta para nós aqui é que nesse mundo tal saída acontece; e é nisso que está a sua força, o motivo de seu sucesso[17].

Informando que essa passagem foi cuidadosamente censurada nas primeiras edições russas do texto e, consequentemente, nas primeiras traduções ocidentais, Vauthier toma esse trecho como uma das evidências de que também a obra inicial de Bakhtin é devedora do marxismo. Orientada por esse postulado, a autora examina as fontes comuns e os paralelos existentes entre *O Método Formal nos Estudos Literários*, de Medviédev, e os escritos iniciais de Bakhtin, defendendo a ideia de que a abordagem do Círculo, ao redefinir a consciência como consciência participante ou consciência estética, assume uma perspectiva sociológica que, conjugando aportes do materialismo histórico, de um lado, e da fenomenologia scheleriana, de outro, constitui "a base de uma nova concepção de enunciado e de gênero, ou seja, de linguagem"[18].

Numa linha também de síntese vai a leitura de Tim Herrick, que, comparando dois momentos da produção bakhtiniana (os anos 1920 e os anos 1950), aponta a influência de Volóchinov e de Medviédev sobre o trabalho de Bakhtin, assinalando que

---

17. No trecho citado utiliza-se aqui a tradução brasileira, feita por Valdemir Miotello e Carlos Alberto Faraco a partir da edição italiana (M. Bakhtin, *Para uma Filosofia do Ato Responsável*, São Carlos, Pedro & João Editores, 2010, pp. 68-69). O ensaio de Vauthier traz a sua própria tradução do trecho citado, conforme segue: "Et c'est porquoi cette philosophie théorique ne peut pas prétendre être une philosophie première, c'est-à-dire une doctrine, non pas de l'oeuvre culturelle une, mais de l'être-événement un et singulier. Une telle philosophie première n'existe pas, et les voies de sa création semblant oubliées. D'où, précisément, l'insatisfaction profonde face à la philosophie contemporaine de ceux qui pensent de façon participante – insatisfaction qui contraint certains d'entre eux à avoir recours à une conception comme le matérialisme historique, qui, en dépit de toutes ses insuffisances et de toutes ses défaillances, est attrayant pour la conscience participante, du fait de ses efforts pour construire un monde qui donne place à un *acte* déterminé, réel au plan historique concret; dans le monde du matérialisme historique, une conscience qui se dessine et agit peut s'orienter. Dans le cas présent, nous pouvons laisser de côté la question de <1 mot illis> et des absurdités de méthode au moyen desquelles le matérialisme historique opère sa sortie du monde théorique le plus abstrait pour entrer dans le monde vivant de l'acte-accomplissement historique responsable. Ce qui compte ici pour nous est qu'il puisse opérer cette sortie, c'est là qu'est sa force, la raison de son succès" (B. Vauthier, "Lire Medvedev Pour Mieux Comprendre Bakhtine. Le Rapport Entre Pensée et Langage Dans l'Oeuvre de Jeunesse de Bakhtine", em P. Sériot et J. Friedrich (éds.), *Langage et Pensée: Union Soviétique Années 1920-1930*, *Cahiers de l'ILSL n. 24*, Lausanne, 2008, pp. 77-99).

18. *Idem*, p. 77.

Quase trinta anos se passaram entre *O Autor e o Herói* e *Gêneros do Discurso*, e as ideias de Bakhtin passaram por várias modulações importantes. Instigado por Volóchinov e Medviédev, desenvolveu um interesse maior pela linguística e pelo marxismo do que pela ética e pelo idealismo neokantiano, apesar de alguns vestígios desse idealismo terem permanecido[19].

Uma outra parcela de comentaristas, sem negar as diferenças, investe na identificação de linhas de continuidade entre as primeiras reflexões de Bakhtin e os estudos posteriores do Círculo e os seus próprios, propondo que, em certos casos, os trabalhos subsequentes dos autores expressam desenvolvimentos de concepções embrionariamente presentes nos escritos iniciais de Bakhtin. É nessa direção que vai, por exemplo, Amorim:

> Comecemos pela linguagem. Em *Para uma Filosofia do Ato* quase se pode pressentir que Bakhtin irá, inevitavelmente, trabalhar sobre a linguagem. E é fascinante descobrir que a base dessa reflexão já está posta ali, sem que, explicitamente, ela estivesse nos seus planos. Aqui, já aparece a oposição entre o significado eterno e a realidade e a consciência transitórias. A eternidade do significado, diz o texto, não é senão uma eternidade possível, não valorativa. Somente associado ao ato esse significado se torna válido, adquire luz e valor. O tom e o valor elevam a unidade de significado à condição de evento único. Em *Marxismo e Filosofia da Linguagem* aparece a oposição entre significação estável da palavra e seu tema valorado; em *Estética da Criação Verbal* essa mesma oposição aparece nomeada como significação versus sentido. Tal distinção, como sabemos, corresponde à distinção entre frase (proposição) e enunciado, e está na base de toda a concepção dialógica de linguagem[20].

O estatuto dos escritos iniciais de Bakhtin não é, em suma, uma questão consensual e suscita, como se vê, interpretações as mais diversas. Ante esse quadro, a leitura aqui explorada assume que, sendo inegável a existência de descompassos entre os trabalhos iniciais de Bakhtin e os escritos posteriores do Círculo, ignorá-los em nome da unidade da obra é incorrer em um procedimento tão tendencioso quanto temerário. No entanto, se é discutível, por um lado, ver os trabalhos de Medviédev e Volóchinov (assim como

---

19. T. Herrick, "Fenomenologia da Linguagem em Bakhtin e Merleau-Ponty", em C. A. Faraco; C. Tezza; & G. Castro (orgs.), *Vinte Ensaios sobre Mikhail Bakhtin*, Petrópolis/RJ, Vozes, 2006, p. 134.

20. M. Amorim, "Ato *versus* Objetivação e Outras Oposições Fundamentais no Pensamento Bakhtiniano", em C. A. Faraco; C. Tezza & G. Castro (orgs.), *Vinte Ensaios sobre Mikhail Bakhtin*, Petrópolis/RJ, Vozes, 2006, pp. 21-22.

a produção bakhtiniana a partir de 1929) simplesmente como evoluções ou desdobramentos de concepções já encontradas embrionariamente nos escritos de Bakhtin, também é inegável, por outro lado, que esses escritos contêm vários elementos que, longe de incompatibilizá-los com as produções de Volóchinov e Medviédev, constituem na verdade aberturas para o estabelecimento de pontos de contato e de intersecção com essas produções, possibilitando ao próprio Bakhtin retrabalhá-los e articulá-los depois às reflexões que, a partir de determinado momento, ele começa a direcionar para a linguagem.

3. HISTORICIDADE COMO PRESSUPOSTO COMUM

Sem desconsiderar, pois, as diferenças e contradições, também se verificam parentescos e linhas de continuidade ligando os textos iniciais de Bakhtin a seus próprios trabalhos posteriores e aos de Medviédev e Volóchinov. Entre os principais pontos de ligação, podem ser destacados os seguintes:

- a compreensão da estética (ou da arte) como uma esfera em relação com outras esferas no interior de uma totalidade (*cultural*, para o primeiro Bakhtin; *ideológica*, para Volóchinov e Medviédev);
- a natureza intrinsecamente social do fenômeno estético;
- a ideia da apreciação valorativa (ou avaliação social) como constituinte do objeto estético;
- a ideia do objeto estético como inerentemente atravessado por tensionamentos sociais;
- o esboço de uma compreensão do enunciado como unidade da comunicação discursiva também constitutivamente atravessada por tensionamentos e avaliações sociais.

Para além das diferenças de orientação dos três autores, esses elementos, presentes com maior ou menor nitidez nos textos de Bakhtin anteriores a 1929, constituem as grandes áreas de intersecção a partir das quais o seu trabalho inicial pode ser articulado aos seus textos posteriores e ao trabalho de Volóchinov e Medviédev em direção a uma concepção de linguagem de fundo comum.

Essa intersecção pode ser percebida, por exemplo, na comparação entre os textos *O Discurso na Vida e o Discurso na Poesia*, de Volóchinov, *O Método Formal nos Estudos Literários*, de Medviédev, e *O Problema do Conteúdo, do Material e da Forma na Criação Literária*, de Bakhtin. Neste último se manifesta, ainda que em termos inspirados pela fenomenologia ou pelo neokantismo, a adesão do autor a postulados compartilhados com os dois colegas do Círculo, a começar pela defesa da necessidade de uma abordagem sistemática que dê conta da especificidade do fenômeno artístico, levando em conta sua inter-relação com as outras esferas da criação cultural. A esse respeito, diz ele:

> O conceito de estético não pode ser extraído da obra de arte pela via intuitiva ou empírica: ele será ingênuo, subjetivo e instável; *para se definir de forma segura e precisa esse conceito, há necessidade de uma definição recíproca com os outros domínios, na unidade da cultura humana*[21].

Ao conceber a criação estética no interior de um sistema que pressupõe a existência de domínios culturais definidos na sua relação uns com os outros e com o todo da cultura, a reflexão de Bakhtin, embora formulada com base em referências provenientes da tradição neokantiana, afirma a compreensão da estética como uma atividade historicamente situada e, dessa maneira, afina-se com as posições de Volóchinov e Medviédev, que, baseados nas obras de Bukhárin e Plekhánov, pensam a criação artística, de modo análogo, nos quadros de um universo ideológico constituído por diversas esferas em permanente interação umas com as outras e com o seu conjunto.

Por isso, mesmo sem a adoção imediata da abordagem propriamente sociológica proposta pelos outros dois autores, a afinidade de Bakhtin com alguns de seus postulados permite notar já no seu trabalho inicial uma inclinação oposta à tradição para a qual a arte, vista como independente das demais esferas da realidade e, portanto, imune aos acontecimentos e influxos do mundo histórico-social, seria definida exclusivamente por sua natureza estético-formal. Nessa perspectiva, ele simultaneamente se afasta, como

---

21. M. Bakhtin, "O Problema do Conteúdo, do Material e da Forma na Criação Literária [1923-24]", *Questões de Literatura e de Estética. A Teoria do Romance*, tradução do russo de Aurora Fornoni Bernardini e outros, 5. ed., São Paulo, Hucitec/Annablume, 2002, p. 16 – grifos no original.

mostra Faraco[22], das concepções em que o estético é pensado em termos metafísicos (essência abstrata de beleza), psicológicos (fruição psíquica do receptor), empíricos (forma do material) ou formalistas (em-si estético absoluto), assumindo o entendimento, em sintonia com seus colegas do Círculo, de que a história e as relações sociais não somente intervêm no objeto estético como o constituem interiormente, articulando-se aos elementos que o integram.

Esta, a propósito, uma das principais censuras que, em *O Problema do Conteúdo, do Material e da Forma na Criação Literária*, Bakhtin faz aos formalistas: desconsiderar que o material e a forma mobilizados pelo artista, conquanto trabalhados no plano estético-formal, não compõem o objeto estético apenas na condição de ingredientes físico-químicos, acústicos ou linguísticos, mas na qualidade de elementos axiologicamente orientados, ou seja, atravessados por apreciações valorativas pelas quais os conteúdos e os sentidos do mundo histórico-social se presentificam, refletindo-se e/ou refratando-se, nesse objeto estético. É por não compreender de modo apropriado esse princípio que a poética simbolista, por exemplo, acreditando erroneamente na imanência da palavra artística, toma essa palavra "já estetizada, mas interpreta o elemento estético como pertencente à essência da própria palavra e assim transforma-a numa grandeza mítica ou metafísica"[23]. Com isso, tal poética atribui à palavra propriedades que são na verdade culturais (vale dizer, ideológicas).

Objeção semelhante será, mais tarde, dirigida aos formalistas por Medviédev, que, em *O Método Formal nos Estudos Literários*, criticará a ideia de uma língua especificamente poética. "Não se pode", dirá ele, "falar de nenhum sistema de linguagem poética. Os sinais do poético não pertencem à língua e aos seus elementos, mas somente às construções poéticas"[24].

Cabe ressaltar que, ao discutir essa questão, Bakhtin defende como legítimo (e mesmo necessário) o esforço de uma ciência da linguagem que fixe

---

22. C. A. Faraco, "Aspectos do Pensamento Estético de Bakhtin e seus Pares", *Letras de Hoje*, Porto Alegre, PUC/RS, vol. 46, n. 1, pp. 21-26, jan./mar. 2011, p. 22.

23. M. Bakhtin, "O Problema do Conteúdo, do Material e da Forma na Criação Literária [1923-24]", *Questões de Literatura e de Estética. A Teoria do Romance*, tradução do russo de Aurora Fornoni Bernardini e outros, 5. ed., São Paulo, Hucitec/Annablume, 2002, p. 45.

24. P. Medviédev, *O Método Formal nos Estudos Literários – Introdução Crítica a uma Poética Sociológica* [1928], trad. Ekaterina V. Américo e Sheila C. Grillo, São Paulo, Contexto, 2012, p. 144.

como objeto a palavra na sua dimensão especificamente linguística. E ao indicar os limites dessa abordagem, ele empreende uma de suas primeiras aproximações da ideia de enunciado:

> Um enunciado isolado e concreto sempre é dado num contexto cultural e semântico-axiológico (científico, artístico, político etc.) ou no contexto de uma situação isolada da vida privada; apenas nesses contextos o enunciado isolado é vivo e compreensível: ele é verdadeiro ou falso, belo ou disforme, sincero ou malicioso, franco, cínico, autoritário e assim por diante. Não há enunciados neutros, nem pode haver; mas a lingüística vê neles somente *o fenômeno da língua, relaciona-os apenas com a unidade da língua,* mas não com a unidade de conceito, de prática de vida, da História, do caráter de um indivíduo etc.[25].

As proximidades com *O Discurso na Vida e o Discurso na Poesia, Marxismo e Filosofia da Linguagem,* de Volóchinov, e com "Gêneros do Discurso", do próprio Bakhtin, são, nesse trecho, muito acentuadas. O esboço de ideias que serão desenvolvidas em outros escritos do Círculo ainda na década de 1920 é também bastante evidente. Para começar, há a alusão à concretude do enunciado, o que, ao mesmo tempo, chama a atenção para a sua natureza material e o define pela oposição ao abstrato, considerada a dimensão privilegiada pela linguística saussureana. A seguir, é referida a sua contextualidade, já que ele é "vivo e compreensível" apenas no interior de uma dada esfera (científica, artística, política) ou no "contexto de uma situação isolada da vida privada". E, por fim, o fato de o enunciado não ser neutro, mas, ao contrário, ser portador e receptáculo de avaliações que se exprimem semântico-axiologicamente.

Vejam-se as coincidências com a passagem a seguir, extraída de *O Discurso na Vida e o Discurso na Poesia:*

> O enunciado concreto (e não a abstração linguística) nasce, vive e morre no processo de interação social dos seus participantes. Sua significação e sua forma são determinadas no essencial pela forma e pelo caráter dessa interação. Se arrancamos o enunciado desse solo real que o alimenta, perdemos a chave que dá acesso à compreensão de sua forma e de seu sentido e o que nos resta nas mãos nada mais é que um invólucro, seja o da abstração linguística, seja o do esquema do pensamento. [...] Assim, a vida não atua sobre

---

25. M. Bakhtin, "O Problema do Conteúdo, do Material e da Forma na Criação Literária [1923-24]", *Questões de Literatura e de Estética. A Teoria do Romance,* tradução do russo de Aurora Fornoni Bernardini e outros, 5. ed., São Paulo, Hucitec/Annablume, 2002, p. 46 – grifos no original.

o enunciado do exterior, mas o penetra do interior, ela é a unidade e a comunidade da existência que circunda os locutores, assim como a unidade das *avaliações* essenciais que se enraízam nessa existência e fora das quais não pode haver enunciado inteligível[26].

Como se vê, a concepção de enunciado nos dois textos, descontadas as nuanças de formulação, é patentemente a mesma. Assim, se mantivermos o entendimento de que esse trabalho de Bakhtin (*O Problema do Conteúdo, do Material e da Forma na Criação Literária*) é de 1923-24, não há como não ver uma relação de continuidade entre o seu texto e o texto de Volóchinov, que é de 1926. E mesmo que venha a ficar definitivamente comprovada a tese de Brian Poole[27], segundo a qual os textos iniciais de Bakhtin teriam sido produzidos por volta de 1927, ainda assim restariam demonstradas, quanto à noção de enunciado, não apenas a intersecção mas também a identidade entre os dois trabalhos.

Um dos pontos em que se observa essa identidade reside na ideia de que o enunciado verbal (produzido em uma dada esfera cultural/ideológica ou na vida cotidiana) é atravessado por apreciações sociais valorativas, que, em Bakhtin, aparecem referidas como elementos semântico-axiológicos e, em Medviédev e Volóchinov, são designadas por avaliações sociais ou avaliações ideológicas. Esse é, por sinal, um dos principais elos por meio dos quais se pode fazer, com o foco na ideologia, uma aproximação entre as concepções presentes nos textos iniciais de Bakhtin e as reflexões desenvolvidas por Medviédev e Volóchinov. Ao localizar nos universos da cultura e da vida cotidiana a determinação semântico-axiológica do

---

26. "L'énoncé concret (et non pas l'abstraction linguistique) naît, vit et meurt dans le processus de l'interaction sociale des participants de l'énoncé. Sa signification et sa forme sont déterminées pour l'essentiel par la forme et le caractère de cette interaction. Si l'on arrache l'énoncé à ce sol nourricier, bien reel, on perd la clé qui donne accès à la compréhension de sa forme et de son sens, et l'on n'a plus entre les mains qu'une enveloppe, soit celle de l'abstraction linguistique, soit celle, tout aussi abstraite, du schème de la pénsée [...] Ainsi la vie n'agit pas sur l'énoncé de l'extérieur, mais elle le penetre de l'interieur, elle est l'unité et la communauté de l'existence qui entoure les locuteurs, ainsi que l'unité des évaluations essentielles qui s'enracinent dans cette existence et en dehors desquelles il ne peut y avoir d'énoncé intelligible" (V. Volochinov, "Le discours dans la vie et le discours dans la poésie". [1926], em T. Todorov, *Mikhail Bakhtine: Le principe dialogique*, Paris VI. Éditions du Seuil, 1981, p. 198 – grifo meu).

27. B. Poole, "From Phenomenology to Dialogue: Max Scheler's Phenomenological Tradition and Michael Bakhtin's Development from 'Toward a Philosophy of the Cct' to His Study of Dostoevsky", em K. Hirschkop & D. Shepherd (eds.), *Bakhtin and Cultural Theory*, Manchester/New York, Manchester University Press, 2001.

enunciado, Bakhtin relaciona a comunicação discursiva tanto com as referências objetificadas nos sistemas culturais quanto com o fluxo de ideias do dia a dia, operando, dessa maneira, com o mesmo desdobramento que, a partir de matrizes diferentes, será feito por Volóchinov entre, de um lado, os sistemas ideológicos constituídos da ciência, da moral, da religião, da filosofia etc. e, de outro, os valores, crenças, opiniões, sentimentos e pensamentos difusos característicos da ideologia do cotidiano[28]. Esta, aliás, uma dicotomia que estará na base da distinção entre gêneros discursivos primários (cotidianos) e gêneros discursivos secundários (ideológicos), como ficará assinalado no texto "Os Gêneros do Discurso" (1952-53), de Bakhtin. De todo modo, acima das nuanças e diferenças de terminologia, o que sobressai como traço comum aos dois autores (sendo também compartilhado por Medviédev) é que as avaliações sociais representam um dos elementos-chave pelos quais o pensamento social (seja o estabilizado nas formas culturais/ideológicas, seja o difuso na ideologia do cotidiano) integra-se aos componentes internos do enunciado.

Concebidas como inscrições valorativas socialmente orientadas que atuam na organização dos elementos componentes dos objetos estéticos e dos enunciados verbais, as *avaliações sociais* correspondem, assim, a um ponto em comum no entendimento dos três autores, já antes de 1929, quanto ao modo pelo qual a realidade social integra o enunciado, e pode ser colocada em uma relação de proximidade, se não de continuidade, com a ideia de que o enunciado é constitutivamente habitado por posições ideológicas em disputa na sociedade.

É desta forma que, constituindo-se em uma área de contato entre os trabalhos dos três autores, o elemento ideológico, ainda que não referido como tal, pode ser entrevisto nas reflexões iniciais de Bakhtin: como inscrição avaliativa ou princípio valorativo socialmente orientado que organiza os recursos mobilizados na construção da expressividade do enunciado[29].

Pressupondo uma determinada relação da vida com a cultura, os textos iniciais de Bakhtin sustentam que o ato artístico "não vive nem se

---

28. Cf. G. Tihanov, "Volóchinov, Ideology and Language: The Birth of Marxist Sociology from the Spirit of *Lebensphilosophie*", *The South Atlantic Quarterly*, vol. 97, n. 3/4, 1998.

29. A questão da expressividade do enunciado concreto na teoria do Círculo de Bakhtin foi muito bem abordada por Souza (*Introdução à Teoria do Enunciado Concreto do Círculo de Bakhtin/Volochinov/ Medvedev*, São Paulo, Humanitas, 1999).

movimenta no vazio, mas na atmosfera valorizante, tensa daquilo que é definido reciprocamente"[30]. Daí porque a obra de arte "é viva e literariamente significativa numa determinação recíproca, tensa e ativa com a realidade valorizada e identificada pelo ato"[31]. Por isso, para Bakhtin, a principal especificidade do estético reside justamente no

> [...] *seu caráter receptivo e positivamente acolhedor: a realidade preexistente ao ato, identificada e avaliada pelo comportamento, entra na obra* (mais precisamente, no objeto estético) *e torna-se então um elemento constitutivo indispensável.* Nesse sentido, podemos dizer: *de fato, a vida não se encontra só fora da arte, mas também nela, no seu interior, em toda plenitude do seu peso axiológico: social, político, cognitivo ou outro que seja*[32].

Se não se pode dizer que as ideias apresentadas em passagens como essa constituem os fundamentos a partir dos quais se desenvolvem as concepções posteriores do Círculo, também não se pode negar que, mesmo partindo de orientações filosóficas diferentes, elas vão ao encontro das reflexões de Volóchinov e Medviédev e comportam, ainda que sob formulações diversas, alguns elementos que irão integrar uma concepção de linguagem de fundo comum. Mencione-se, em primeiro lugar, a ideia, grifada no texto pelo próprio autor, de que a realidade histórico-social integra o objeto estético pelo seu interior, incorporando-se, assim, aos elementos de que ele é constituído, o que também é (como visto tanto no texto de Bakhtin quanto no de Volóchinov citados mais acima) um traço característico do enunciado verbal. Em segundo lugar, também se encontra reiterada no trecho, mais uma vez, a ideia de que o objeto estético é habitado pelas avaliações sociais, já que a obra de arte se movimenta numa atmosfera "valorizante" e "tensa" e é penetrada pela vida "em toda a plenitude do seu peso axiológico".

Em que pese, portanto, a reflexão de Bakhtin nesse texto focalizar predominantemente a questão artístico-formal, ela contém várias aberturas para uma perspectiva sociológica que, inicialmente voltada para o fenômeno

---

30. M. Bakhtin, "O Problema do Conteúdo, do Material e da Forma na Criação Literária [1923-24]", *Questões de Literatura e de Estética. A Teoria do Romance*, tradução do russo de Aurora Fornoni Bernardini e outros, 5. ed., São Paulo, Hucitec/Annablume, 2002, p. 30.
31. *Idem, ibidem.*
32. *Idem*, p. 33 – grifos no original.

estético, será depois direcionada também para a linguagem. Embora tal perspectiva não esteja se formando em estrita consonância com os moldes propostos pelo marxismo, compartilha com ele (ou, na pior das hipóteses, não consegue evitar) a ideia de que é na existência histórico-social que as ações e produções humanas são investidas de sentido. Esta é, por sinal, uma premissa que, comum a Medviédev e a Volóchinov, pode ser encontrada em Bakhtin mesmo naqueles textos de cunho filosófico e ainda fortemente influenciados pela fenomenologia e pelo neokantismo, como *Para uma Filosofia do Ato* e *O Autor e o Herói na Atividade Estética*, nos quais parte dos comentaristas costuma se apoiar para defender a tese de que o referencial teórico marxista (assim como a história) estava completamente fora do seu campo de interesse. Como mostrou Vauthier[33], esse referencial não apenas estava no seu campo de visão, como foi um interlocutor explicitamente mencionado, embora essas menções, censuradas nas primeiras edições russas de seus textos, tenham ficado ausentes das primeiras traduções. Não é preciso concordar totalmente com a interpretação de Vauthier para se concluir que sua discussão tem o grande mérito de mostrar que se Bakhtin não era, no início de sua produção, um adepto do marxismo, também não lhe era tão infenso, como algumas vertentes da recepção bakhtiniana deram a entender.

Dessa forma, não obstante terem sido produzidos sob forte inspiração da fenomenologia e do neokantismo, os textos iniciais de Bakhtin comportam também várias faces que, em interação com o contexto intelectual da Rússia na década de 1920 e, em particular, com as reflexões de Medviédev e Volóchinov, vão se redesenhar e se integrar a uma concepção de linguagem que, resultante da articulação das reflexões desenvolvidas pelos três autores, incorpora, mesmo não se circunscrevendo estritamente ao cânone marxista, elementos provenientes ou ao menos compatíveis com linhas epistemológicas do materialismo histórico, sendo a expressão mais emblemática disso os textos publicados por ele em 1929, nos quais alguns dos seus principais postulados parecem se colocar em completa sintonia com os de Volóchinov e Medviédev.

---

33. B. Vauthier, "Introduction – La poétique sociologique de Pavel Nikolaevich Medvedev. Première contribution du 'Cercle de Bakhtine' à une tentative d'eclairage réciproque des connaissances et des arts", em Medvedev, P/Cercle de Bakhtine, *La méthode formelle en littérature*, Toulouse, Presses Universitaires du Mirail, 2008, p. 83.

É no interior desse mesmo processo que se situa a questão da ideologia. Embora não se possa de forma alguma dizer que se trata de um tema nominalmente contemplado nos escritos iniciais de Bakhtin, nos quais a palavra *ideologia* e correlatas não são praticamente mencionadas, seus textos anteriores a 1929 contêm vários elementos a partir dos quais suas reflexões podem ir ao encontro das elaborações desenvolvidas por Volóchinov e Medviédev e incorporar essa questão ao seu próprio trabalho.

Amarrando todos esses traços e garantindo de antemão a possibilidade de articulação entre o trabalho dos três autores está o pressuposto de acordo com o qual a realidade histórico-social concreta é a instância de organização dos processos de significação e de produção de sentidos. Nesse aspecto, os três autores confluem para o entendimento de que as ações e produções humanas (aí compreendidas as linguísticas e as estéticas), em que pese serem decorrentes da vontade de sujeitos, ocorrem sob os limites e as possibilidades (e, portanto, sob as determinações) das condições histórico-sociais em que são realizadas.

Enquanto em Volóchinov e Medviédev tal perspectiva é assumida abertamente desde os primeiros trabalhos, em Bakhtin esse é um ponto de vista que aparecerá de forma mais clara nos textos de 1929 em diante, não obstante traços de seu desenvolvimento já se visualizarem nos trabalhos iniciais, como no mencionado *O Problema do Conteúdo, do Material e da Forma na Criação Literária* e também em *Para uma Filosofia do Ato,* no qual se pode sentir uma ambivalência produzida pelo tensionamento (e também pela complementaridade) entre uma concepção do ato em termos eminentemente subjetivistas e outra na qual ele é apresentado como um acontecimento situado, realizado por um sujeito concreto e historicamente determinado, como se pode ver na passagem a seguir:

> Tal pensamento, enquanto ato, forma um todo integral: tanto o seu conteúdo-sentido quanto o fato de sua presença em minha consciência real de um ser humano singular, precisamente determinado e em condições determinadas – ou seja, toda a historicidade concreta de sua realização – estes dois momentos, portanto, seja o do sentido, seja o histórico-individual (factual), são dois momentos unitários e inseparáveis na valoração deste pensamento como meu ato responsável[34].

---

34. M. Bakhtin, *Para uma Filosofia do Ato Responsável* [1920-1924], trad. do it. Valdemir Miotello e Carlos Alberto Faraco, São Carlos, Pedro & João Editores, 2010, p. 44.

O ponto de contato fundamental relativo ao modo como a questão da ideologia é apropriada pela teoria do Círculo se estabelece, pois, sobre este chão comum: a noção de que os objetos estéticos, assim como (em formulações ulteriores relacionadas à linguagem) os signos linguísticos e os enunciados concretos, são interiormente constituídos pela realidade histórico-social e, mais precisamente, pelo pensamento social, isto é, pelos valores, opiniões, crenças, padrões éticos, estéticos e cognitivos cristalizados nos sistemas culturais/ideológicos constituídos ou difusos na ideologia da vida cotidiana.

Isso não suprime, é bem verdade, a diferença representada pelo fato de que, para Medviédev e Volóchinov, esse mundo das ideias e das criações intelectuais, concebido desde o início no âmbito das relações entre base e superestrutura, é determinado pela existência social material, sendo, por isso, designado, em consonância com a visão marxista, como *ideologia* (ainda que suas acepções variem ao longo dos textos), ao passo que, em Bakhtin, o mesmo domínio é referido (em termos inspirados por Cassirer, Simmel, Scheller e outros) como um universo cultural cuja ligação com um sistema de forças produtivas ou de relações de produção não é nem sequer cogitada, daí ser possível para alguns[35] considerar que a concepção bakhtiniana de cultura, ignorando as determinações materiais implicadas na sua constituição, não se dissocia nesse período de uma matriz filosófica de cunho idealista.

Mesmo assim, para além da variedade de fontes e referências intelectuais e das diferenças de orientações filosóficas na origem de suas reflexões, o pressuposto da historicidade concreta dos processos de produção de sentidos permite que os trabalhos de Volóchinov, Medviédev e Bakhtin possam, a partir de determinado momento, ser costurados pela premissa comum do caráter inerentemente social tanto da linguagem quanto da estética e, por consequência, pelo juízo de que tanto o objeto estético quanto o enunciado concreto refletem e refratam, cada um a seu modo, a existência social.

Ao longo da década de 1920, uma das principais áreas de intersecção dos entendimentos dos três autores no que diz respeito ao modo como a existência social habita os enunciados artísticos e verbais é representado pela ideia de *avaliação social*, que constitui, assim, um dos elos pelos quais se pode ligar

---

35. Por exemplo, J.-P. Bronckart & C. Bota, *Bakhtin Desmascarado. História de um Mentiroso, de uma Fraude, de um Delírio Coletivo*, trad. Marcos Marcionilo, São Paulo, Parábola, 2012.

o trabalho de Bakhtin à reflexão que, desenvolvida por Volóchinov e Medviédev em diálogo crítico com as tradições do subjetivismo, da linguística e do formalismo, resulta em uma concepção de linguagem na qual o lugar da ideologia é bastante importante.

4. A IDEOLOGIA EM MEDVIÉDEV

Embora não seja o primeiro do Círculo a se voltar para o tema, Medviédev é o primeiro do grupo a publicar um trabalho declaradamente situado no campo do estudo das ideologias, sistematizando um conjunto de proposições que, assumidas de modo idêntico ou semelhante também por Volóchinov, constituirão alguns dos núcleos a partir dos quais o Círculo conceberá as relações entre linguagem e ideologia. Entre essas proposições, podem ser apontadas como principais:

- O *locus* da ideologia (ou das ideologias) é o *meio ideológico*, formado pelo amálgama de várias esferas (a moral, a ciência, a religião, a filosofia, a arte etc.), nas quais a ideologia se encontra materializada em objetos-signo de todos os tipos: símbolos religiosos, artefatos culturais, obras artísticas, trabalhos científicos, palavras escritas e faladas etc.
- Determinadas pela base econômica, as ideologias representam a consciência social da coletividade e determinam, por sua vez, a consciência individual.
- A base da comunicação ideológica na sociedade são os enunciados concretos, que se produzem em conformidade com gêneros específicos de cada uma das esferas ideológicas.
- É nesses enunciados concretos (e nos objetos-signo em geral) que se reflete e se refrata a realidade socioeconômica.
- Os objetos-signo em geral e os enunciados concretos em particular são, portanto, o ponto de encontro entre a realidade social material, a ideologia e a consciência individual.

O que essas ideias, extraídas de *O Método Formal nos Estudos Literários*, evidenciam é, em primeiro lugar, o desenvolvimento de uma concepção semiótica de ideologia na qual o enunciado concreto ocupa um lugar central.

Em segundo lugar, evidenciam, além disso, que a abordagem de Medviédev, ao mesmo tempo em que representa o fruto de uma elaboração pessoal, exprime também o comprometimento com linhas de pesquisa do ILIAZV, onde, juntamente com Volóchinov e outros estudiosos, ele realiza, na década de 1920, trabalhos de cunho sociológico acerca da estética e da linguagem.

O alinhamento de seu trabalho às diretrizes do instituto é confirmado, por exemplo, pelo relatório de atividade entregue por Volóchinov ao ILIAZV para o período acadêmico 1925-26[36], no qual é apresentado um projeto de estudo que parece servir de norte não apenas para o próprio Volóchinov, mas igualmente para Medviédev e, em grande medida, também para Bakhtin. Ali se encontram vários tópicos que, compondo uma espécie de programa comum, são focalizados pelos três autores em textos de diferentes momentos. Entre esses tópicos, vale destacar:

- a análise crítica da poética na Rússia e na Europa Ocidental;
- a crítica do formalismo e da linguística;
- o enunciado da vida cotidiana como fenômeno social;
- a palavra como avaliação social;
- a forma literária como sistema de avaliação social;
- a questão dos gêneros.

Observe-se, antes de mais nada, que alguns desses tópicos consistem justamente de temas tratados por Bakhtin, em maior ou menor grau, no texto *O Problema do Conteúdo, do Material e da Forma na Criação Literária*.

Quanto a Medviédev, o tratamento dessas questões será feito especialmente em *O Método Formal nos Estudos Literários*, em que ele, sintonizado com a agenda do ILIAZV e com as preocupações de Volóchinov, vai desenvolver uma apreciação crítica do formalismo e uma discussão sobre as especificidades do campo da estética e da literatura, situando sua reflexão no âmbito de um esforço para a constituição de uma ciência das ideologias. Nesse sentido, diz ele:

---

36. Cf. V. Volochinov, "Rapport d'activité à l'Institute de Recherches de l'Université pour l'anée 1925-1926", em V. N. Vološinov, *Marxisme et philosophie du langage. Les problèmes fondamentaux de la méthode sociologique dans la science du langage*, éd. bilingue, traduit du russe par Patrick Sériot et Inna Tylkowsky-Ageeva, Lausanne, Lambert-Lucas, 2010c, pp. 471-75.

Os fundamentos dessa ciência das ideologias foram profunda e solidamente alicerçados no marxismo, que formulou uma definição geral das superestruturas ideológicas, de suas funções na unidade da vida social, de suas relações com a base econômica e, em parte, também da relação interna entre elas. No entanto, até hoje, o estudo detalhado das particularidades específicas, da peculiaridade qualitativa de cada campo da criação ideológica – ciência, arte, moral, religião –, encontra-se ainda em estado embrionário[37].

Vê-se, assim, desde o início, a intenção de Medviédev de inscrever o seu trabalho em uma linha de reflexão situada nos marcos da tradição marxista e que tem como objeto privilegiado de interesse o fenômeno ideológico. Pelos termos da sua formulação, fica claro que o seu ponto de partida é o conceito desenvolvido principalmente por Plekhánov e Bukhárin, ou seja, ideologia na acepção de sistemas constituídos da moral, da arte, da ciência, da religião etc. Também fica claro que, em conformidade com essa tradição, a ideologia é pensada no âmbito da relação entre a superestrutura e a base econômica da sociedade, sendo por esta determinada.

Ao associar seu trabalho ao empreendimento de construção de uma ciência voltada para o estudo da especificidade de cada um dos campos ideológicos, Medviédev assinala, mais uma vez, sua afinidade de propósitos com Volóchinov que, em outro relatório ao ILIAZV, agora relativo ao período acadêmico 1927-28, afirma:

A *filosofia da linguagem* reveste-se hoje de uma importância e uma atualidade excepcional para o marxismo. [...] Antes de tudo são os fundamentos mesmo da *ciência marxista das ideologias* (da criação ideológica) que se encontram nessa situação: fundamentos da teoria da ciência, dos estudos literários, dos estudos da religião, da moral etc. Trata-se de todo o imenso domínio que, na visão de mundo não marxista, é correntemente chamado de "filosofia da cultura". Os fundamentos da teoria marxista sobre a *refração ideológica* da existência socioeconômica e natural no processo de seu devenir, sobre as leis e as formas dessa refração, devem ser examinadas precisamente e em detalhes, e *sobretudo de maneira concreta, a partir de um material ideológico específico*[38].

---

37. P. Medviédev, *O Método Formal nos Estudos Literários – Introdução Crítica a uma Poética Sociológica* [1928], trad. Ekaterina V. Américo e Sheila C. Grillo, São Paulo, Contexto, 2012, p. 43.

38. "La *philosophie du langage* revêt aujourd'hui pour le marxisme une importance et une actualité exceptionelles. [...] Ce sont avant tout les fondements mêmes de la *science marxiste des idéologies* (de la création idéologique) qui se trouvent dans cette situation: fondements de la théorie de la science, des études littéraires, des études de la religion, de la morale, etc. Il s'agit de tout ce domaine immense

Sintetizando exemplarmente o projeto intelectual de Volóchinov, essa passagem exprime também o enquadramento programático do trabalho de Medviédev, que, afinado com esse propósito, articula a reflexão sobre a ideologia com linhas de pesquisa do ILIAZV e com temas de interesse dos membros do Círculo.

Em conformidade com essas diretrizes, suas proposições básicas sobre a ideologia são estabelecidas na esteira da crítica que ele dirige aos formalistas russos, salientando que um dos erros básicos desses teóricos é não compreender a criação literária como um fenômeno ideológico, concebendo equivocadamente o sentido literário não como o resultado de uma construção histórico-social, mas como um dado do material e da forma mobilizados na construção artística.

Não é relevante para a argumentação aqui desenvolvida entrar nas minúcias da crítica que Medviédev, em um cuidadoso exame dos principais autores, postulados e manifestações do formalismo dentro e fora da Rússia, dirige a essa corrente do pensamento estético. O que importa assinalar é que, ao fazer essa crítica, ele aponta (à semelhança do que Volóchinov e Bakhtin, cada um à sua maneira, também vão fazer) para a natureza eminentemente social tanto da criação estética quanto da atividade linguística, propugnando a existência, no seio da vida ideológica da sociedade, de um nexo fundamental entre o *enunciado concreto* e as *avaliações sociais*.

Pressupondo um tipo específico de relação entre a ideologia e o signo, o raciocínio em que tal entendimento se elabora parte da premissa de que o universo da ideologia tem uma existência material. Nesse sentido, Medviédev de certa forma antecipa proposições de Volóchinov em *Marxismo e Filosofia da Linguagem* e, em uma passagem que parece inspirada diretamente em Bukhárin, sustenta que

---

qui, dans la vision du monde non marxiste, est couramment appelé 'la philosophie de la culture'. Les fondements de la théorie marxiste sur la *réfraction idéologique* de l'existence socio-économique et naturelle dans le processus de son devenir, sur les lois et les formes de cette réfraction, doivent être éxaminées précisément et en détails, et *surtout de façon concrète, à partir d'un matériau idéologique spécifique*" (V. Volochinov, "Rapport d'activité à L'ILIAZV de V. N. Vološinov, doctorant, pour l'année académique 1927-1928" [1928], em V. N. Vološinov, *Marxisme et philosophie du langage. Les problèmes fondamentaux de la méthode sociologique dans la science du langage*, éd. bilingue, traduit du russe par Patrick Sériot et Inna Tylkowsky-Ageeva, Lausanne, Lambert-Lucas, 2010b, p. 487 – grifos no original).

Todos os produtos da criação ideológica – obras de arte, trabalhos científicos, símbolos, cerimônias religiosas etc. – são objetos materiais e partes da realidade que circundam o homem. É verdade que se trata de objetos de tipo especial, aos quais são inerentes significado, sentido e valor interno. Mas todos esses significados e valores são somente dados em objetos e ações materiais. Eles não podem ser realizados fora de algum material elaborado[39].

Medviédev marca, dessa forma, mais um ponto do programa que une sua reflexão à de Volóchinov: o afastamento do subjetivismo idealista e a afirmação da dimensão material da ideologia. De modo semelhante a Volóchinov, ele postula que a ideologia não se encontra em qualquer instância metafísica, transcendente, ou guardada nas consciências individuais. Sua existência se efetiva na realidade material do signo. Diz ele:

As concepções de mundo, as crenças e mesmo os instáveis estados de espírito ideológicos também não existem no interior, nas cabeças, nas "almas" das pessoas. Eles tornam-se realidade ideológica somente quando realizados *nas palavras*, nas ações, na roupa, nas maneiras, nas organizações das pessoas e dos objetos, em uma palavra, em algum material em forma de *um signo determinado*. Por meio desse material, eles tornam-se parte da realidade que circunda o homem[40].

A semelhança com Volóchinov, longe de ser uma mera coincidência, mostra, na verdade, uma conjunção de perspectivas. Nesse aspecto, como em muitos outros, a complementaridade entre os dois autores é expressiva. Embora Medviédev não se aprofunde nos raciocínios sobre o caráter semiótico da ideologia (o que é feito por Volóchinov em *Marxismo e Filosofia da Linguagem*), tanto em um quanto em outro autor o fenômeno ideológico é em essência identificado com a sua materialização sígnica e portanto compreendido em termos semióticos, uma vez que, assim concebida, a ideologia se efetiva, por definição, nos processos de significação: sua existência se confunde com sua concretização no signo. Este, por sua vez, representa a base da comunicação ideológica e o elemento pelo qual se dão as relações intersubjetivas e sociais. É pelo signo que, segundo Medviédev, a vida psíquica interage com o *meio ideológico*, por cuja mediação

39. P. Medviédev, *O Método Formal nos Estudos Literários – Introdução Crítica a uma Poética Sociológica* [1928], trad. Ekaterina V. Américo e Sheila C. Grillo, São Paulo, Contexto, 2012, pp. 48-49.
40. *Idem*, pp. 48-49 – grifos meus.

A Ideologia no Círculo de Bakhtin   117

se opera o contato da consciência com a realidade. A consciência humana, diz Medviédev,

[...] não toca a existência diretamente, mas através do mundo ideológico que a rodeia.

O meio ideológico é a consciência social de uma dada coletividade, realizada, materializada e exteriormente expressa. Essa consciência é determinada pela existência econômica e, por sua vez, determina a consciência individual de cada membro da coletividade. De fato, a consciência só pode tornar-se uma consciência quando é realizada nessas formas presentes no meio ideológico: na língua, no gesto convencional, na imagem artística, no mito e assim por diante.

O meio ideológico é o meio da consciência. Somente por meio dele e com seu auxílio a consciência humana abre caminho para o conhecimento e para o domínio da existência socioeconômica e natural[41].

Não dá pra deixar de notar, antes de mais nada, como parece ressoar nessa passagem o trecho já citado de *A Ideologia Alemã*, em que Marx e Engels se referem à materialização da consciência na linguagem. Além disso, nota-se também a presença de mais um aspecto que, ligando as reflexões de Medviédev e Volóchinov e constituindo uma das características centrais da concepção semiótica de ideologia elaborada por eles, será também desenvolvido de maneira mais aprofundada por este último em *Marxismo e Filosofia da Linguagem*: a ideia de que o signo é o ponto de encontro entre a realidade material, a consciência social e o psiquismo individual. Para Medviédev, tal encontro se realiza no meio ideológico, que representa o *locus* da vida ideológica da sociedade. Expresso por um "círculo denso" que por todos os lados envolve o homem com "objetos-signo" de todos os tipos, "palavras", "afirmações científicas", "símbolos e crenças religiosas", "obras de arte" etc.[42], o meio ideológico tem importância fundamental não apenas do ponto de vista teórico e metodológico, mas também do ponto de vista prático, uma vez que

[...] toda uma série de atos sociais mais importantes está diretamente voltada para a elaboração desse meio em sua totalidade concreta. A política da educação e da formação social, a propaganda cultural, o trabalho de proselitismo, são todas formas de influência

---

41. P. Medviédev, *O Método Formal nos Estudos Literários – Introdução Crítica a uma Poética Sociológica*. [1928], trad. Ekaterina V. Américo e Sheila C. Grillo, São Paulo, Contexto, 2012, p. 56.

42. *Idem*, p. 56.

organizada sobre o meio ideológico que presumem o conhecimento de suas leis e das suas formas concretas[43].

Conceito, portanto, essencial na reflexão desenvolvida por Medviédev, o *meio ideológico* corresponde à "consciência social de uma dada coletividade"[44] e se manifesta em "uma totalidade concreta, singular e única"[45] que conjuga as esferas da moral, da ciência, da filosofia, da religião etc. e também a comunicação do dia a dia. Ele é, dessa forma, o espaço da comunicação socioideológica e é nele, por consequência, que se dá a produção do elemento central dessa comunicação: o enunciado concreto.

Embora não se preocupe em fazer uma descrição topicalizada do enunciado, ao longo do texto Medviédev fornece uma série de indicações para sua caracterização, evidenciando que ideias e conceitos muitas vezes associados ao trabalho desenvolvido por Bakhtin após 1930 já se encontram contemplados nas elaborações do Círculo na década de 1920. É o caso, por exemplo, do conceito de gênero. Souza[46] já chamou atenção para o fato de que a tradução brasileira de *Marxismo e Filosofia da Linguagem*, realizada a partir da tradução francesa de 1977, praticamente suprimiu as referências à ideia de gênero (salvaguardadas em outras traduções), contribuindo para que se consolidasse entre os comentaristas uma tendência a associar o conceito à produção posterior de Bakhtin e especialmente ao texto Os gêneros do discurso (1952-53). Resgatando a presença do termo em outras traduções de *Marxismo e Filosofia da Linguagem*, Souza[47] reivindica, então, que esse texto seja considerado um dos momentos importantes na construção do conceito de *gênero* pelo Círculo.

Às considerações de Souza se pode aduzir que a inexistência, até recentemente, da tradução de textos fundamentais, como *O Método Formal nos Estudos Literários*, aliada à mitificação de Bakhtin referida por Brandist[48], contribuiu para que processo semelhante ocorresse com o trabalho de Med-

---

43. *Idem*, p. 57.
44. *Idem*, p. 56.
45. *Idem*, p. 57.
46. G. T. Souza, "Gêneros Discursivos em *Marxismo e Filosofia da Linguagem*", em C. Souza-e-Silva & B. Brait (dir.), *The ESPecialist*, São Paulo, vol. 24, n. esp., 2003.
47. *Idem*.
48. C. Brandist, "Mikhail Bakhtin e os Primórdios da Sociolinguística Soviética", em C. A. Faraco; C. Tezza & G. Castro (orgs.), *Vinte Ensaios sobre Mikhail Bakhtin*, Petrópolis/RJ, Vozes, 2006, p. 144.

viédev, cuja importância para a construção de conceitos centrais do Círculo é muitas vezes negligenciada. Daí não se observar grande ênfase, por exemplo, no fato de, já em 1928, ele estabelecer nitidamente certos postulados basilares da obra, como o da relação intrínseca entre signo e ideologia. Também no que diz respeito à questão do *gênero*, não se costuma dar o devido relevo ao fato de Medviédev dedicar a maior parte de um dos capítulos de *O Método Formal nos Estudos Literários* à sua discussão. Da mesma forma, não é costumeiro se assinalar que caracterizações do *enunciado* exploradas por Bakhtin depois dos anos 1950 já se encontram aí apontadas. Entre elas, vale mencionar:

- o caráter dialógico e responsivo;
- o fato de se produzir em determinados gêneros e esferas;
- o fato de refletir e refratar as avaliações sociais.

É, aliás, na incompreensão da importância desses elementos que em grande medida reside, para Medviédev, a incompreensão do formalismo acerca do enunciado literário. Vendo a literatura como um mundo à parte, dissociado da comunicação socioideológica geral, os formalistas contrapõem a linguagem poética à linguagem prática, concebendo aquela como uma transgressão e um desvio desta. Ao fazer isso, erram em relação a ambas, pois, de acordo com Medviédev,

[...] não existe uma determinada construção cotidiana e prática. Os enunciados cotidianos – a única realidade que pode estar na caracterização das funções comunicativas da língua – são construídos de forma bastante variada, de acordo com as diversas esferas e objetivos da comunicação social cotidiana[49].

Isso significa que "a linguagem poética adquire as características poéticas apenas em uma construção poética concreta. Essas características não pertencem à língua na sua qualidade linguística, mas justamente à construção, seja ela qual for"[50]. A poeticidade, o prosaísmo, a cotidianidade, assim como a veracidade ou a falsidade, não são atributos inerentes à

---

49. P. Medviédev, *O Método Formal nos Estudos Literários – Introdução Crítica a uma Poética Sociológica* [1928], trad. Ekaterina V. Américo e Sheila C. Grillo, São Paulo, Contexto, 2012, p. 152.
50. *Idem*, p. 142.

língua, mas sentidos produzidos nos enunciados concretos pelo reflexo e pela refração das *avaliações sociais*. É a avaliação social que faz de um ato psicofisiológico de emissão de palavras isoladas um enunciado concreto histórica e socialmente significativo. É ela que o converte de uma realidade natural, de um corpo ou um processo físico em um acontecimento histórico-social.

A avaliação social tem, por isso, um caráter decisivo no que diz respeito à produção dos enunciados. Para Medviédev, ela é o fator que "determina a escolha do objeto, da palavra, da forma e a sua combinação individual nos limites do enunciado. Ela determina, ainda, a escolha do conteúdo e da forma, bem como a ligação entre eles"[51].

A importância atribuída por Medviédev a essa ideia reafirma sua sintonia com Bakhtin e Volóchinov quanto à premissa de que os sentidos dos enunciados produzidos nas mais diversas esferas da comunicação ideológica na sociedade não são extraíveis a partir de propriedades imanentes da palavra ou do código linguístico, mas resultam do reflexo e da refração de eixos valorativos que se fundem aos elementos constituintes desses enunciados.

As avaliações sociais representam, dessa forma, a condensação axiológica de opiniões, crenças, valores, padrões morais, referências estéticas etc. (em uma palavra, das ideologias constituídas e da ideologia do cotidiano) que se refletem e se refratam na arquitetura do enunciado. Uma vez que correspondem à consciência social axiologicamente condensada, as avaliações sociais exprimem a dialética interna da sociedade: suas contradições, conflitos, antagonismos etc. É o que explica Medviédev:

> Suponhamos o seguinte caso. Dois grupos sociais inimigos dispõem de um mesmo material linguístico, isto é, de um léxico absolutamente idêntico, e das mesmas possibilidades morfológicas e sintáticas, e assim por diante.
>
> Nessas condições, se as diferenças de nossos dois grupos sociais estiverem condicionadas pelas premissas socioeconômicas fundamentais de sua existência, as mesmas palavras terão entonações profundamente diferentes; nas mesmas construções gramaticais gerais, elas serão inseridas em combinações semânticas e estilísticas profundamente diferentes. As mesmas palavras irão ocupar um lugar hierárquico diferente na totalidade do enunciado, como ato social concreto.

---

51. *Idem*, p. 184.

A Ideologia no Círculo de Bakhtin   121

Uma combinação de palavras em um enunciado concreto ou em uma apresentação literária é sempre determinada pelos seus coeficientes de avaliação e pelas condições sociais de realização desse enunciado[52].

Tem-se aí a ideia de avaliação social ligada à ideia de luta pelo sentido. A maneira pela qual o mundo é significado resulta, nessa perspectiva, de um embate entre posições sociais materiais divergentes.

Apesar de logo na sequência do texto, Medviédev, em um impulso marrista, afirmar que dois grupos radicalmente distintos não podem compartilhar a mesma língua, o que a passagem acima exprime é uma clara versão da ideia formulada também por Volóchinov, em *Marxismo e Filosofia da Linguagem*, de acordo com a qual no signo se refletem e se refratam diferentes concepções, valores, saberes e posições dos grupos antagônicos na sociedade, o que permite a compreensão do enunciado como arena, teatro ou território em que, pelo reflexo e refração das contradições e lutas travadas entre os grupos divergentes fundamentais da sociedade, são produzidos determinados sentidos.

Dessa forma, realizando uma espécie de síntese entre os entendimentos de Plekhánov, Bukhárin e Lênin, a reflexão de Medviédev propõe uma compreensão do funcionamento ideológico da sociedade baseada na centralidade do enunciado concreto axiologicamente orientado. Assim fazendo, seu trabalho se constitui como uma das bases da concepção de linguagem do Círculo e estabelece, juntamente com o de Volóchinov (também orientado, assim como o seu, pelas linhas de pesquisa do ILIAZV), alguns dos fundamentos sobre os quais as elaborações de Bakhtin poderão traduzir em termos linguísticos e discursivos suas formulações iniciais sobre a ética, a estética, a subjetividade e a alteridade.

5. A IDEOLOGIA EM VOLÓCHINOV

Representando indiscutivelmente um dos grandes pilares da concepção de linguagem do Círculo de Bakhtin, o trabalho de Volóchinov contempla a questão da ideologia na maior parte dos seus textos, dos quais *Marxismo e*

---

52. *Idem*, p. 187.

Filosofia da Linguagem é, sem dúvida, aquele em que essa abordagem se encontra mais desenvolvida. Entre as muitas proposições extraíveis da sua obra, vale destacar, no interesse da leitura que aqui se explora, as seguintes:

- A ideologia se encontra materializada na realidade objetiva dos signos utilizados na comunicação semiótica da sociedade, que se efetiva nas diferentes esferas da criação ideológica (científica, moral, religiosa, artística etc.) e na comunicação da vida cotidiana.
- Sendo a ideologia determinada pela realidade socioeconômica e sendo o signo a sua materialização, nele se refletem e se refratam as contradições, lutas e antagonismos da existência social material.
- Cada esfera ou campo da criação ideológica possui sua própria forma de orientação para a realidade e reflete e refrata a existência social material de um modo específico. Povoada por signos, cada uma dessas esferas, portanto, significa o mundo de um modo específico.
- Pela sua pureza semiótica, neutralidade ideológica, importância na comunicação humana ordinária, possibilidade de interiorização e presença obrigatória em todo ato humano consciente, a palavra é o signo ideológico por excelência e, nessa condição, participa ativamente da comunicação semiótica tanto nas esferas instituídas da ciência, moral, religião, arte etc. quanto na ideologia da vida cotidiana.
- Constituído pela palavra (não a palavra abstrata, em estado de dicionário, mas a palavra plena de sentidos ideológicos), o enunciado concreto é o centro do processo de interação verbal e da comunicação ideológica da sociedade. Ele é, por consequência, o território privilegiado de reflexo e refração dos antagonismos, contradições e lutas da existência social material.

Embora as formulações mais acabadas dessas ideias se encontrem em *Marxismo e Filosofia da Linguagem*, o tratamento da ideologia por Volóchinov se desenvolve no interior de um percurso que envolve praticamente todos os seus textos mais importantes, a começar pelo artigo "Além do Social", de 1925, no qual é feita uma discussão da teoria psicanalítica de Freud que será retomada depois, em 1927, no ensaio *O Freudismo: Um Esboço Crítico*. Entre um texto e outro, ele vai tratar da questão também em *O Discurso na Vida e o Discurso na Poesia*, trabalho ao que parece orientado, tal como *Marxismo*

A Ideologia no Círculo de Bakhtin   123

e Filosofia da Linguagem, pela agenda do ILIAZV, onde, ao lado de Medviédev e outros, Volóchinov empreende investigações sobre a linguagem e a estética numa perspectiva sociológica.

O Discurso na Vida e o Discurso na Poesia

Dedicando-se a alguns dos temas elencados por ele no já referido relatório entregue ao instituto para o período 1925-26, *O Discurso na Vida e o Discurso na Poesia* trabalha com um conceito de discurso no qual o *ideológico*, empregado como equivalente a *social*, é entendido (de modo parecido com o que se observa também em Bakhtin) na condição de elemento valorativo que penetra os enunciados, incorporando-se a eles na forma de avaliações subentendidas pelas quais se manifestam os valores compartilhados nos diferentes modos de vida coletiva existentes na sociedade:

> O que eu sei, o que eu vejo, o que eu quero, o que eu amo, não podem ser subentendidos. Só pode tornar-se parte subentendida do enunciado o que *nós*, locutores, conhecemos, vemos, amamos e reconhecemos, o que nos é comum a todos e nos une. Logo, o social é em seu princípio plenamente objetivo: ele não é outra coisa senão a *unidade material do mundo* que entra no horizonte visual dos locutores [...] assim como a *unidade das condições reais de vida* – unidade que suscita uma comunidade de avaliações (o pertencimento dos locutores a uma mesma família, a uma mesma profissão, a uma mesma classe social, enfim, a uma mesma época, posto que os locutores são contemporâneos uns dos outros). As avaliações subentendidas não são, portanto, o produto de emoções individuais, são atos socialmente determinados e necessários. [...] Assim, todo enunciado cotidiano é um entimema objetivo e social. É como uma senha conhecida somente por aqueles que pertencem ao mesmo horizonte social[53].

---

53. "Ce que je sais, ce que je vois, ce que je veux, ce que j'aime ne peuvent être sous-entendus. Ne peut devenir partie sous-entendue de l'énoncé que ce que *nous*, locuteurs, nous connaissons, voyons, aimons et reconnaissonns tous, ce qui nous est commun à tous et ce qui nous unit. Ensuite le social est dans son principe pleinement objectif: il n'est pas autre chose que l'*unité matérielle du monde* qui entre dans l'horizon visuel des locuteurs [...] ainsi que l'*unité des conditions réelles de vie* – unité qui suscite une communauté d'évaluations (appartenance des locuteurs à une même famille, à une même profession, à une même classe sociale, enfin, à une même époque, puisque les locuteurs sont contemporains les uns des autres). Les évaluations sous-entendues ne sont pas, par conséquent, le produit d'émotions individuelles, ce sont des actes socialement déterminés et nécessaires. [...] Ainsi tout énoncé quotidien est un enthymème objectif et social. Il est comme un 'mot de passe', connu seulement de ceux qui appartiennent au même horizon social" (V. Volochinov, "Le discours dans la vie et le discours

Assim compreendidas, as avaliações remetem ao conjunto de ideias, opiniões, pensamentos, saberes e valores compartilhados no interior dos grupos de que se compõe a sociedade, situando-se, por consequência, nas instâncias que Plekhánov e Bukhárin chamaram de *psicologia social* (no caso das avaliações difusas) e de *ideologia* (no caso daquelas cristalizadas nos sistemas constituídos da moral, da religião, da filosofia etc.).

Nesse momento da elaboração de Volóchinov, portanto, uma das manifestações da ideologia no discurso se dá na forma da avaliação social (também designada de *avaliação ideológica*) que se integra à composição do enunciado. Refletindo e refratando no discurso as vozes sociais (dos grupos, das profissões, das classes), as avaliações, sem perder sua ligação com o conteúdo, imbricam-se na forma de organização do material mobilizado para a construção dos enunciados e artefatos estéticos. Por isso, para Volóchinov,

> Não é absolutamente necessário que a avaliação ideológica expressa pela forma passe para o conteúdo sob o aspecto de alguma sentença, de um julgamento moral, político ou qualquer outro. A avaliação deve se manter no ritmo, no próprio *movimento axiológico* do epíteto, da metáfora, na ordem em que se desenvolve o evento representado. Ela deve se realizar apenas com os recursos formais do material. Mas ao mesmo tempo, sem passar para o conteúdo, a forma não deve perder seu vínculo com ele; caso contrário, ela se torna uma experimentação técnica desprovida de qualquer sentido artístico verdadeiro[54].

Assumindo, assim, o que viria a ser um dos postulados básicos da perspectiva dialógica do Círculo, a concepção proposta no texto afirma recorrentemente o caráter social (e ideológico) do enunciado, seja o produzido na vida cotidiana, seja o artístico ou poético, pois "o estilo do poeta", diz Volóchinov,

---

dans la poésie". [1926], em T. Todorov, *Mikhail Bakhtine: Le principe dialogique*, Paris VI, Éditions du Seuil, 1981, pp. 191-192 – grifos no original).

54. "Il n'est pas absolument nécessaire que l'évaluation idéologique exprimée par la forme passe par le contenu sous l'aspect de quelque sentence, d'un jugement moral, politique ou autre. L'évaluation doit se maintenir dans le rythme, dans le *mouvement axiologique* même de l'épithète, de la métaphore, dans l'ordre selon lequel se développe l'événement représenté; elle ne doit se réaliser qu'à travers les ressources formelles du matériau. Mais dans le même temps, la forme, sans qu'elle passe dans le contenu, ne doit pas nonplus perdre son lien avec lui; dans l ecas contraire, elle devient une expérimentation technique dépourvue de tout sens artistique véritable" (V. Volochinov, "Le discours dans la vie et le discours dans la poésie". [1926], em T. Todorov, *Mikhail Bakhtine: Le principe dialogique*, Paris VI. Éditions du Seuil, 1981, p. 203 – grifos no original).

[...] nasce do estilo (que escapa de todo controle) do seu discurso interior, o qual é produto de toda sua vida social. "O estilo é o homem"; mas pode-se dizer que o estilo é, pelo menos, dois homens, ou, mais exatamente, um homem e um grupo social representado pelo auditório que participa de maneira permanente do discurso interior e exterior do homem e encarna a autoridade que o grupo social exerce sobre ele[55].

Ao ligar, dessa forma, o discurso exterior e o interior, Volóchinov chega à questão da consciência, que é entendida também como um fenômeno eminentemente social, uma vez que

[...] todo ato de consciência [...] é já um ato um ato social, um ato de comunicação [...] a *consciência, desde que não descartemos o seu conteúdo, já não é um fenômeno somente psicológico, mas, antes de tudo, um fenômeno ideológico, o produto de uma relação de comunicação social*[56].

Partindo, pois, da caracterização dos enunciados cotidianos e artísticos, a reflexão desenvolvida por Volóchinov nesse texto já assinala a importância das relações entre consciência, linguagem e ideologia, que serão um dos principais focos da sua atenção no estudo sobre o freudismo, em que ele aponta para o caráter semiótico da ideologia e, portanto, para suas relações com o signo linguístico e o enunciado concreto.

O Freudismo

Manuseando as acepções em circulação no contexto intelectual da Rússia na década de 1920, o tratamento dado à questão nesse texto de 1927 acaba

---

55. "Le style du poète naît du style – qui échappe a tout contrôle – de son discours intérieur, lequel est le produit de toute sa vie sociale. 'Le style, c'est l'homme'; mais on peut dire que le style c'est, pour le moins, deux homes, ou, plus exactement, un home et un groupe social représenté par l'auditeur qui participe de façon permanente au discours intérieur et extérieur de l'homme et incarne l'autorité que le groupe social exerce sur lui" (V. Volochinov, "Le discours dans la vie et le discours dans la poésie". [1926], em T. Todorov, *Mikhail Bakhtine: Le principe dialogique*, Paris VI, Éditions du Seuil, 1981, p. 212).

56. "...tout acte de conscience [...] est déjà um acte social, um acte de comunication [...] la *conscience*, pour autant que nous ne nous écartons pas de com contenu, n'est déjà plus um phénomène seulement psychologique, mais, avant tout, um phénomène idéologique, le produit d'um rapport de comunication sociale" (V. Volochinov, "Le discours dans la vie et le discours dans la poésie" [1926], em T. Todorov, *Mikhail Bakhtine: Le principe dialogique*, Paris VI, Éditions du Seuil, 1981, p. 212 – grifos no original).

indicando a possibilidade de exploração de um sentido original, que articula as noções de consciência, signo e ideologia numa teoria do enunciado. Em um dos primeiros passos desse trajeto, Volóchinov busca definir a teoria de Freud como um sintoma da decadência da burguesia, afirmando que

> Quando essa ou aquela classe está em estágio de desintegração e é forçada a abandonar a arena da história, sua ideologia começa a repetir obsessivamente e a apresentar aos quatro ventos novas variantes para um tema: o homem é antes de tudo um animal, e do ponto de vista dessa "revelação", começa uma nova apreciação de todos os valores do mundo e da história. E, então, se ignora inteiramente a segunda parte da famosa fórmula de Aristóteles ("o homem é um animal *social*").
> A ideologia de tais épocas transfere o centro da gravidade para o organismo biológico isolado, e os três acontecimentos fundamentais de sua vida animal – nascimento, *coitus* e morte – começam, por seu sentido ideológico, a concorrer com os acontecimentos históricos, tornando-se uma espécie de sucedâneo da história[57].

Note-se que nessa breve caracterização aparecem três facetas da ideologia: *a.* visão de mundo de uma classe ("essa ou aquela classe", "sua ideologia"); *b.* visão de mundo da sociedade como um todo ("a ideologia de tais épocas"), e, *c.* caráter artificioso ("sentido ideológico") dessa visão de mundo. O que, de imediato, reitera-se com essa constatação é, em primeiro lugar, que o quadro de referências a partir do qual Volóchinov pensa a ideologia é constituído por acepções postas em circulação pela tradição marxista e, em segundo lugar, que, suas primeiras elaborações mais explícitas sobre o tema já apontam para uma concepção que, combinando as formulações de Plekhánov e Bukhárin com aspectos presentes também na visão de Lênin, compreende o universo ideológico como um território constitutivamente definido pelo conflito e pela luta das classes em torno das significações e dos sentidos.

Nos marcos dessa luta é que Volóchinov identifica como motivo central do freudismo a tentativa de promover a desistorização e a biologização do homem, uma vez que, segundo ele, a psicanálise se baseia no pressuposto de que a vida do indivíduo e até mesmo a da sociedade são determinadas pelo impulso sexual. Por isso, um dos núcleos da sua crítica à teoria psicológica de Freud é que, para essa teoria,

---

57. V. Volochinov, *O Freudismo, um Esboço Crítico*. [1927], publicado sob o nome de M. Bakhtin, trad. Paulo Bezerra. São Paulo, Perspectiva, 2007, p. 7.

[...] o essencial no homem não é, de maneira nenhuma, aquilo que determina o seu *lugar e seu papel na história – a classe, a nação, a época histórica a que ele pertence*; essenciais são apenas *o seu sexo e a sua idade*; tudo o mais é mera superestrutura erigida sobre esses elementos. *A consciência do homem não é determinada pelo seu ser histórico, mas pelo ser biológico*, cujo aspecto fundamental é a *sexualidade*[58].

A crítica de Volóchinov ao freudismo maneja, assim, dimensões do conceito de ideologia que, combinadas, vão ensejar uma compreensão semiótica do fenômeno ideológico. Uma primeira dimensão, associável à concepção de Lênin, aponta para o caráter conflituoso do universo da ideologia, concebido como um terreno de embates entre posições sociais materiais antagônicas. É no quadro desses embates que, segundo Volóchinov, o freudismo deve ser visto: como um recurso ideológico a serviço de uma classe que, embora em decadência, busca manter o seu domínio.

Uma segunda dimensão diz respeito ao caráter "enganoso" da ideologia, vista como representante de valores, conhecimentos e referências éticas e estéticas que, embora se apresentem como gerais, são, na realidade, expressões, ainda que transfiguradas, dos interesses parciais de uma classe em processo de luta. Desistoricizar a condição humana e apresentá-la como resultado do desenvolvimento de forças orgânicas, psíquicas e individuais constitui, portanto, um artifício por meio do qual, segundo Volóchinov, a burguesia, amedrontada diante das forças da história, tenta reafirmar na luta ideológica o primado do indivíduo e supervalorizar a sua dimensão biológica e sexual, desvinculando o dos embates materiais e objetivos da realidade social. Por isso, assim como não se pode tomar por insuspeito o que um indivíduo diz sobre si mesmo, também "[...] não se pode tomar como verdade nenhuma ideologia, seja individual ou de classe, nem acreditar nela sob palavra. A ideologia mente para aquele que não é capaz de penetrar no jogo de forças materiais objetivas que se esconde por trás dela"[59].

Por fim, uma terceira dimensão, remetendo à acepção de ideologia como conjunto de sistemas organizados de pensamentos, valores, crenças, preceitos, saberes etc., refere-se às relações entre a ideologia e a consciência e pode ser traduzida, seguindo o entendimento de Volóchinov, pela ideia de que o

---

58. *Idem*, p. 6 – grifos no original.
59. *Idem*, p. 78.

conteúdo da consciência é, por definição, ideológico, não no sentido de que seja falso, ilusório ou distorcido, mas no sentido de que a consciência é intrinsecamente social. Este é, por sinal, outro ponto-chave de sua crítica ao freudismo: enquanto para Freud a consciência é uma instância circunscrita ao psiquismo individual, para Volóchinov, ela é uma construção elaborada no seio de um processo de interação entre seres humanos socialmente organizados, de modo que o

[...] conteúdo do psiquismo é totalmente ideológico: da ideia confusa e do desejo vago e ainda indefinido ao sistema filosófico e à complexa instituição política temos uma série contínua de fenômenos ideológicos e, consequentemente, sociológicos. Nenhum integrante dessa série, do primeiro ao último, é produto apenas da criação orgânica individual. A ideia mais vaga, uma vez não enunciada, e um complexo movimento filosófico pressupõem igualmente um convívio organizado entre os indivíduos (é verdade que são diferentes as formas e graus de organização desse convívio). Por outro lado, Freud faz toda a série ideológica, do primeiro ao último integrante, desenvolver-se a partir dos elementos mais simples do psiquismo individual, como se estivesse em uma atmosfera socialmente vazia[60].

Para Volóchinov, portanto, a consciência individual é indissociável da realidade histórico-social e, por isso, estudá-la implica necessariamente reportar-se a essa realidade, uma vez que

Aquilo que denominamos psiquismo humano e consciência reflete a dialética da história em proporções bem maiores que a dialética da natureza. Naquela a natureza é dada numa interpretação econômica e social. O conteúdo do psiquismo humano, o conteúdo dos pensamentos, sentimentos e desejos é dado em uma forma pela consciência e, consequentemente, numa forma pela palavra humana. A palavra – é claro que em seu sentido não restritamente linguístico, mas no sentido sociológico amplo e concreto – é *o meio objetivo* em que nos é dado o conteúdo do psiquismo[61].

E assim, propondo o estabelecimento de uma linha de nexos entre realidade social, psiquismo e palavra, Volóchinov chega, enfim, ao que se poderia considerar o cerne de uma concepção semiótica de ideologia, na qual o signo (e, consequentemente, o enunciado) é entendido como

---

60. *Idem*, p. 21 – grifos no original.
61. *Idem*, p. 84 – grifos no original.

A Ideologia no Círculo de Bakhtin   **129**

elemento material e objetivo em que se manifesta o conteúdo da consciência e, portanto, a ideologia de cuja matéria-prima ela é constituída. Apontando diretamente para a reflexão desenvolvida em *Marxismo e Filosofia da Linguagem*, a argumentação de Volóchinov assinala, a partir desse momento, a relação visceral entre palavra, consciência e ideologia, postulando, conforme já fizera em *O Discurso na Vida e o Discurso na Poesia*, uma compreensão de enunciado como instância em que se expressa não apenas o indivíduo que enuncia, mas o grupo social e, em termos mais amplos, toda a sociedade no seio da qual esse enunciado é produzido. Nas palavras do próprio Volóchinov:

> Pois não há um só enunciado verbal que possa, seja em que circunstância for, ser atribuído somente ao seu autor; ele é *o produto de uma interação entre locutores* e, em sentido amplo, o produto de toda a complexa *conjuntura social* em que ele surgiu [...] qualquer produto da nossa atividade linguística – do propósito cotidiano mais elementar à obra literária mais elaborada – resulta, em todos os seus traços essenciais, não da reação subjetiva do locutor, mas da situação social na qual ele é proferido. A língua e as formas de que ela se reveste são produto de uma comunicação social contínua no seio de um determinado grupo linguístico. O enunciado as encontra, por assim dizer, todas prontas, como um material restringindo suas possibilidades. E o que o caracteriza propriamente (a escolha de certas palavras, uma certa construção da frase, uma certa entonação) não é mais que o reflexo da relação que une o locutor à complexa conjuntura social em que se desenrola o diálogo[62].

---

62. Traduzido da edição francesa de 1980. Em conformidade com os esclarecimentos no item Sobre as traduções utilizadas, na Introdução deste trabalho, a escolha, neste trecho, dessa tradução deve-se ao fato de nessa versão a palavra russa *vískázivanie* ser vertida para *énoncé* (enunciado), em vez de *enunciação*, escolhida na tradução para o português, possivelmente por influência da tradução brasileira de *Marxismo e Filosofia da Linguagem*, em que também aparece *enunciação*, em vez de *enunciado*. Eis o trecho: "Car il n'est pas un seul énoncé verbal qui puisse, en quelque circonstance que ce soit, être porté au seul compte de son auteur: il est *le produit d'une interaction entre locuteurs* et, plus largement, le produit de toute la *conjoncture sociale* complexe dans laquelle il est né [...] n'importe quel produit de notre activité linguistique, – du propos quotidien le plus élémentaire a l'oeuvre littéraire la plus élaborée, – resulte, pour tout ce qui tient à ses traits essentiels, non de la réaction subjective du locuteur mais de la conjoncture sociale dans laquelle il est prononcé. La langue et les formes qu'elle revêt sont le produit d'une communication sociale continue au sein d'un groupe linguistique donné. L'énoncé les trouve, pour ainsi dire, toutes prêtes, comme un matériau restreignant ses possibilites. Et ce qui le caractérise en propre (à savoir le choix de certains mots, une certaine construction de la phrase, une certaine intonation de l'énoncé) n'est que le reflet de la relation qui unit le locuteur à l'ensemble de la conjoncture sociale complexe dans laquelle se déroule le dialogue" (Volochinov, V. Freudisme, Essai critique (Le), publ. sob o nome de M. Bakhtin, trad. par Guy Verret, Lausanne, Editions L'Age d'Homme, 1980[1927], p. 174).

Aludindo ao caráter constitutivamente dialógico do enunciado, o trecho citado concentra alguns postulados da teoria do Círculo, indicando conexões entre os trabalhos de Volóchinov, Medviédev e Bakhtin. Notam-se aí, claramente, proximidades com a caracterização feita pelo próprio Volóchinov, em *Marxismo e Filosofia da Linguagem* (1929), e por Bakhtin, em "Gêneros do Discurso" (1952-1953), nos quais se encontra, tão nitidamente quanto na passagem aqui destacada, a ideia, basilar na visão do Círculo, segundo a qual o *enunciado* é um elo na cadeia de comunicação da sociedade, constituindo-se, portanto, no interior de um *diálogo* a cujos condicionamentos e restrições sua construção está sujeita. Também representada no trecho está a ideia, igualmente capital nessa teoria, de que o enunciado, ultrapassando o indivíduo que o profere, produz-se no seio de um processo de interação e comunicação social cuja rede de relações ele reflete e refrata.

O Freudismo (1927) perfaz, assim, um trajeto que, passando pela consciência, vai da ideologia à palavra (e, consequentemente, ao enunciado), anunciando uma compreensão semiótica de ideologia cuja elaboração é desenvolvida tanto por Medviédev, em *O Método Formal nos Estudos Literários*, quanto por Volóchinov, em *Marxismo e Filosofia da Linguagem*. Semelhante percurso é amarrado por algumas proposições que, retomadas ou reelaboradas em outros momentos por Volóchinov, Medviédev ou Bakhtin, vão constituir alguns dos eixos da concepção de linguagem do Círculo.

Uma dessas proposições é que não existe consciência individual isolada. Toda consciência está socialmente impregnada e seu conteúdo (da ideia mais vaga ao mais complexo sistema de pensamento) é, por definição, ideológico, ou seja, produto humano resultante da interação dialógica entre sujeitos socialmente organizados. De várias maneiras, essa proposição ressoa em afirmações análogas contidas em *Marxismo e Filosofia da Linguagem*, como, por exemplo, "a consciência só se torna consciência quando se impregna de conteúdo ideológico"[63], ou "*a consciência individual é um fato socioideológico*"[64].

Outra proposição fundamental é que o conteúdo ideológico da consciência se reflete e se refrata na palavra e, por extensão, no enunciado. Posto que a consciência, assim como a ideologia de que ela se alimenta, não é um

---

63. V. Volochinov, *Marxismo e Filosofia da Linguagem* [1929], publicado sob o nome de M. Bakhtin (Volochinov), trad. fr. Michel Lahud e outros, 9. ed., São Paulo, Hucitec/Annablume, 2002, p. 34.
64. *Idem*, p. 35 – grifos no original.

todo monolítico ou homogêneo, mas, em vez disso, uma teia complexa que comporta inclusive forças contraditórias e em luta, a palavra e o enunciado também são atravessados por essas lutas. Tem-se uma elaboração da ideia de enunciado como território em que se encontram diferentes posições ideológicas, uma vez que, sendo a ideologia o conteúdo da consciência, nela podem se refletir e se refratar os conflitos e embates que se desenrolam tanto no nível material quanto no nível ideológico da realidade social.

Disso decorre a caracterização do enunciado como um "cenário" (em *Marxismo e Filosofia da Linguagem*, Volóchinov referir-se-á ao signo como "uma arena") que ultrapassa o enunciador e opera como uma espécie de encenação de acontecimentos ou dramas que se desenrolam na realidade histórico-social. A esse respeito, é ilustrativa a passagem a seguir, na qual se afirma que a palavra cumpre

[...] o papel de *"cenário"* da comunicação imediata em que ela nasceu, e essa comunicação, por sua vez, integra o quadro mais amplo da comunicação praticada pelo grupo social do locutor. Daí que, para compreender esse *cenário* é preciso reconstituir toda a complexidade de relações sociais refratadas ideologicamente no enunciado em questão[65].

Assim, *O Freudismo* pode ser lido como um momento da elaboração de Volóchinov rumo a uma concepção semiótica de ideologia que será trabalhada de maneira sistemática em *Marxismo e Filosofia da Linguagem*.

Marxismo e Filosofia da Linguagem

Nesse texto, o eixo da referida concepção semiótica é apresentado logo no início, com o estabelecimento de uma ligação indissolúvel entre signo e ideologia:

---

65. "...le rôle de *'scénario'* de la communication immédiate qui lui a donné naissance, et cette communication s'intégrant, à son tour, dans le cadre plus vaste de la communication pratiquée par le groupe social du locuteur. D'où, pour comprendre ce *scénario*, la necessite de reconstituer tout ela complexité des rapports sociaux réfractés idéologiquement dans l'énoncé en question" (V. Volochinov, *Le Freudisme. Essai Critique* [1927] (Publ. sob o nome de M. Bakhtin), trad. par Guy Verret, Lausanne, Editions L'Age d'Homme, 1980, p. 175 – grifos no original).

132   A Questão da Ideologia no Círculo de Bakhtin

[...] tudo que é ideológico é um *signo*. *Sem signos não existe ideologia*. [...] O domínio do ideológico coincide com o domínio dos signos: são mutuamente correspondentes. Ali onde o signo se encontra, encontra-se também o ideológico. *Tudo que é ideológico possui um valor semiótico*[66].

Uma das primeiras implicações dessa proposição é a imediata indicação do caráter material da ideologia, já que

Cada signo ideológico é não apenas um reflexo, uma sombra da realidade, mas também um fragmento material dessa realidade. Todo fenômeno que funciona como signo ideológico tem uma encarnação material, seja como som, como massa física, como cor, como movimento do corpo ou como outra coisa qualquer. Nesse sentido, a realidade do signo é totalmente objetiva e, portanto, passível de um estudo metodologicamente unitário e objetivo[67].

Daí decorre, exprimindo um desdobramento de raciocínios desenvolvidos já em *O Discurso na Vida e o Discurso na Poesia* e em *O Freudismo*, a centralidade conferida à palavra nessa concepção. Posto que a ideologia se materializa no signo, que, por sua vez, é a condição para a qual e na qual a palavra existe, ela, a palavra, é o elemento ideológico por excelência. Nela se condensa a vida ideológica da sociedade. É nela que, segundo Volóchinov, "melhor se revelam as formas básicas, as formas ideológicas gerais da comunicação semiótica." Por isso, diz ele, "a palavra é o modo mais puro e sensível de relação social"[68].

Alçada, assim, à condição de princípio organizador da vida ideológica, a palavra assume o papel de elemento de articulação de toda a comunicação social. O que a caracteriza, segundo Volóchinov, é sua onipresença, pois ela

[...] penetra literalmente em todas as relações entre indivíduos, nas relações de colaboração, nas de base ideológica, nos encontros fortuitos da vida cotidiana, nas relações de caráter político etc. As palavras são tecidas a partir de uma multidão de fios ideológicos e servem de trama a todas as relações sociais em todos os domínios[69].

---

66. V. Volochinov, *Marxismo e Filosofia da Linguagem* [1929], pp. 31-32 – grifos no original.
67. *Idem*, p. 33.
68. *Idem*, p. 36.
69. *Idem*, p. 41.

A palavra se define, portanto, por sua ubiquidade: ela "acompanha e comenta todo ato ideológico"[70] e "está presente em todos os atos de compreensão e em todos os atos de interpretação"[71]. Embora ressalvando que os signos ideológicos específicos (aqueles usados em uma composição musical, um ritual religioso, uma representação pictórica, por exemplo) não são inteiramente substituíveis por palavras, Volóchinov enfatiza que todos eles se apoiam nas palavras e são por elas acompanhados. "Todas as manifestações da criação ideológica", diz ele, "todos os signos não-verbais – banham-se no discurso e não podem ser nem totalmente isoladas nem totalmente separadas dele"[72].

Isso vale igualmente para a consciência, pois também aí a palavra joga papel fundamental. É por meio da palavra que a consciência se relaciona com os conteúdos ideológicos de que se alimenta. Essa possibilidade é assegurada principalmente pelo fato de haver

[...] uma outra propriedade da palavra que é da maior importância e que a torna o primeiro meio da consciência individual. Embora a realidade da palavra, como a de qualquer signo, resulte do consenso entre os indivíduos, uma palavra é, ao mesmo tempo, produzida pelos próprios meios do organismo individual, sem nenhum recurso a uma aparelhagem qualquer ou a alguma outra espécie de material extracorporal. Isso determinou o papel da palavra como *material semiótico da vida interior, da consciência* (discurso interior). Na verdade a consciência não poderia se desenvolver se não dispusesse de um material flexível, veiculável pelo corpo. E a palavra constitui exatamente esse tipo de material. A palavra é, por assim dizer, utilizável como signo interior; pode funcionar como signo sem expressão externa. Por isso o problema da consciência individual como problema *da palavra interior*, em geral constitui um dos problemas fundamentais da filosofia da linguagem[73].

Nessa perspectiva, a palavra "se apresenta como o fundamento, a base da vida interior"[74]. Na condição de signo, a palavra constitui um território em que o psiquismo individual se encontra com a ideologia[75]. A ideologia, por sua vez, vive na medida em que se realiza no psiquismo. Assim, o

70. *Idem*, p. 37.
71. *Idem*, p. 38.
72. *Idem, ibidem.*
73. *Idem*, p. 37 – grifos no original.
74. *Idem*, p. 52.
75. *Idem*, p. 57.

signo é ao mesmo tempo condição e expressão desse movimento dialético entre a vida interior e o mundo exterior, entre o psiquismo e a ideologia. E, para Volóchinov, é justamente no enunciado que se dá a síntese entre esses dois mundos.

> Na Palavra, em cada enunciado, por insignificante que seja, renova-se incessantemente essa dialética viva entre o psíquico e o ideológico, entre o que é interior e o que é exterior. Em cada ato de fala, a vida subjetiva se dissolve no fato objetivo da Palavra--enunciado proferida, e esta se subjetiva no ato de compreensão-resposta, para engendrar, cedo ou tarde, uma réplica. Cada palavra, nós sabemos, é uma arena em miniatura onde se entrecruzam e lutam acentos sociais de orientações diversas. A Palavra na boca de um indivíduo isolado é o produto da interação viva de forças sociais.
>
> Assim, o psiquismo e a ideologia se impregnam mutuamente no processo único e objetivo das relações sociais[76].

Desse modo, ao propor uma relação de identidade entre palavra e enunciado e, por consequência, estender a este as propriedades daquela, Volóchinov, evidencia sua afinidade com as proposições de Medviédev e, afirmando um postulado que será assumido também na produção posterior de Bakhtin, formula um dos pontos-chave da sua reflexão: a ideia de que o enunciado concreto é a unidade da comunicação discursiva e da interação verbal.

Contrapondo-se simultaneamente ao subjetivismo idealista, para o qual a língua se situa no psiquismo individual, e ao objetivismo de inspiração saussureana, para o qual a língua é pensada como sistema de regras abstratas, Volóchinov afirma que sua verdadeira substância não se encontra nem em um polo nem em outro; ela não se constitui nem pelo enunciado monológico isolado, "nem pelo ato psicofisiológico de sua produção" e tampouco por "um sistema

---

76. "Dans le Mot, dans chaque énoncé, si insignifiant soit-il, se renouvelle sans cesse cette synthèse dialectique vivante du psychique et de l'idéologique, de ce qui est intérieur et de ce qui est extérieur. Dans chaque acte de parole le vécu subjectif s'anulle dans le fait objectif du Mot-énoncé proferé, et celui-ci se subjectise dans l'acte de compréhension-réponse, pour engendrer tôt ou tard une réplique. Chaque mot, nous le savons, est une arène en réduction où s'entrecroisent et sont en lutte des accents sociaux d'orientations diverses. Le Mot dans la bouche d'un individu isolé est le produit de l'interaction vivante des forces sociales.

    Ainsi, le psychisme et l'idéologie s'impregnent mutuellement dans un processus unique et objectif d'échange social." As razões para a escolha da tradução francesa nesse trecho são as mesmas apresentadas na nota 62. V. Volochinov, *Marxisme et philosophie du langage. Les problèmes fondamentaux de la méthode sociologique dans la science du langage* [1929]. Éd. bilingue. Traduit du russe par Patrick Sériot et Inna Tylkowsky-Ageeva. Lausanne, Lambert-Lucas, 2010, pp. 201-203.

abstrato de formas linguísticas". "A realidade fundamental da língua", diz ele, é "o fenômeno social da interação verbal"[77], que se realiza por meio de enunciados produzidos em contextos ideológicos determinados. Nas suas palavras:

> Com efeito, como acabamos de mostrar, a forma linguística, que só é dada ao locutor no contexto de enunciados determinados, só é dada, por consequência, em um contexto ideológico determinado. Na realidade, o que nós pronunciamos e ouvimos não são nunca palavras, mas a verdade ou a mentira, o bem ou o mal, o importante e o insignificante, o agradável e o desagradável etc. *A Palavra está sempre cheia de conteúdo e de sentido ideológico ou em relação com a vida cotidiana*. É assim que nós a compreendemos. E só respondemos à Palavra que nos toca ideologicamente ou que se relaciona com a vida[78].

Logo, não simplesmente a palavra, mas a palavra-enunciado, plena de sentido ideológico ou em relação com a vida cotidiana (ou seja, a palavra nas esferas ideológicas ou na comunicação do dia a dia), constitui o centro da realidade socioideológica. É ela que assegura e ao mesmo tempo resulta do processo de interação verbal.

Desenvolvido, pois, sobre o eixo das relações entre consciência, signo e ideologia, o trabalho de Volóchinov, a exemplo da reflexão realizada por Medviédev, também conduz à ideia do enunciado como unidade da comunicação discursiva e centro da vida ideológica da sociedade. Expressando a afinidade de perspectivas e de propósitos constituída em torno da agenda comum emanada do ILIAZV, os trabalhos dos dois pesquisadores, a partir de um diálogo com referências em circulação no contexto intelectual russo e de uma reelaboração do conceito de ideologia proveniente da tradição marxista, confluem para uma concepção de linguagem que, assentada numa compreen-

---

77. V. Volochinov, *Marxismo e Filosofia da Linguagem* [1929], publicado sob o nome de M. Bakhtin (Volochinov), tradução do fr. Michel Lahud e outros. 9. ed., São Paulo, Hucitec/Annablume, 2002, p. 123.

78. "En effet, comme nous venons de le montrer, la forme linguistique, qui n'est donnée au locuteur que dans le contexte d'énoncés déterminés, n'est donnée, par conséquent, que dans un contexte idéologique déterminé. Dans la réalité, ce que nous prononçons et entendons, ce ne sont jamais des mots, mais la vérité ou le mensonge, le bien ou le mal, l'important et l'insignifiant, l'agréable et le désagréable, etc. Le Mot est toujours rempli de contenus et de sens idéologique ou en rapport avec la vie quotidienne. C'est ainsi que nous le comprenons. Et nous ne répondons qu'au Mot qui nous touche idéologiquement ou est en rapport avec la vie" (V. Volochinov, *Marxisme et philosophie du langage. Les problèmes fondamentaux de la méthode sociologique dans la science du langage* [1929], éd. bilingue, traduit du russe par Patrick Sériot et Inna Tylkowsky-Ageeva, Lausanne, Lambert-Lucas, 2010, p. 263 – grifos no original).

são semiótica do fenômeno ideológico, pode ser, em síntese, caracterizada pelos seguintes traços:

- *Centralidade do enunciado na interação socioideológica*
  Concebido como a unidade básica da comunicação na sociedade, o enunciado é entendido, então, como o elemento nuclear por meio do qual se desenvolve a vida socioideológica e como a instância em que se encontram a linguagem, a consciência e a ideologia. Nele se conjugam as dimensões da subjetividade, da intersubjetividade e da consciência coletiva da sociedade.

- *Esferas e gêneros*
  A comunicação ideológica realizada por meio dos enunciados se processa no interior de *esferas* ideológicas específicas (a científica, a religiosa, a jurídica, a literária etc.) e em conformidade com o repertório de *gêneros* próprios a cada uma delas, a cujos limites e coerções os enunciados estão sujeitos.

- *Reflexo e refração da realidade*
  Expressando os nexos entre enunciado, consciência individual e ideologia, a ideia, esboçada já em *O Freudismo*, é que o enunciado concreto, ultrapassando o indivíduo que o profere, constitui-se como uma representação dos embates ideológicos travados na realidade social. Daí as metáforas da arena, do cenário e do território. Nessa perspectiva, o enunciado é uma representação das lutas sociais e econômicas e nesse sentido ele as reflete. Mas além de ser um ponto de reflexo da realidade, ele também é um ponto de refração[79]. Isso significa que, assim como ocorre com a ideologia, o enunciado não é meramente uma reprodução fiel da realidade, mas uma instância na qual a imagem da realidade que se projeta é uma imagem disputada, negociada, atravessada por acentos apreciativos conflitantes e, por isso, uma imagem virtualmente transfigurada.

---

79. Para uma discussão sobre os conceitos de reflexo e refração na tradição marxista da Rússia no início do século xx, ver Bondarenko (M. Bondarenko, "Reflet et réfraction chez les philosophes marxistes du langage des années 1920-30 en Russie: V. Volochinov lu à travers V. Abaev", em Patrick Sériot et Janette Friedrich (éds.), *Langage et pensée : Union Soviétique années 1920-1930. Cahiers de l'ILSL* n. 24, Lausanne, Université de Lausanne, 2008).

- *Dialogismo*

Trata-se aqui de um dos postulados fundamentais do Círculo que, presente principalmente nas formulações de Volóchinov, foi incorporado às análises de Bakhtin e transformado em um dos elementos principais da sua própria teorização. Visto de um ângulo mais abrangente, o dialogismo remete à ideia de que todo enunciado opera como um participante do grande diálogo que se trava na realidade social, envolvendo não apenas os interlocutores imediatos, mas integrando-se ao todo da interação verbal e à cadeia da comunicação ideológica da sociedade. De um ângulo mais restrito, ele remete ao diálogo que diferentes posições travam no interior de um mesmo enunciado ou, até mesmo, de uma palavra. De todo modo, tanto do ponto de vista das intra, quanto das inter-relações, o dialogismo se refere ao caráter compartilhado, isto é, *relacional* dos sentidos produzidos seja no enunciado, seja na palavra. Daí a natureza simultaneamente social e ideológica do dialogismo. Posto que a ideologia se constitui em significados e sentidos construídos na relação (e, portanto, no *diálogo*) entre o eu e o outro, o dialogismo representa, então, a condição e o meio para a sua realização. Logo, o dialogismo é o modo pelo qual se produz o ideológico. Dialógico e ideológico têm, nessa perspectiva, uma relação de indissociabilidade, sendo o signo, então, ideológico justamente porque dialógico. Desse ponto de vista, a palavra, signo ideológico por excelência, é o elo dialógico pelo qual se ligam, simultaneamente, o subjetivo, o intersubjetivo e o social, pois

> Ela é determinada tanto pelo fato de que procede *de* alguém, como pelo fato de que se dirige *para* alguém. Ela constitui justamente *o produto da interação do locutor e do ouvinte*. Toda palavra serve de expressão a um em relação ao outro. Através da palavra defino-me em relação ao outro, isto é, em última análise, à coletividade. A palavra é uma espécie de ponte lançada entre mim e os outros[80].

Todos esses traços (e em particular as proposições relativas ao dialogismo), elaborados em diferentes graus nos trabalhos de Volóchinov e Medviédev, terão importância fundamental no trabalho desenvolvido por Bakhtin a partir de 1929, como a seguir se tenta mostrar.

---

80. V. Volochinov, *Marxismo e Filosofia da Linguagem* [1929], publicado sob o nome de M. Bakhtin (Volochinov), tradução do fr. Michel Lahud e outros. 9. ed., São Paulo, Hucitec/Annablume, 2002, p. 113 – grifos no original.

6. A IDEOLOGIA EM BAKHTIN

Embora, como já se viu, Bakhtin não faça parte do ILIAZV e não esteja organicamente vinculado ao programa do instituto, ao longo dos anos 1920 ele comunga com Volóchinov e Medviédev alguns pressupostos com base nos quais se debruça sobre temas de interesse comum e vai ao encontro das reflexões de seus colegas, o que lhe possibilita, especialmente a partir de 1929 (quando, segundo suas próprias palavras, ele está em estreito contato criativo com os outros dois estudiosos) desenvolver um trabalho que canaliza para uma perspectiva discursiva suas preocupações iniciais sobre subjetividade e alteridade, ética e estética, vida e cultura. Norteado por uma concepção de linguagem construída em intersecção com as produções de Volóchinov e Medviédev, esse trabalho, ao enfatizar o caráter dialógico (ou seja, intersubjetivo, interacional, relacional e, portanto, social) da palavra, vai preservar como um de seus substratos a ideia de que os significados e sentidos concretizados na palavra-discurso são inerentemente ideológicos, posto que operados pelos contatos, negociações, lutas, tensionamentos e acordos produzidos na *relação* entre as consciências, forças e vozes em interação no mundo histórico-social.

Dessa forma, conquanto a apropriação da ideologia pela obra de Bakhtin não se dê nos quadros de uma teorização específica sobre a questão, alguns dos conceitos centrais com que ele trabalhará a partir de 1929 são em grande medida resultantes do amadurecimento da reflexão que, desenvolvida sobretudo nos textos de Volóchinov e Medviédev no final da década de 1920, tem como um dos principais focos de interesse justamente o fenômeno ideológico. Daí o tema da ideologia estar, por assim dizer, incorporado ao DNA desses conceitos, a cuja elaboração o trabalho realizado por Bakhtin após 1929 dá continuidade em uma moldagem desenhada pelas especificidades da sua própria reflexão. É o caso, particularmente, dos conceitos de *dialogismo*, *esferas*, *gêneros* e *enunciado*.

Operando com algumas oposições semânticas fundamentais, como dialogismo– monologismo, plurilinguismo–língua única, frase-enunciado, gêneros primários–gêneros secundários, forças centrífugas–forças centrípetas, a produção teórica de Bakhtin a partir de 1929 vai articular os referidos conceitos em uma concepção de linguagem na qual a presença da questão da ideologia se traduz por algumas proposições básicas:

- A natureza das criações artísticas e intelectuais é eminentemente socio-dialógica. Isso significa que a produção e a circulação de conhecimentos, ideias, objetos artísticos, crenças, opiniões, normas morais, referências éticas, estéticas etc. ocorrem no interior de um processo intrinsecamente dialogizado, definido pela existência de diversas consciências, vozes e forças sociais por cuja interação e luta se produzem as diferentes maneiras de significar e de atribuir sentidos ao mundo.
- Nesse universo, integrado pelas esferas ideológicas constituídas e pela comunicação da vida cotidiana, a linguagem desempenha papel fundamental. Nela se desenvolvem os inúmeros embates em que as várias forças em atuação na realidade histórico-social disputam a supremacia na semiose do mundo.
- O enunciado concreto, que se produz tanto na comunicação cotidiana (em gêneros do discurso primários) quanto nas esferas ideológicas (em gêneros do discurso secundários) constitui o campo de batalha privilegiado em que essas forças se defrontam na luta pelo sentido.

Entre os vários textos cuja articulação permite visualizar a imbricação da ideologia em conceitos centrais da produção bakhtiniana, são focalizados aqui, sem nenhuma pretensão exaustiva e exclusivamente com a intenção de indicar tal imbricação, *Problemas da Obra de Dostoiévski*, *O Discurso no Romance* (1934-35), *Os Gêneros do Discurso* e *Problemas da Poética de Dostoiévski*.

Problemas da Obra de Dostoiévski (1929)

Publicado no ano de 1929, quando, conforme tem sido recorrentemente sublinhado pelos comentaristas, o trabalho de Bakhtin se afina com o tom sociologizante da produção intelectual do período e se mostra em nítida convergência com os trabalhos de Volóchinov e Medviédev, *Problemas da Obra de Dostoiévski*, pode ser considerado o primeiro de um conjunto de textos nos quais (não obstante a presença de tensões, descontinuidades, reformulações etc.) algumas das principais proposições do Círculo no final da década de 1920 começam a ser apropriadas e integradas ao que viria a se tornar um projeto próprio de Bakhtin.

Esse projeto, cujas linhas mestras também já se encontram indicadas no trabalho desenvolvido pelo grupo ao longo dos anos 1920, terá como um de seus principais núcleos a ideia de que a palavra-discurso, seja aquela materializada no enunciado concreto no seio da comunicação discursiva da sociedade, seja aquela empregada artístico-literariamente, é, por definição, atravessada por relações (mais tarde chamadas *relações dialógicas*) para cuja compreensão são insuficientes os métodos tradicionais da linguística; daí, para Bakhtin, a necessidade de um enfoque metalinguístico para o estudo dessas relações.

A pré-condição para o desenvolvimento desse projeto (ao longo do qual Bakhtin vai consolidar o uso dos conceitos de *dialogismo, gêneros discursivos* e *enunciado*) é, pois, a intersecção de perspectivas com Volóchinov e Medviédev, evidenciada já no prefácio de *Problemas da Obra de Dostoiévski* (1929):

> Na base da presente análise encontra-se a convicção de que toda obra literária é internamente, imanentemente sociológica. Nela se cruzam *forças sociais vivas*, cada elemento de sua forma é atravessado por *avaliações sociais* vivas. Por isso, mesmo uma análise puramente formal deve considerar cada elemento da estrutura artística como *ponto de refração* de forças sociais vivas, como um cristal artificial cujas faces são talhadas e polidas de modo a refratar determinados traços das *avaliações sociais* e refratá-los segundo um ângulo preciso[81].

Apesar de não se verem aí referências explícitas à ideologia, o trecho encerra algumas ideias que, retomando posições já apresentadas em textos como *O Discurso na Vida e o Discurso na Poesia* e *Marxismo e Filosofia da Linguagem*, de Volóchinov, e *O Método Formal nos Estudos Literários*, de Medviédev, reportam-se diretamente à maneira como o Círculo compreende essa questão. Uma delas é a de *avaliações sociais*, que, manuseada tanto por Bakhtin quanto por Volóchinov e Medviédev, explicita um entendimento

---

81. "Alla base della presente analisi è la convinzione che ogni opera letteraria è internamente, immanentemente, sociologica. In essa si incrociano vive forze sociali, ogni elemento della sua forma è compenetrato di vive valutazione sociali. Pertanto anche un'analisi puramente formale deve considerare ogni elemento della strutura artistica come punto di rifrazione di vive forze sociali, come un cristallo artificiale le cui facce sono costruite e polite in modo tale da rifrangere determinati raggi delle valutazioni sociali e rifrangerli secondo un angolo preciso" (M. Bachtin, *Problemi dell'opera di Dostoevskij* [1929], trad. Margherita De Michiel, Bari, Edizioni dal Sud, 1997, p. 85 – grifos meus).

comum a respeito do modo como os eixos ideológicos do mundo histórico-social incorporam-se à arquitetura dos objetos estéticos.

Tais avaliações, que, como se viu, são a condensação axiológica de preceitos, normas, concepções, opiniões, crenças etc. (remetendo-se, portanto, aos sistemas ideológicos constituídos e à ideologia do cotidiano), penetram o objeto estético, conforme diz Bakhtin, por um mecanismo de *refração*, outra ideia fundamental comum aos três autores. Designando um processo por cuja mediação as avaliações sociais (não de forma direta ou mecânica, mas de modo transfigurado, negociado, conflituoso) presentificam-se no objeto estético, o conceito de *refração* assinala o afastamento do Círculo em relação às posições para as quais os produtos ideológicos ou culturais seriam meros reflexos ou representações mais ou menos fiéis das relações materiais de existência social. O que é ressaltado, assim, é o caráter inerentemente tenso dos objetos estéticos, nos quais se refratam os antagonismos da realidade histórico-social.

Amarra as duas ideias o raciocínio segundo o qual a refração das avaliações sociais se dá em cada um dos elementos da estrutura artística, o que significa dizer que essas avaliações se integram ao objeto estético (e, conforme já se viu, também ao enunciado concreto) como dados internos de sua composição.

A despeito, portanto, de não se referir textualmente à ideologia, o uso de uma terminologia comum reafirmando a natureza intrinsecamente social da obra artística e a reiteração do juízo de que a realidade histórico-social compõe a obra de arte interiormente, refratando-se em cada um dos seus elementos, revelam uma compreensão do fenômeno ideológico nos mesmos moldes de Volóchinov e Medviédev, ou seja, como universo das criações artísticas, intelectuais, religiosas, científicas, morais etc. nas quais se refletem e se refratam as posições em confronto, luta e negociação na existência social. Ao longo das páginas de *Problemas da Obra de Dostoiévski* (1929), Bakhtin vai se ocupar em tentar mostrar que o romance de Dostoiévski se constitui precisamente como uma forma original de organizar artístico-literariamente essa multiplicidade de vozes heterogêneas e contraditórias.

Nesse sentido, o livro representa um dos principais momentos em que a reflexão de Bakhtin, valendo-se implicitamente de uma noção expressa por Medviédev (segundo a qual uma das especificidades da literatura é refletir e refratar não apenas a realidade material, mas também os reflexos e as refrações das outras esferas ideológicas[82]), aponta para a caracterização do romance como o gênero literário que consegue, como nenhum outro, traduzir artístico-literariamente a multiplanaridade e a contraditoriedade do universo socioideológico no âmbito do qual a produção de significados e sentidos se dá pela refração dos conflitos, negociações, acordos e lutas em curso na realidade social material.

Desde as primeiras páginas, *Problemas da Obra de Dostoiévski* se apresenta, então, como um trabalho ao mesmo tempo de análise concreta de uma obra literária e de elaboração de uma perspectiva teórica, em que ideias e proposições do Círculo ao longo da década começam a ganhar um corpo específico na produção de Bakhtin.

Uma dessas ideias é a de *dialogismo*, que constitui o eixo central da análise empreendida por Bakhtin nesse texto, sendo empregada como um conceito por meio do qual ele assinala a essencialidade do aspecto interacional tanto no que se refere aos elementos composicionais internos do romance de Dostoiévski quanto no que diz respeito ao modo da organização e do funcionamento discursivo da realidade social em que esse romance foi engendrado.

Não por acaso, uma das ferramentas de análise é a oposição entre *dialógico* e *monológico*, a que Bakhtin recorre para contrastar o romance criado por Dostoiévski com a produção romanesca anterior, afirmando que

[...] o romance de Dostoiévski é dialógico. Ele não se constrói como o todo de uma consciência que de modo objetivado abriga em si as outras consciências, mas como o todo da interação de diversas consciências, entre as quais nenhuma se tornou, ao fim, objeto da outra[83].

Já de início, como se vê, o dialogismo aparece associado à interação de (e, portanto, à *relação entre*) diversas consciências. Esse é também um dos aspectos nucleares da ideia com base na qual Bakhtin define a especificidade do romance dostoievskiano, ao sustentar que "*a pluralidade de vozes*

---

82. P. Medviédev, *O Método Formal nos Estudos Literários – Introdução Crítica a uma Poética Sociológica* [1928], trad. Ekaterina V. Américo e Sheila C. Grillo, São Paulo, Contexto, 2012, pp. 59-60.

83. "...il romanzo di Dostoevskij è dialogico. Esso non si costruisce come insieme di una sola coscienza che in modo oggettivato accoglie in sé le altre coscienze, ma come insieme dell'interazione di diverse coscienze, delle quali nessuna è divenuta sino in fondo oggetto dell'altra." M. Bachtin, *Problemi dell'opera di Dostoevskij* [1929], pp. 105-106.

e de consciências independentes e separadas, a autêntica polifonia de vozes plenamente autônomas é efetivamente a particularidade fundamental dos romances de Dostoiévski"[84].

Polifonia, pluriplanaridade, interação, contiguidade, coexistência e simultaneidade de vozes, de ideologias e de consciências diferentes e contraditórias *relacionando-se dialogicamente* em equipolência no seio de uma totalidade. Eis aí, para Bakhtin, os grandes princípios de organização e funcionamento do mundo ficcional de Dostoiévski. Eis aí igualmente (pode-se acrescentar) os atributos com que ele, ao longo de sua produção a partir de 1929, iria caracterizar também a própria realidade socioideológica. Em outras palavras, a chave usada por Bakhtin para compreender a organização do mundo ficcional de Dostoiévski vai, ao longo da sua produção, firmar-se também como a chave para a compreensão da própria vida social.

Emergindo como uma síntese da sua visão teórica, o dialogismo é apresentado, então, como um traço que perpassa igualmente a linguagem, a criação artístico-literária e a realidade social, sendo o romance de Dostoiévski, nesse primeiro momento, o exemplo mais acabado, para Bakhtin, de representação artístico-literária do dialogismo intrínseco ao mundo histórico-social. Daí a correspondência entre a arte e a vida, indicada, por exemplo, na maneira pela qual ele descreve as condições que possibilitaram a percepção artística de Dostoiévski: como resultado de uma espécie de explosão dialógica decorrente do pluriplânico, polifônico, heterogêneo e contraditório processo de desenvolvimento do capitalismo na Rússia, onde foi possível ao escritor criar o seu universo ficcional em ruptura com uma tradição romanesca monologicamente ordenada.

A descrição é feita em uma sequência na qual Bakhtin discute a interpretação de Otto Kaus, para quem Dostoiévski representaria o bardo do ser humano sob o capitalismo, e a sua obra a expressão da "unidade contraditória do mundo capitalista e da consciência capitalista"[85]. Considerando a leitura de Kaus "em muitos aspectos correta", Bakhtin reconhece que

---

84. *"La pluralità di voce e di coscienze indipendenti e separate, l'autentica polifonia di voce pienamente autonome è effettivamente la particolarità fondamentale dei romanzi di Dostoevskij"* (M. Bachtin, *Problemi dell'opera di Dostoevskij* [1929], p. 89 – grifos no original).

85. M. Bachtin, *Problemi dell'opera di Dostoevskij* [1929], trad. Margherita De Michiel, Bari, Edizioni dal Sud, 1997, p. 108.

Efetivamente, o romance polifônico só poderia se realizar na época capitalista. Além disso, o terreno mais favorável era justamente a Rússia, onde o capitalismo chegou de modo quase catastrófico e encontrou uma variedade intacta de mundos e grupos sociais que não tinham atenuado, como no Ocidente, seu fechamento individual no processo de gradual avanço do capitalismo. Aqui, a essência contraditória da vida social em formação, que não cabia nos limites de uma consciência monológica convicta e em tranquila contemplação, devia se manifestar com particular clareza, enquanto a individualidade dos mundos que eram tirados do seu equilíbrio ideológico e entravam em conflito devia ser particularmente plena e clara. Criavam-se, assim, as premissas objetivas da substancial pluriplanaridade e plurivocalidade do romance polifônico[86].

O problema da interpretação de Kaus, objeta Bakhtin, não está em relacionar a obra de Dostoiévski às condições histórico-sociais em que ela se produziu, mas em não mostrar como essas relações se organizam *artisticamente* em uma variedade particular do gênero romanesco, transferindo, em vez disso, "suas explicações do plano do romance diretamente para o plano da realidade"[87].

A ressalva de Bakhtin mostra, uma vez mais, sua discordância das posições "reflexivistas" e reitera o entendimento, compartilhado com Volóchinov e Medviédev, de que embora seja indiscutível a relação da criação artística com as outras esferas da realidade, ela não pode ser compreendida apenas como um reflexo direto dessa realidade.

De todo modo, é inequívoca a ancoragem da obra de Dostoiévski nas condições histórico-sociais de sua época. Quanto a isso, Bakhtin dá a entender que essa obra representa uma feliz combinação entre a percepção estética do escritor e a realidade social em que o dialogismo de vários mundos coexistentes e em interação emerge como uma condição objetiva. Por isso, diz Bakhtin, se quisermos indagar sobre as causas extra-artísticas que tornaram

---

86. "Effetivamente, il romanzo polifonico poteva realizzarsi solo nell'epoca capitalistica. Inoltre, il terreno più favorevole era proprio la Russia, dove il capitalismo giunse in modo pressoché catastrofico e trovò una varietà intatta di mondi e gruppi sociali che non avevano indebolito, come in occidente, la propria chiusura individuale nel processo di graduale avanzata del capitalismo. Qui l'essenza contraddittoria della vita sociale in divenire, che non rientrava nei limiti di una coscienza monologica convinta e che contemplava in tranquillità, doveva manifestarsi con particolare chiarezza, e nel contempo l'individualità dei mondi che erano tolti dal loro equilibrio ideologico ed entravano in conflitto doveva essere particolarmente piena e chiara. Con ciò si creavano le premesse oggettive della sostanziale pluriplanarità e plurivocalità del romanzo polifonico" (M. Bachtin, *Problemi dell'opera di Dostoevskij* [1929], pp. 108-109).

87. M. Bachtin, *Problemi dell'opera di Dostoevskij* [1929], p. 109.

possível o romance de Dostoiévski, não é em fatores de ordem subjetiva que devemos buscar as respostas, pois

Se a pluriplanaridade e a contraditoriedade fossem dadas a Dostoiévski ou por ele percebidas somente como fato da vida privada, como pluriplanaridade e contraditoriedade do espírito – do seu próprio e dos outros – Dostoiévski teria sido um romântico e teria criado um romance monológico sobre o contraditório desenvolvimento do espírito humano, correspondendo efetivamente à concepção hegeliana. Na realidade Dostoiévski encontrou e soube perceber, em vez disso, a pluriplanaridade e a contraditoriedade não no espírito, mas no mundo social objetivo. Nesse mundo social, os planos não eram etapas, mas *campos*, as relações contraditórias entre eles não eram um caminho pessoal – ascendente ou descendente – mas um *estado da sociedade*. A pluriplanaridade e a contraditoriedade da realidade social eram dados como fato objetivo da época[88].

Para, Bakhtin, portanto, "foi a própria época que tornou possível o romance polifônico"[89]. A originalidade de Dostoiévski consistiu em participar dessa "contraditória pluriplanaridade do seu tempo" e, a partir do encontro da sua subjetividade com as condições objetivas da existência social, dar uma forma artística a elementos que estavam presentes na realidade.

Desse modo, as contradições objetivas da época determinaram a obra de Dostoiévski, não no plano da superação pessoal na história do seu espírito, mas no plano da visão objetiva dessas contradições como forças simultâneas coexistentes (de um ponto de vista, é verdade, aprofundado pela experiência de vida pessoal)[90].

Assim, caracterizando o romance dostoievskiano como uma representação refletida e refratada da multiplicidade de tendências, forças e vozes da

---

88. "Se la pluriplanarità e la contraddittorietà fossero state date a Dostoevskij, o da lui percepite, solo come fatto della vita privata, come pluriplanarità e contraddittorietà dello spirito – proprio e altrui –, Dostoevskij sarebbe stato un romantico e avrebbe creato un romanzo monologico sul contraddittorio divenire dello spirito umano, effettivamente rispondente alla concezione hegeliana. In realtà Dostoevskij trovava e sapeva invece percepire la pluriplanarità e la contraddittorietà non nello spirito, ma nell'oggettivo mondo sociale. In questo mondo sociale i piani non erano tappe, ma *campi*, i rapporti contraddittori tra di essi non erano cammino della persona, ascendente o discendente, ma *stato della società*" (M. Bachtin, *Problemi dell'opera di Dostoevskij* [1929], p. 117 – grifos no original).
89. M. Bachtin, *Problemi dell'opera di Dostoevskij* [1929], p. 117.
90. "In tal modo le contraddizioni oggettive dell'epoca determinarono l'opera di Dostoevskij non sul piano del loro personale superamento nella storia del suo spirito, ma sul piano della loro visione oggettiva come forze contemporaneamente coesistenti (di una visione, è vero, resa più profonda dall'esperienza vissuta personale)" (M. Bachtin, *Problemi dell'opera di Dostoevskij* [1929], 1997, p. 118).

realidade social, *Problemas da Obra de Dostoiévski* constitui um dos textos em que Bakhtin, compartilhando e levando adiante formulações de Volóchinov e Medviédev, passa a incorporar definitivamente ao seu trabalho teórico a compreensão do universo da ideologia como um campo heterogêneo, tenso e contraditório, no qual o dialógico, o social e o ideológico estão intimamente entrelaçados. Tal caracterização será adotada de modo ainda mais enfático no texto sobre o discurso romanesco, escrito por ele em 1934-35.

O Discurso no Romance

Consistindo em um dos mais importantes textos de Bakhtin, *O Discurso no Romance*, ao mesmo tempo em que constitui uma reflexão sobre o gênero romanesco, constitui também um trabalho em que se evidencia a íntima articulação entre os principais conceitos apropriados pelo projeto bakhtiniano (*dialogismo, responsividade, esferas, gênero, enunciado*) e uma determinada compreensão do universo socioideológico.

O ponto-chave dessa articulação é a ideia de que o romance (agora em geral e não apenas aquele produzido por Dostoiévski) se define como a forma literária na qual a multiplicidade e a heterogeneidade de línguas, discursos e vozes típicas do mundo histórico-social são esteticamente organizadas em um objeto artístico. Diz Bakhtin:

> O romance é uma diversidade social de linguagens organizadas artisticamente, às vezes de línguas e de vozes individuais. A estratificação interna de uma língua nacional única em dialetos sociais, maneirismos de grupos, jargões profissionais, linguagens de gêneros, fala das gerações, das idades, das tendências, das autoridades, dos círculos e das modas passageiras, das linguagens de certos dias e mesmo de certas horas (cada dia tem sua palavra de ordem, seu vocabulário, seus acentos), enfim, toda estratificação interna de cada língua em cada momento dado de sua existência histórica constitui premissa indispensável do gênero romanesco. E é graças a esse plurilinguismo social e ao crescimento em seu solo de vozes diferentes que o romance orquestra todos os seus temas, todo seu mundo objetal, semântico, figurativo e expressivo[91].

---

91. M. Bakhtin, "O Discurso no Romance [1934-1935]", *Questões de Literatura e de Estética. A Teoria do Romance*, tradução do russo de Aurora Fornoni Bernardini e outros, 5. ed., São Paulo, Hucitec/Annablume, 2002a, pp. 74-75.

Assim concebido, o romance, por definição, é um universo ficcional no qual se expressa o plurilinguismo da vida social. Nessa perspectiva, a linguagem socialmente viva que constitui a matéria-prima da prosa romanesca é vista como um fenômeno intrinsecamente dialogizado, heterogêneo, contraditório e habitado por diferentes acentos, intenções e avaliações nos quais se manifestam vozes, impulsos e tendências em atuação no universo socioideológico. Atravessada pelo embate entre, de um lado, as forças centrípetas, que a empurram na direção da unidade, da institucionalização, da estabilidade e da uniformização e, de outro lado, as forças centrífugas, que a impelem exatamente na direção contrária, ou seja, para a heterogeneidade, a diversificação e a multiplicidade de dialetos, variações e vozes que nela se manifestam, a linguagem se define, então, como uma espécie de teatro pluridiscursivo, no qual se reflete e se refrata a diversidade da vida socioideológica. Dessa forma,

[...] em cada momento da sua existência histórica, a linguagem é grandemente pluridiscursiva. Deve-se isso à coexistência de contradições socioideológicas entre presente e passado, entre diferentes épocas do passado, entre diversos grupos socioideológicos, entre correntes, escolas, círculos etc. etc.[92].

Por isso, malgrado a ação das tendências centrípetas, a língua viva é um grande espetáculo dialógico, no qual se encontram e se confrontam vozes não apenas de diferentes forças e grupos, mas também de diferentes momentos da história da sociedade. A realidade linguística, desse modo, não é constituída de uma, mas, na verdade, de várias línguas que coexistem em interação dialógica no seio de uma mesma língua nacional.

Enfim, em cada momento dado coexistem línguas de diversas épocas e períodos da vida socioideológica. Existem até mesmo linguagens dos dias: com efeito, o dia socioideológico e político de "ontem" e o de hoje não têm a mesma linguagem comum; cada dia tem a sua conjuntura socioideológica e semântica, seu vocabulário, seu sistema de acentos, seu *slogan*, seus insultos e suas lisonjas[93].

A esta altura, claro está que um dos pressupostos fundamentais dessa concepção (na qual o dialogismo é entendido como o princípio de funcionamento

---

92. *Idem*, p. 98.
93. *Idem, ibidem.*

da realidade ideológico-discursiva) é a profunda imbricação entre ideologia e linguagem, cuja matéria é fruto do entrelaçamento entre o social, o dialógico e o ideológico. Nela e por ela se refletem e se refratam as contradições e os antagonismos sociais por intermédio de cuja interação dialogizada se produzem e circulam discursivamente as formas de conceber e de significar o mundo, ou seja, os valores, as opiniões, os conhecimentos, as normas morais, as criações artísticas e intelectuais (em suma: as ideologias). Por isso, a língua é uma realidade naturalmente tensa, por meio da qual e na qual se realizam tanto os pequenos diálogos quanto o grande diálogo da sociedade, em cujo fluxo a palavra, mais que simplesmente um recurso lexical mobilizado do dicionário, opera como um elemento de comunicação cujo sentido se produz pela interação das consciências, ou seja, pela relação intersubjetiva que incide na fronteira entre o eu e os outros. "Para a consciência individual", diz Bakhtin, "a linguagem enquanto concreção socioideológica viva e enquanto opinião plurilíngue, coloca-se nos limites de seu território e nos limites do território de outrem"[94].

Presidida, então, pelo dialogismo, a vida socioideológica é marcada pela relação da palavra do sujeito com a palavra de outrem, por cujo contato-diálogo se dá a construção dos significados e dos sentidos, uma vez que

> Em todos os domínios da vida e da criação ideológica, nossa fala contém em abundância palavras de outrem, transmitidas com todos os graus variáveis de precisão e imparcialidade. Quanto mais intensa, diferenciada e elevada for a vida social de uma coletividade falante, tanto mais a palavra do outro, o enunciado do outro, como objeto de uma comunicação interessada, de uma exegese, de uma discussão, de uma apreciação, de uma refutação, de um reforço de um desenvolvimento posterior etc., tem peso específico maior em todos os objetos do discurso[95].

Daí decorre que, intrinsecamente dialógica, a palavra não se relaciona com o seu objeto de maneira direta e imediata, mas sempre pela mediação da palavra do outro, com a qual, ao se dirigir para o seu objeto, ela debate, negocia, pondera, pactua. A palavra do sujeito, por isso, está inevitavelmente impregnada da palavra de outrem, pois

---

94. *Idem*, p. 100.
95. *Idem*, p. 139.

[...] todo discurso concreto (enunciação) encontra aquele objeto para o qual está voltado sempre, por assim dizer, já desacreditado, contestado, avaliado, envolvido por sua névoa escura ou, pelo contrário, iluminado pelos discursos de outrem que já falaram sobre ele. O objeto está amarrado e penetrado por ideias gerais, por pontos de vista, por apreciações de outros e por entonações. Orientado para o seu objeto, o discurso penetra nesse meio dialogicamente perturbado e tenso de discursos de outrem, de julgamentos e de entonações. Ele se entrelaça com eles em interações complexas, fundindo-se com uns, isolando-se de outros, cruzando com terceiros; e tudo isso pode formar substancialmente o discurso, penetrar em todos os seus estratos semânticos, tornar complexa a sua expressão, influenciar todo o seu aspecto estilístico[96].

Governando a produção discursiva e as relações entre a palavra do sujeito e a palavra de outrem, o dialogismo regula também as relações da consciência com a palavra, cuja dialética intervém de modo decisivo na vida ideológica, atuando na configuração tanto da consciência coletiva quanto da consciência individual, que é moldada pelo jogo promovido no encontro-confronto da palavra própria com as palavras alheias, como, por exemplo, o que se dá entre a palavra autoritária e a palavra interiormente persuasiva, conforme descreve Bakhtin:

O objetivo da assimilação da palavra de outrem adquire um sentido ainda mais profundo e mais importante no processo de formação ideológica do homem, no sentido exato do termo. Aqui, a palavra de outrem se apresenta não mais na qualidade de informações, indicações, regras, modelos etc. – ela procura definir as próprias bases de nossa atitude ideológica em relação ao mundo e de nosso comportamento, ela surge aqui como a *palavra autoritária* e a palavra *interiormente persuasiva*[97].

[...] O conflito e as inter-relações dialógicas dessas duas categorias da palavra determinam frequentemente a história da consciência ideológica individual[98].
[...]
Nossa transformação ideológica é justamente um conflito tenso no nosso interior pela supremacia dos diferentes pontos de vista verbais e ideológicos, aproximações, tendências, avaliações[99].

---

96. *Idem*, p. 139.
97. *Idem*, p. 142 – grifos no original.
98. *Idem*, p. 143.
99. *Idem*, p. 146.

Por tudo isso, vê-se que, numa linha de continuidade com a reflexão desenvolvida em *Problemas da Obra de Dostoiévski*, o dialogismo aparece também nesse texto como o elemento definidor da vida ideológica, traduzindo o caráter intersubjetivo, relacional, interacional e, portanto, social, da realidade linguística da sociedade, marcada, assim, pela heterogeneidade e pela contradição entre diversas vozes, tendências e posições ideológico-discursivas. E em nenhum lugar isso se manifesta mais claramente que no enunciado concreto. É ele o território privilegiado de encontro-confronto de todas essas forças. Para começar, nele se encontram e se confrontam as forças centrípetas e centrífugas:

> Cada enunciação [enunciado] concreta do sujeito do discurso constitui o ponto de aplicação seja das forças centrípetas, como das centrífugas. Os processos de centralização e descentralização, de unificação e de desunificação cruzam-se nesta enunciação [enunciado], e ela basta não apenas à língua, como sua encarnação discursiva individualizada, mas também ao plurilinguismo, tornando-se seu participante ativo. [...] Cada enunciação [enunciado] que participa de uma "língua única" (das forças centrípetas e das tendências) pertence também, ao mesmo tempo, ao plurilinguismo social e histórico (às forças centrífugas e estratificadoras)[100].

Nele também se encontram, em meio ao fluxo interdiscursivo da sociedade, os discursos que se dirigem para o mesmo objeto.

> [...] entre o discurso e o objeto [...] interpõe-se um meio flexível, frequentemente difícil de ser penetrado, de discursos de outrem, de discursos "alheios", sobre o mesmo objeto, sobre o mesmo tema.
> O enunciado existente, surgido de maneira significativa num determinado momento social e histórico, não pode deixar de tocar os milhões de fios dialógicos existentes, tecidos pela consciência ideológica em torno de um dado objeto de enunciação, não pode deixar de ser participante ativo do diálogo social[101].
> Em todos os seus caminhos até o objeto, em todas as direções, o discurso se encontra com o discurso de outrem e não pode deixar de participar, com ele, de uma interação viva e tensa[102].

Nele se dá igualmente o encontro-confronto das palavras, uma vez que "no campo de quase todo enunciado ocorre uma interação tensa e

---

100. *Idem*, p. 82.
101. *Idem*, p. 86
102. *Idem*, p. 88.

um conflito entre sua palavra e a de outrem, um processo de delimitação ou de esclarecimento dialógico mútuo" (p. 153). Nele, por fim, também se manifesta o fenômeno da hibridização:

> O que vem a ser a hibridização? É a mistura de duas linguagens sociais no interior de um único enunciado, é o reencontro na arena deste enunciado de duas consciências linguísticas, separadas por uma época, por uma diferença social (ou por ambas) das línguas[103].

Confirma-se, assim, ante todo o exposto, que *O Discurso no Romance* (1934-35) se constitui como um texto no qual o fenômeno ideológico é apreendido por Bakhtin principalmente pelos conceitos de *dialogismo* e *enunciado*. Quase vinte anos depois, essa compreensão iria apresentar de modo mais aprofundado suas articulações também com o conceito de *gêneros do discurso*.

Os Gêneros do Discurso

Embora o próprio termo *ideologia* e seus correlatos não tenham nesse trabalho a mesma presença observada nos dois textos abordados até agora, o entendimento aí exposto a respeito dos conceitos de *gênero* e de *enunciado*, conectando-se diretamente com as proposições de *Marxismo e Filosofia da Linguagem*, *Problemas da Obra de Dostoiévski* e *O Discurso no Romance*, pressupõe claramente, ainda que sob uma perspectiva ligeiramente reformulada, a mesma compreensão do fenômeno ideológico, ou seja, como um universo constituído por visões de mundo, crenças, valores, normas, conhecimentos, saberes etc. materializados em enunciados concretos pelos quais e nos quais se manifestam diferentes forças, vozes e posições em interação dialógica na sociedade.

Mesmo não se inscrevendo no campo de uma reflexão sobre a questão ideológica, o texto deixa clara a importância do tema, ao afirmar, logo no início, que a relação entre gêneros primários e secundários, assim como o processo de formação histórica desses últimos, além de esclarecer a natureza

---

103. *Idem*, p. 156.

do enunciado, lança luz também "sobre o complexo problema da relação entre linguagem e ideologia"[104]. Reitera a existência desse entrelaçamento a conhecida e muito citada afirmação de que "os enunciados e seus tipos, isto é, os gêneros discursivos, são correias de transmissão entre a história da sociedade e a história da linguagem"[105].

A adoção de um enfoque menos sociologizado que aquele verificado em *Problemas da Obra de Dostoiévski* e *O Discurso no Romance*, se, por um lado, revela um certo esforço no sentido de reformular aspectos da reflexão desenvolvida pelo Círculo, situando-a agora em um registro mais discursivo e menos ideológico ou sociológico, por outro lado, não esconde que, a despeito das reformulações, certos postulados básicos do trabalho do grupo por volta dos anos 1930 são mantidos na reflexão de Bakhtin, ainda que não apresentem a mesma visibilidade de antes.

Com implicações diretas na questão da ideologia, o mais importante desses postulados é a ideia de que a produção e a circulação de valores, pensamentos, opiniões, conhecimentos, saberes etc. são presididas pelo dialogismo que caracteriza, nas várias esferas da atividade humana, todos os processos sociais em que intervém a linguagem.

Nesses processos, o gênero do discurso opera como uma mediação pela qual os indivíduos são discursivamente socializados, ou seja, como um elemento de construção de sujeitos socialmente capazes de enunciar e compreender enunciados e, portanto, de participar da comunicação socioideológica. Por intermédio do gênero, cuja presença é um dado fundamental em todas as esferas da comunicação social, o movimento de constituição do indivíduo como sujeito discursivo (e, por extensão, como sujeito que formula ideias, pensamentos, valores e demais elementos da consciência que se estruturam pela linguagem) se constrói em estreita articulação com as determinações e os condicionamentos da realidade histórico-social.

O gênero é, então, um elemento que combina liberdade com coerção. Para se exprimir e integrar um processo de comunicação, o querer-dizer do sujeito tem necessariamente de ganhar forma em um enunciado produzido em conformidade com um determinado gênero, pois os gêneros do discurso

---

104. *Idem*, p. 264.
105. *Idem*, p. 268.

[...] são tão indispensáveis para a compreensão mútua quanto as formas da língua. Os gêneros do discurso, comparados às formas da língua, são bem mais mutáveis, flexíveis e plásticos; entretanto, para o indivíduo falante eles têm significado normativo, não são criados por ele mas dados a ele. Por isso um enunciado singular, a despeito de toda a sua individualidade e do caráter criativo, de forma alguma pode ser considerado *uma combinação absolutamente livre* de formas da língua...[106].

Dessa maneira, a formação do indivíduo como sujeito discursivo se dá pelo encontro da sua vontade enunciativa com as coerções sociais que se expressam nos gêneros discursivos. Qualquer enunciado produzido por ele é construído no quadro dessa dialética entre a sua vontade e os padrões temáticos, composicionais e estilísticos que já se encontram prontos e no domínio dos quais ele começa a se capacitar tão logo comece a participar do jogo discursivo da vida social, inserindo-se, assim, no fluxo dialógico da realidade. É com os gêneros do discurso, diz Bakhtin, que o indivíduo aprende a falar, mesmo sem ter consciência disso. Intuitiva e inconscientemente ele aprende a manusear esses gêneros no interior do mesmo processo em que adquire a língua materna.

Falamos apenas através de determinados gêneros do discurso, isto é, todos os nossos enunciados possuem *formas* relativamente estáveis e típicas de *construção do todo*. [...] Esses gêneros do discurso nos são dados quase da mesma forma que nos é dada a língua materna, a qual dominamos livremente até começarmos o estudo teórico da gramática[107].

Assim sendo, a estrutura discursiva da nossa consciência (e, portanto, também a dos nossos pensamentos, ideias, valores, concepções etc.) é moldada pelas formas típicas dos enunciados, ou seja, os gêneros do discurso.

As formas da língua e as formas típicas dos enunciados, isto é, dos gêneros do discurso, chegam à nossa experiência e à nossa consciência em conjunto e estreitamente vinculadas. Aprender a falar significa aprender a construir enunciados (porque falamos por enunciados e não por orações isoladas e, evidentemente, não por palavras isoladas. [...] Nós aprendemos a moldar o nosso discurso em formas de gênero...[108]

---

106. *Idem*, p. 285 – grifos no original.
107. *Idem*, p. 282 – grifos no original.
108. *Idem*, p. 283.

Aprendendo a falar socialmente pelo manuseio dos gêneros, o indivíduo se insere no grande diálogo social, produzindo enunciados que funcionam como elos na cadeia discursiva da sociedade e se organizam em resposta a enunciados anteriores e posteriores. Daí o enunciado se constituir em interação com as palavras e os enunciados alheios.

Eis por que a experiência discursiva individual de qualquer pessoa se forma e se desenvolve em uma interação constante e contínua com os enunciados individuais dos outros. Em certo sentido, essa experiência pode ser caracterizada como processo de *assimilação* – mais ou menos criador – das palavras *do outro* (e não das palavras da língua). Nosso discurso, isto é, todos os nossos enunciados (inclusive as obras criadas) é pleno de palavras dos outros, de um grau vário de alteridade ou de assimilabilidade, de um grau vário de aperceptibilidade e de relevância. Essas palavras dos outros trazem consigo a sua expressão, o seu tom valorativo que assimilamos, reelaboramos, e reacentuamos[109].

Dessa forma, nossa maneira de apreender discursivamente o mundo e, portanto, de compreendê-lo e significá-lo é imanentemente dialógica, ou seja, produzida no interior de um fluxo interdiscursivo sob cujas determinações nosso pensamento, construído nos contatos, concordâncias e divergências com o pensamento de outrem, se materializa em enunciados concretos. Sobre isso, diz Bakhtin:

O enunciado é pleno de tonalidades dialógicas, e sem levá-las em conta é impossível entender até o fim o estilo de um enunciado. Porque a nossa própria idéia – seja filosófica, científica, artística – nasce e se forma no processo de interação e luta com os pensamentos dos outros, e isso não pode deixar de encontrar o seu reflexo também nas formas de expressão verbalizada do nosso pensamento[110].

Em suma, o gênero discursivo é uma das maneiras pelas quais as ideias, pensamentos, valores, padrões, referências (espaciais, temporais, éticas, estéticas, cognitivas etc.) do indivíduo se articulam com o pensamento social e, portanto, com a ideologia da sociedade. Diz Bakhtin:

Em cada época, em cada círculo social, em cada micromundo familiar, de amigos e conhecidos, de colegas, em que o homem cresce e vive, sempre existem enunciados

---

109. *Idem*, p. 294.
110. *Idem*, p. 298.

investidos de autoridade que dão o tom, como as obras de arte, ciência, jornalismo político, nas quais as pessoas se baseiam, as quais elas citam, imitam, seguem. Em cada época e em todos os campos da vida e da atividade, existem determinadas tradições, expressas e conservadas em vestes verbalizadas: em obras, enunciados, sentenças etc. Sempre existem essas ou aquelas ideias determinantes dos "senhores do pensamento" de uma época verbalmente expressas, algumas tarefas, fundamentais, lemas etc.[111]

A descrição, como se vê, é muito próxima daquela utilizada por Medviédev[112] para se referir ao meio ideológico, no qual os diferentes objetos-signo (símbolos, obras de arte, tratados científicos, palavras escritas e faladas etc.) são apresentados como as formas em que se materializa a ideologia da sociedade.

Desse modo, o tratamento dado aos conceitos de gênero e de enunciado (e, correlativamente ao de esfera ou campo) constitui uma das formas pelas quais se mantém na reflexão de Bakhtin o tema da ideologia, que permanece correspondendo ao universo no qual as diferentes vozes, posições e forças presentes na vida social se encontram, confrontam e lutam na produção de significados e de sentidos.

Problemas da Poética de Dostoiévski

Na trajetória da produção teórica de Bakhtin, *Problemas da Poética de Dostoiévski* é muitas vezes apontado como o texto em que se consolida e se torna visível a mudança assumida nos seus escritos posteriores, nos quais a orientação "sociológica" ou "marxista" dos textos produzidos por volta dos anos 1930 (em particular a primeira versão do livro sobre Dostoiévski, publicada em 1929), teria arrefecido, ou mesmo desaparecido, em favor de uma perspectiva dialógica, o que se evidenciaria (na versão de 1963) pela presença de traços como:

- a reformulação de passagens alusivas à orientação sociológica, com o objetivo de adaptá-las à perspectiva dialógica;

---

111. *Idem*, p. 294.
112. P. Medviédev, *O Método Formal nos Estudos Literários – Introdução Crítica a uma Poética Sociológica* [1928], trad. Ekaterina V. Américo e Sheila C. Grillo, São Paulo, Contexto, 2012, p. 56.

- a inclusão de trechos dedicados à explicitação de um programa metalinguístico voltado para o estudo das relações dialógicas;
- a substituição do qualificativo *social/sociológico* pelo qualificativo *dialógico*.

Admitindo como um ponto já fartamente demonstrado a existência de diferenças entre esses dois momentos da produção bakhtiniana (incluindo as que dizem respeito às duas versões do livro sobre Dostoiévski), cabe, no entanto, registrar uma ressalva contra a possibilidade de essa interpretação induzir a duas conclusões, se não equivocadas, extremamente discutíveis. A primeira é que haveria uma oposição ou uma relação de mútua exclusão entre a perspectiva sociológica e a dialógica. A segunda é que a perspectiva dialógica ocuparia no estudo de 1929 um lugar secundário.

A leitura das duas versões do livro com o foco não apenas nas diferenças mas também nas semelhanças permite, pelo contrário, verificar, em primeiro lugar, que o dialogismo já tem presença determinante no texto de 1929, representando, na verdade, o eixo central da análise ali realizada e, em segundo lugar, que precisamente nesse texto ele começa a se tornar um dos principais conceitos por meio dos quais a natureza social (e também ideológica) dos processos estéticos e linguísticos será, daí em diante, traduzida nos trabalhos de Bakhtin.

É, de fato, nesse texto de 1929 que o dialogismo, até então uma ideia explorada especialmente nos trabalhos de Volóchinov[113], começa a aparecer nos textos de Bakhtin como um dos princípios básicos pelos quais serão descritas a vida social, a linguagem e as criações artístico-literárias, numa abordagem em que se colocará em primeiro plano o caráter constitutivamente *interacional* desses campos da existência.

Apropriando-se à sua maneira das reflexões desenvolvidas pelo Círculo em um contexto marcado pela sociologização e pelo primado do social, o texto de Bakhtin trabalha com uma perspectiva teórica em que, tal como

---

113. Cabe lembrar que a reflexão de Volóchinov sobre o tema é, em grande medida, tributária do artigo "Sobre a palavra dialogal", de Lev Iakubinski, publicado na Rússia em 1923. Sobre a importância desse texto de Iakubinski na conjuntura intelectual russa na década de 1920, ver Ivanova ("Le dialogue dans la linguistique soviétique des années 1920-1930", em P. Sériot (ed.), *Le discours sur la langue en URSS à l'époque stalienne (espistemologie, philosophie, idéologie). Cahiers de l'ILSL* n. 14, Lausanne, Université de Lausanne, 2003).

ocorre com Volóchinov no mesmo período, o dialógico e o sociológico estão intimamente entrelaçados.

De modo algum decorre daí que o lugar do social na sua reflexão sobre a linguagem desapareça ou perca importância nos escritos posteriores de modo geral ou em *Problemas da Poética de Dostoiévski* em particular. Se é possível, como mostra Souza[114], identificar entre o texto publicado em 1929 e a sua versão reformulada de 1963 uma trajetória em cujo final a perspectiva dialógica assume o primeiro plano das reflexões bakhtinianas, isso não significa que o caráter social dos fenômenos focalizados por Bakhtin seja negado na sua produção posterior. O que a comparação entre esses dois momentos permite verificar (e nessa direção aponta o referido estudo de Souza) é um percurso ao longo do qual, mantendo-se fiel à compreensão da linguagem como fenômeno indissociável da realidade da interação social, Bakhtin canaliza para formulações referidas ao dialogismo elementos anteriormente formulados em termos sociais ou sociológicos.

Um dos sintomas desse processo é a conversão de expressões originalmente apontadas para o social e para o sociológico em uma terminologia situada no campo conceitual do dialogismo, conforme se vê no quadro apresentado por Souza[115], no qual ele contrapõe categorias utilizadas em *Marxismo e Filosofia da Linguagem* e *Problemas da Obra de Dostoiévski*, de um lado, a termos equivalentes empregados em *Problemas da Poética de Dostoiévski*, de outro.

MFL e POD (1929)	PPD (1963)
Comunicação social	Comunicação dialógica
Interação social, interação verbal	Interação dialógica
Ângulo sociológico	Ângulo dialógico
Natureza sociológica da palavra	Natureza dialógica da palavra
Método sociológico	Método dialógico
Relações sociais	Relações dialógicas

Fonte: Souza (2002, p. 129)

---

114. G. T. Souza, *A Construção da Metalinguística (Fragmentos de uma Ciência da Linguagem na Obra de Bakhtin e seu Círculo)*, São Paulo, FFLCH-USP, 2002. Tese de doutorado.

115. *Idem*.

Longe de expressar uma negação do social, essa correspondência indica, na verdade, um redirecionamento de ênfase e um movimento de realocação. Isso quer dizer que o caráter social ou sociológico típico das reflexões do Círculo no fim da década de 1920 não é posteriormente *abandonado em favor de*, mas, em vez disso, é *realocado para* uma perspectiva dialógica.

 O que se afirma com isso é que o dialógico e o social continuam nos trabalhos posteriores de Bakhtin tão entrelaçados quanto em 1929. A diferença é que, na década de 1920, em uma atmosfera intelectual hegemonizada pela sociologização e pelo primado do social, é essa naturalmente a dimensão posta em primeiro plano. Dos anos 1930 em diante, em interlocução com outras injunções e condicionamentos, o trabalho de Bakhtin vai gradualmente trazendo para primeiro plano a orientação dialógica.

Levando em conta que em ambos os pontos de vista (o social e o dialógico) encontra-se a ideia de que os fenômenos linguísticos e estéticos se constituem no âmbito das relações sociais e dos processos de interação verbal, o social, ao contrário de ser suprimido, mantém-se alojado no cerne do dialógico.

No que diz respeito à questão da ideologia, a implicação decisiva de tudo isso é que, da mesma forma que o social, o ideológico também é carregado como um elemento subjacente à concepção de dialogismo que passa a ocupar o centro da reflexão bakhtiniana.

Embora Bakhtin, diferentemente de Volóchinov e Medviédev, não faça da ideologia enquanto tal um dos focos principais do seu interesse, a concepção dialógica em que a sua produção investe a partir de 1929, assentando-se nas bases do dialogismo estabelecidas pelo Círculo na década de 1920, não deixa de conceber a produção de sentidos e de significados como resultado da interação dialógica de sujeitos situados no interior de processos sociais, nem deixa de ter como fundamentos, de um lado, a ideia de que o universo da ideologia, constituído pelas diversas criações (religiosas, científicas, artísticas etc.) por meio das quais se atribuem significados ao mundo, reflete e refrata os tensionamentos da existência social, e, de outro, o entendimento de que a palavra-discurso materializada no enunciado concreto como unidade da comunicação socioideológica é o elemento em que se encontram a consciência individual, a intersubjetividade e a consciência coletiva (logo, a ideologia social).

Em certas formulações de *Problemas da Poética de Dostoiévski* alguns desses postulados, longe de ser negados, são afirmados de modo veemente, como, por exemplo, na seguinte passagem:

A ideia não vive na consciência individual isolada de um homem: mantendo-se apenas nessa consciência, ela degenera e morre. Somente quando contrai relações dialógicas essenciais com as ideias dos *outros* é que a ideia começa a ter vida, isto é, a formar-se, desenvolver-se, a encontrar e renovar sua expressão verbal, a gerar novas ideias. O pensamento humano só se torna pensamento autêntico, isto é, ideia, sob as condições de um contato vivo com o pensamento dos outros, materializado na voz dos outros, ou seja, na consciência dos outros expressa na palavra[116].

O raciocínio é complementado um pouco adiante, na mesma sequência, quando Bakhtin, encampando uma percepção que ele atribui a Dostoiévski, continua:

[...] a ideia é interindividual e intersubjetiva, a esfera da sua existência não é a consciência individual mas a comunicação dialogada *entre* as consciências. A ideia é um *acontecimento vivo*, que irrompe no ponto de contato dialogado entre duas ou várias consciências. Neste sentido, a ideia é semelhante *ao discurso*, com o qual forma uma unidade dialética. Como o discurso, a ideia quer ser ouvida, entendida e "respondida" por outras vozes e de outras posições[117].

A proximidade, de um lado, com *Os Gêneros do Discurso* (1952-53) e, de outro, com as formulações de Volóchinov, como se vê, é patente. A particularidade de Bakhtin caracterizar como dialógicas (em vez de sociais) as relações intersubjetivas que ele põe em foco não muda o fato de aí se exprimirem dois entendimentos fundamentais: primeiro, que as ideias e os pensamentos não medram no psiquismo individual, mas ganham existência em um processo de interação no interior do qual os significados e sentidos se produzem pela relação entre as consciências; segundo, que a palavra é, por excelência, o terreno em que se materializa o encontro e a interação das subjetividades.

---

116. M. Bakhtin, *Problemas da Poética de Dostoiévski* [1963], tradução do russo de Paulo Bezerra, 4. ed., Rio de Janeiro, Forense Universitária, 2008, p. 98 – grifo no original.

117. *Idem*, p. 98 – grifos no original.

Essa essencialidade da palavra constitui, a propósito, um dos aspectos por meio dos quais se podem visualizar simultaneamente a mudança e a continuidade de perspectivas entre o livro de 1929 e a sua versão revisada de 1963. Em ambos os textos, o estatuto da palavra-discurso como território intersubjetivo em que se materializam e circulam sentidos e significados é enfaticamente marcado. Veja-se, primeiro, essa passagem do livro de 1929:

A palavra não é uma coisa, mas o ambiente eternamente móvel, eternamente mutável do intercâmbio social. Ela nunca é suficiente a uma só voz, uma só consciência. A vida da palavra está na passagem de boca em boca, de um contexto a outro, de um grupo social a outro, de uma geração a outra. Nesse processo, a palavra não perde o próprio caminho e não pode libertar-se por completo dos contextos concretos dos quais foi parte. Cada membro do grupo falante nunca se encontra diante da palavra como palavra absolutamente neutra da língua, livre de intenções, não habitada pelas vozes dos outros. Não, ele recebe a palavra da voz dos outros e cheia da voz dos outros. Nesse contexto, a palavra vem de outro contexto permeada de intenções. A sua própria intenção encontra a palavra já povoada. É por isso que a orientação da palavra entre palavras, os diversos modos de perceber a palavra dos outros e os diversos modos de reagir a ela são, talvez, os problemas essenciais da sociologia da palavra – de toda palavra, aí compreendida a palavra artística[118].

Compare-se agora essa passagem com a sua versão reformulada, no livro revisado de 1963:

A palavra não é um objeto, mas um meio constantemente mutável da comunicação dialógica. Ela nunca basta a uma consciência, a uma só voz. Sua vida está na passagem de boca em boca, de um contexto para outro, de um grupo social para outro, de uma

---

118. "La parola non é una cosa, ma l'ambiente eternamente mobile, eternamente mutevole dello scambio sociale. Essa non è mai suficiente a una sola voce, una sola coscienza. La vita della parola è nel passaggio di bocca in bocca, da un contesto all'altro, da un coletivo sociale all'altro, da una generazione a um'altra generazione. In ciò la parola non dimentica il proprio cammino e non può liberarsi fino in fondo del potere di quei contesti concreti nei quali essa reintrava. Ogni membro del coletivo parlante non si trova mai davanti alla parola come parola assolutamente neutrale della língua, libera da intenzioni, non abitata da você altrui. No, egli riceve la parola da una voce altrui e ricolma della voce altrui. Nel suo contesto la parola giunge da un altro contesto compenetrata di intenzioni altrui. La sua propria intenzione trova la parola già popolata. É per questo che l'orientamento della parola altrui e i diversi modi di reagire ad essa sono, forse, i problemi essenziali della sociologia della parola – di ogni parola, ivi compressa quella artistica" (M. Bachtin, *Problemi dell'opera di Dostoevskij* [1929], trad. Margherita De Michiel, Bari, Edizioni dal Sud, 1997, pp. 210-211).

A Ideologia no Círculo de Bakhtin

geração para outra. Nesse processo ela não perde o seu caminho nem pode libertar-se até o fim do poder daqueles contextos concretos que integrou.

Um membro de um grupo falante nunca encontra previamente a palavra como uma palavra neutra da língua, isenta das aspirações e avaliações de outros ou despovoada das vozes de outros. Absolutamente. A palavra, ele a recebe da voz de outro e repleta de voz de outro. No contexto dele, a palavra deriva de outro contexto, é impregnada de elucidações de outros. O próprio pensamento dele já encontra a palavra povoada. Por isso, a orientação da palavra entre palavras, as diferentes sensações da palavra do outro e os diversos meios de reagir diante dela são provavelmente os problemas mais candentes do estudo metalinguístico de toda palavra, inclusive da palavra artisticamente empregada[119].

Para além das pequenas diferenças relativas às traduções utilizadas, a comparação entre os dois trechos possibilita observar uma mudança e uma permanência fundamentais. A permanência é que o objeto para o qual Bakhtin volta o seu interesse continua exatamente o mesmo: a palavra como fenômeno intrinsecamente interacional, intersubjetivo e relacional. A mudança se expressa no fato de em 1929 Bakhtin definir essa palavra como eminentemente social e considerar o seu estudo uma tarefa da sociologia da palavra, enquanto em 1963 ele a define como palavra dialógica e atribui o seu estudo à metalinguística.

O que se vê aí é um processo em que Bakhtin, desenvolvendo ideias já presentes nas reflexões do Círculo na década de 1920 (as quais denunciavam a insuficiência dos métodos da linguística para dar conta das relações dialógico-sociais de que a linguagem viva se constitui) explora essas ideias no sentido de associá-las à construção de um programa teórico específico e com objeto próprio. Daí a necessidade de se distinguir da sociologia e delimitar no campo da linguagem o objeto focalizado, cuja abordagem deve ser feita por uma disciplina específica, a metalinguística.

Em suma, o que se observa na produção bakhtiniana posterior a 1930 é um processo de ressignificação e de reelaboração de sentido por meio do qual a natureza interacional (e, portanto, social, intersubjetiva, relacional, ideológica) dos acontecimentos estéticos e enunciativos passa gradativamente a ser recoberta de modo concentrado pelo conceito de dialogismo, cujo alcance vai se definir por uma espécie de síntese semântica reunindo

---

119. M. Bakhtin, *Problemas da Poética de Dostoievski* [1963], p. 232.

traços de todos esses campos (o social, o intersubjetivo, o relacional e o ideológico). Não por acaso, para Bakhtin, as relações de natureza dialógica vão se configurar como um traço que atravessa todas as dimensões da existência humana:

> As relações dialógicas – fenômeno bem mais amplo do que as relações entre as réplicas do diálogo expresso composicionalmente – são um fenômeno quase universal, que penetra toda a linguagem humana e todas as relações e manifestações da vida humana, em suma, tudo o que tem sentido e importância[120].

É, pois, essa concepção, construída pela articulação dos textos do Círculo na década de 1920 e continuada, ainda que com mudanças de ênfase, nos trabalhos posteriores de Bakhtin, que adiante serve de base para a análise do discurso de divulgação científica da SBPC na revista *Ciência Hoje* nas décadas de 1990 e 2000.

---

120. *Idem*, p. 47.

04

Novas Tecnologias, Conhecimento Científico e Produção Enunciativa na Sociedade Contemporânea

1. PRODUÇÃO DISCURSIVA E ESFERAS IDEOLÓGICAS

A partir de tudo quanto foi exposto nos capítulos precedentes, vê-se que a teoria da linguagem resultante da articulação dos trabalhos de Medviédev, Volóchinov e Bakhtin propõe uma abordagem do fenômeno enunciativo que, incidindo sobre o entrelaçamento do linguístico com o extralinguístico, aponta para o enunciado como *locus* privilegiado de constituição da ideologia, uma vez que é nele, assim como nos demais objetos-signo, que se materializam e circulam os padrões de pensamento e de ideias, as construções artísticas e intelectuais, as referências religiosas e cognitivas, os valores morais, as formas de conhecimento e as concepções políticas e filosóficas pelas quais a sociedade e os indivíduos representam a si mesmos e atribuem sentidos ao seu modo de existência e às relações que os constituem, incluindo aquelas pelas quais se efetivam os processos de dominação.

Nos marcos, pois, dessa teoria, os eventos enunciativos são apreensíveis por uma concepção de ideologia que, resumidamente, pode ser assim formulada:

A ideologia da sociedade se constitui por significados e sentidos materializados em objetos-signo e em *enunciados* concretos produzidos nas diferentes *esferas* ideológicas e na comunicação da vida cotidiana. Nesses significados e sentidos se refletem e se refratam (sob a ação de diversas mediações, entre as quais as dos *gêneros* discursivos) as determinações emanadas das estruturas econômicas e políticas e as relações travadas pelas forças em contradição e luta no fluxo de interação *dialógica* e *responsiva* da sociedade.

Um primeiro ponto a destacar nessa formulação é que os objetos-signo e os enunciados nos quais se materializam as ideias, os valores, os princípios e os padrões éticos, estéticos e cognitivos são aí pensados como territórios constitutivamente habitados pelo conflito, atravessados e determinados, em diferentes níveis, maneiras e graus, pela correlação das forças que se antagonizam na produção e reprodução da vida social material.

Um segundo ponto é que nela se evidencia o entrelaçamento de ideias--chave da teoria do Círculo com a questão da ideologia, que, conforme se observa, aparece como um elemento subjacente e um fio de amarração dos conceitos de *dialogismo, reponsividade, esferas, gêneros e enunciado.*

Articulados por uma particular compreensão do fenômeno ideológico, esses conceitos compõem as bases de um aparato teórico especialmente profícuo para a abordagem dos nexos entre o linguístico e o extralinguístico na produção discursiva. O *dialogismo*, porque remete ao caráter *interacional* do fluxo discursivo no seio do qual se produzem esses nexos. A *responsividade*, porque assinala o fato de esses nexos se manifestarem em enunciados que respondem uns aos outros. O *enunciado* porque é em seu território que os referidos nexos se materializam. Os *gêneros* porque, ao condensar certos modos temáticos, estilísticos e composicionais de apreender e atuar discursivamente na realidade, constituem elementos fundamentais das práticas de interação, enformando, com variáveis graus de padronização, os enunciados nos quais os sujeitos articulam o seu querer-dizer aos condicionamentos da existência histórico-social – não sendo por acaso que Bakhtin os caracteriza como "correias de transmissão entre a história da sociedade e a história da linguagem"[1]. E as *esferas*, enfim, porque, representando áreas determinadas de atividade e de comunicação, organizam, segundo as peculiaridades dos seus objetivos e do seu funcionamento, as práticas interacionais desenvolvidas nos espaços por elas circunscritos, correspondendo, dessa forma, a campos ideológico-discursivos nos quais, de um modo específico, refletem-se e refratam-se as determinações da realidade material.

---

1. M. Bakhtin, "Os Gêneros do Discurso [1952-1953]", *Estética da Criação Verbal*, tradução do russo de Paulo Bezerra, 5. ed., São Paulo, Martins Fontes, 2010d, p. 268.

No horizonte recoberto por esse quadro conceitual, portanto, a existência socioeconômica é indissociável da ideologia que se concretiza na produção sígnica e discursiva das diversas esferas da comunicação, cada uma das quais representa um modo específico de significar o mundo por meio de objetos--signo e enunciados em que se manifestam, sob as injunções próprias a cada uma delas, os embates e lutas relativas à produção, distribuição e apropriação da riqueza material e dos sentidos em circulação na sociedade.

Por força desses condicionamentos, os objetos-signo e os enunciados produzidos no âmbito das várias esferas constituem instâncias nas quais a construção de significados é atravessada por enfrentamentos e negociações entre diversas vozes, grupos e tendências antagônicas (dominantes e dominados, elite e povo, cultura oficial e cultura popular, conservação e mudança, unidade e heterogeneidade, monologismo e dialogismo, forças centrípetas e forças centrífugas) que se confrontam no fluxo interativo e dialógico da sociedade. Daí o caráter inerentemente tenso da ideologia assim materializada: construindo-se como um campo em disputa, ela é, por natureza, uma realidade vetorialmente contraditória e cindida, impulsionada simultaneamente para a dispersão e a fixidez, a ruptura e a estabilidade.

2. AUTONOMIA E HETERONOMIA NO FUNCIONAMENTO DAS ESFERAS

Não se conclua, com base na caracterização das esferas como instâncias específicas de atividade e de comunicação reguladas por regras de funcionamento, finalidades e modos de interação próprios, que elas sejam mundos estanques e infensos aos tropismos e coerções da vida social geral. Quanto a isso cumpre de antemão rejeitar tanto a posição que as vê exclusivamente do ponto de vista da sua economia interna, concebendo-as como campos totalmente autônomos, regidos por leis independentes da realidade mais ampla e sem relações uns com os outros, quanto a posição de cunho externalista, para a qual as particularidades desses campos são inteiramente determinadas e explicadas pelas pressões do contexto histórico-social.

Preferindo uma síntese desses dois pontos de vista, as formulações do Círculo sugerem uma compreensão em que as esferas, não se reduzindo a caixas de ressonância da realidade mais ampla, tampouco configuram mundos completamente separados do macrocosmo social, compondo, em vez disso, uma mescla de autonomia e heteronomia que articula às especificidades da sua organização e do seu funcionamento interno as pressões de outros campos e as determinações da existência social geral.

Visto que a realidade é por natureza dinâmica e o jogo entre autonomia e heteronomia varia conforme as circunstâncias históricas, em alguns momentos o grau de autonomia de uma certa esfera pode ser tão grande que as determinações econômicas e políticas nela se manifestem de modo completamente refratado, transfigurado, produzindo a impressão de que a vida daquele campo, voltada inteiramente para suas próprias particularidades, marcha alheia aos problemas, pressões e demandas do mundo social mais amplo. Em outros, certas linhas de força presentes na sociedade podem assumir tamanha preponderância que tomam de assalto várias esferas, influenciando suas atividades e marcando sua produção discursiva. A esse respeito, a seguinte passagem de Pierre Bordieu (cuja reflexão sociológica recorre ao conceito de *campo* numa acepção homóloga à de *esfera*)[2] é bastante esclarecedora:

> Dizemos que quanto mais autônomo for um campo, maior será o seu poder de refração e mais as imposições externas serão transfiguradas, a ponto, frequentemente, de se tornarem perfeitamente irreconhecíveis. O grau de autonomia de um campo tem por indicador principal seu poder de refração, de retradução. Inversamente, a heteronomia de um campo manifesta-se, essencialmente, pelo fato de que os problemas exteriores, em especial os problemas políticos, aí se exprimem diretamente[3].

Essa natureza ao mesmo tempo auto e heterodeterminada das esferas ajuda a explicar, por exemplo, as variações na história da arte e da literatura, alternando momentos nos quais as obras literárias e os objetos estéticos parecem se orientar unicamente por valores e padrões intrínsecos ao mundo da arte e do fazer artístico e fases em que o caráter das criações artísticas e literárias parece ditado diretamente pelas demandas da realidade social, política e econômica.

De modo análogo, também em outras esferas de atividade e de comunicação se podem observar ambivalências e oscilações entre momentos de grande

---

2. Para uma análise das proximidades entre o conceito de *esfera*, na obra do Círculo, e o de *campo*, em Bordieu, conferir Grillo (S. V. C. Grillo, "Esfera e Campo", *Bakhtin: Outros Conceitos-chave*, São Paulo, Contexto, 2006).

3. P. Bourdieu, *Os Usos Sociais da Ciência. Por uma Sociologia Clínica do Campo Científico*, trad. de Denice Barbara Catani, São Paulo, Editora da Unesp, 2004, p. 22.

autonomia, nos quais as prioridades, os procedimentos e as práticas adotadas parecem obedecer aos preceitos internos ao campo, e momentos nos quais o campo é assediado ou invadido por demandas externas, impostas pela conjuntura e pela realidade histórico-social mais ampla.

Na esfera da ciência e da produção enunciativa a ela associada também é possível observar exemplos expressivos desse tipo de influxo. No Brasil, um dos períodos em que isso ocorre de maneira mais visível abarca os anos finais da década de 1970 e a primeira metade da década de 1980, quando, em um contexto de luta pelo fim da ditadura militar e pela democratização do País, espalha-se por toda a sociedade uma atmosfera de intensa politização que se manifesta nos mais diversos campos de atividade e de comunicação (arte, religião, direito, ciência etc.), cuja produção sígnica e enunciativa é tomada pelas várias vozes, forças e tendências em disputa pelo domínio na condução ideológica da sociedade, ilustrando de modo eloquente como, naquele momento, as demandas da política rivalizam com (e às vezes se sobrepõem a) as particularidades das outras esferas.

No caso da ciência e dos discursos a ela ligados, as marcas desse processo são bastante significativas, valendo assinalar que, justamente nesse período, registra-se uma grande participação política e social da comunidade científica congregada em torno da SBPC, que, entre outras ações implementadas em diálogo com e em resposta às injunções do contexto, cria (no ano de 1982) a revista de divulgação científica *Ciência Hoje*, com a finalidade de estabelecer um canal de comunicação direta entre a esfera da ciência e os diversos segmentos da sociedade brasileira.

Não é preciso, de qualquer modo, recuar muito no tempo para constatar processos de heterodeterminação da esfera científica. Como adiante se focalizará mais detidamente, um dos pilares da sociedade contemporânea reside justamente numa forma de apropriação do conhecimento científico que em grande medida o subordina às exigências da organização econômica.

Todas essas considerações corroboram o entendimento de que, sem embargo das especificidades de cada uma das esferas, o seu conjunto configura uma totalidade amalgamada por um núcleo de valores, ideias, princípios etc. que, sintetizando, em cada sociedade, em cada época, o resultado da correlação das forças que se confrontam na existência material e na luta pela construção dos sentidos, atravessam, em diferentes níveis, maneiras e graus, a vida social como um todo, traduzindo-se em uma produção sígnica e enunciativa que cumpre papel decisivo no domínio de um grupo sobre os outros, de uma classe sobre as outras, de uma visão de mundo sobre as outras. É o que Williams designa como "sistema central de práticas, significados e valores que podemos chamar apropriadamente de dominante e eficaz"[4]. É o que, em 1928, no quadro de uma discussão sobre a literatura, Medviédev, por sua vez, chama de "centro de valores no horizonte ideológico ao qual levam todos os caminhos e as aspirações da criação ideológica"[5].

Tais significados, práticas e valores, que operam com eficácia justamente porque, construídos no e pelo encontro entre a consciência individual e a consciência social, são internalizados e vivenciados como elementos intrínsecos à experiência dos indivíduos socialmente organizados, expressam o ajuste historicamente possível, em um dado momento, entre as formas de exploração econômica e os processos de regulação política e social, proporcionando, ainda que sem suprimir a heterogeneidade e a contraditoriedade das forças em interação, um mínimo de estabilidade e consenso necessários à manutenção da hegemonia e ao exercício da dominação.

Na sociedade contemporânea, conforme se pode inferir de alguns estudos referenciais, a constituição desse núcleo principal de significados, práticas e valores é inseparável de certas transformações ocorridas nas forças produtivas, em conexão com as quais se cristalizaram, nas últimas quatro décadas, modos de regulação econômica, política e social que, implicando mudanças nos comportamentos sociais, nos sistemas de interação, na formação das identidades e nas relações subjetividade-alteridade, concomitam com redefinições na produção sígnica e enunciativa em diferentes esferas da comunicação ideológica.

Alicerçadas no grande avanço das tecnologias de informação e de comunicação e em uma forma específica de apropriação da ciência e de incorporação do conhecimento à vida econômica e social, essas transformações se efetivam por um conjunto de processos entre os quais podem ser destacados:

---

4. R. Williams, "Base e Superestrutura na Teoria da Cultura Marxista", *Cultura e Materialismo*, São Paulo, Editora da Unesp, 2011, p. 53.

5. P. Medviédev, *O Método Formal nos Estudos Literários – Introdução Crítica a uma Poética Sociológica* [1928], trad. Ekaterina V. Américo e Sheila C. Grillo, São Paulo, Contexto, 2012, p. 225.

- o imperativo da produtividade e do desempenho;
- a compressão da experiência do tempo e do espaço (instantaneidade, velocidade, transitoriedade, simultaneidade, efemeridade, ubiquidade, fragmentariedade);
- o ritmo ininterrupto das inovações tecnológicas e a tecnologização de várias dimensões da existência social;
- o alto grau de desenvolvimento da microeletrônica, da telemática e da tecnologia digital.

Dado o modo estreito pelo qual esses processos se ligam à emergência de novos padrões na produção enunciativa em geral e, por extensão, também no discurso de divulgação científica, convém relembrar algumas das linhas mestras pelas quais eles se constituem.

3. SOBRE AS TRANSFORMAÇÕES NAS FORÇAS PRODUTIVAS

Não são poucos os estudos que, em várias áreas do conhecimento, têm se debruçado sobre as particularidades da sociedade contemporânea nas últimas décadas[6]. A despeito da diversidade de perspectivas teóricas, das distintas posições valorativas e das diferentes maneiras pelas quais essa nova configuração

---

6. Entre os que servem de referência para o presente estudo, vale destacar: Featherstone (*Cultura de Consumo e Pós-Modernismo*, trad. Julio Assis Simões, São Paulo, Studio Nobel, 1995; *O Desmanche da Cultura. Globalização, Pós-modernismo e Identidade*, trad. Carlos Eugênio Marcondes de Moura, São Paulo, Studio Nobel, 1997), Jameson (*Pós-modernismo: A Lógica Cultural do Capitalismo Tardio*, trad. Maria Elisa Cevasco, revisão da tradução Iná Camargo Costa, São Paulo, Ática, 1996; *A Virada Cultural. Reflexões sobre o Pós-modernismo*, trad. Carolina Araújo, Rio de Janeiro, Civilização Brasileira, 2006), Bauman (*Modernidade Líquida*, trad. Plínio Dentzien, Rio de Janeiro, Zahar, 2001), Castells (*A Sociedade em Rede. A Era da Informação: Economia, Sociedade e Cultura* , vol. 1, 6. ed., 15ª reimp, trad. Roneide Venancio Majer/Jussara Simões, São Paulo, Paz e Terra, 2012), Lyotard (*A Condição Pós-moderna*, 15. ed., trad. Ricardo Corrêa Barbosa, Rio de Janeiro, José Olympio, 2013[1979]), Anderson ("Balanço do Neoliberalismo", em E. Sader & P. Gentili (orgs.), *Pós-Neoliberalismo. As Políticas Sociais e o Estado Democrático*, Rio de Janeiro, Paz e Terra, 1995, pp. 9-23; *As Origens da Pós-modernidade*, trad. Marcus Penchel, Rio de Janeiro, Jorge Zahar Ed., 1999), Lévy (*O Que É o Virtual?*, trad. Paulo Neves, São Paulo, Ed. 34, 1996; 1999), Lipovetsky (*Metamorfoses da Cultura Liberal. Ética, Mídia e Empresa*, trad. Juremir M. Silva. Porto Alegre, Sulina, 2004; *Os Tempos Hipermodernos*, trad. Mário Vilela, São Paulo, Barcarola, 2004a) e Harvey (*O Neoliberalismo: História e Implicações*, trad. Adail Sobral e Maria Stela Gonçalves, São Paulo, Loyola, 2008; *Condição Pós-moderna*, 20. ed., trad. Adail Ubirajara Sobral e Maria Stela Gonçalves, São Paulo, Edições Loyola, 2010).

histórico-social é designada (sociedade de consumo, pós-modernidade, sociedade global, capitalismo tardio, sociedade da informação, hipermodernidade, sociedade do conhecimento, modernidade líquida, sociedade em rede, capitalismo da acumulação flexível etc.), não há grandes divergências quanto ao fato de ela se expressar em uma forma de organização econômica, política e social na qual as tecnologias de informação e de comunicação e o conhecimento cumprem papel especialmente relevante.

No campo dos estudos da linguagem também se pode observar, sob diferentes formulações, o reconhecimento de que esses elementos estão presentes, em maior ou menor grau, em praticamente todos os campos de atividade social, inscrevendo-se de maneira inescapável nas formas de sociabilidade, nos processos de interação e, portanto, na produção enunciativa tanto na vida cotidiana quanto nas esferas ideológicas instituídas.

Entre os muitos trabalhos que contribuem para a compreensão dos processos por meio dos quais esse quadro se constitui, o de Harvey[7] representa um aporte particularmente importante em virtude dos nexos de determinação que ele estabelece entre as transformações nas forças produtivas e as mudanças nas formas de criação e produção intelectual, artística e cultural – ou seja, no universo sígnico e enunciativo.

O que suas análises (combinadas, reforçadas ou complementadas pelos outros trabalhos mencionados) permitem concluir é que a configuração econômica, política, social e cultural delineada nas últimas décadas está intimamente ligada a uma gama de processos que, exprimindo no âmbito das forças produtivas um movimento de reorganização do capitalismo internacional, ocasionaram o fim da predominância do modelo fordista-taylorista e consagraram um novo modelo produtivo, ensejando, correspondentemente, mudanças na realidade ideológica, vale dizer, na produção discursiva da sociedade.

Uma das constatações na base desse raciocínio é que os anos de 1945 a 1973 representam um período durante o qual o modelo fordista, ancorado em "um conjunto de práticas de controle do trabalho, tecnologias, hábitos de consumo e configurações de poder político-econômico"[8], viabilizou nos

---

7. *O Neoliberalismo: História e Implicações,* trad. Adail Sobral e Maria Stela Gonçalves, São Paulo, Loyola, 2008; *Condição Pós-moderna,* 20ª ed., trad. Adail Ubirajara Sobral e Maria Stela Gonçalves, São Paulo, Edições Loyola, 2010.

8. D. Harvey, *Condição Pós-moderna,* 20. ed., trad. Adail Ubirajara Sobral e Maria Stela Gonçalves, São Paulo, Edições Loyola, 2010, p. 119.

países centrais uma solução de compromisso entre capital e trabalho que, salvaguardada pelo Estado de bem-estar social, garantiu uma relativa estabilidade do sistema. A partir de meados dos anos 1960, no entanto, começaram a aparecer "indícios de problemas sérios no fordismo"[9], denunciando a contradição dessa estabilidade com a natureza fluida do capital e com a sua necessidade de crescente expansão e valorização. Segundo Harvey, no cerne dos problemas estava a questão da rigidez.

> Havia problemas com a rigidez dos investimentos de capital fixo de larga escala e de longo prazo em sistemas de produção em massa que impediam muita flexibilidade de planejamento e presumiam crescimento estável em mercados de consumo invariantes. Havia problemas de rigidez nos mercados, na alocação e nos contratos de trabalho. [...] E toda tentativa de superar esses problemas de rigidez encontrava a força aparentemente invencível do poder profundamente entrincheirado da classe trabalhadora – o que explica as ondas de greve e os problemas trabalhistas do período 1968-1972. A rigidez dos compromissos do Estado foi se intensificando à medida que programas de assistência (seguridade social, direitos de pensão etc.) aumentavam sob pressão para manter a legitimidade num momento em que a rigidez na produção restringia expansões da base fiscal para gastos públicos[10].

Contribuindo para o aprofundamento dessas contradições, a crise econômica da primeira metade da década de 1970, marcada por quedas nas taxas de acumulação, aumento de desemprego e alta de inflação (estagflação), diminuição de receitas públicas conjugada com altos gastos sociais e, para completar, embargo do petróleo, em 1973, por parte da Opep, precipitou um conjunto de eventos cuja principal consequência foi o solapamento do compromisso fordista e, por isso,

> [...] as décadas de 70 e 80 foram um conturbado período de reestruturação econômica e de reajustamento social e político. No espaço social criado por todas essas oscilações e incertezas, uma série de novas experiências nos domínios da organização industrial e da vida social e política começou a tomar forma. Essas experiências podem representar os primeiros ímpetos da passagem para um regime de acumulação inteiramente novo, associado com um sistema de regulamentação política e social bem distinta[11].

---

9. *Idem*, p. 135.
10. *Idem*, p. 140.
11. *Idem, ibidem.*

Chamada por Harvey de *acumulação flexível*, essa nova forma de organização da produção e de acumulação do capital, gestada pela necessidade de reestruturação do capitalismo em um contexto de crise, define-se, então, pelo

> [...] confronto direto com a rigidez do fordismo. Ela se apoia na flexibilidade dos processos de trabalho, dos mercados de trabalho, dos produtos e padrões de consumo. Caracteriza-se pelo surgimento de setores de produção inteiramente novos, novas maneiras de fornecimento de serviços financeiros, novos mercados e, sobretudo, taxas altamente intensificadas de inovação comercial, tecnológica e organizacional[12].

Assentado, assim, na ideia de flexibilidade, esse novo regime produtivo, levando adiante tendências desde o início insculpidas na natureza do capitalismo, baseia-se na total liberdade de ação e de movimentação do capital e implica um conjunto de condutas, técnicas e métodos econômicos, políticos, organizacionais etc. cujo móvel é a criação e a recriação permanentes de condições favoráveis à livre acumulação capitalista. É no interior desse processo que "a mudança tecnológica, a automação, a busca de novas linhas de produto e nichos de mercado, a dispersão geográfica para zonas de controle de trabalho mais fácil, as fusões e medidas para acelerar o tempo de giro do capital"[13] assumem um papel ainda mais essencial no regime de produção.

A acumulação flexível consiste, portanto, em um conjunto interligado de processos que, desencadeados pela necessidade do capitalismo de responder aos desafios de um momento de crise e estagnação e promover um novo salto no seu desenvolvimento, enfatizam como requisitos básicos de funcionamento do sistema a flexibilidade e a liberdade irrestrita de ação do capital, cujo movimento, ordinariamente já impulsionado para a acumulação, exacerba, sob as novas condições, a exigência de valorização, demandando a contínua aceleração do seu tempo de giro e a busca insaciável do aumento das taxas de lucro.

Daí a intensificação de várias práticas que, apesar de desde sempre pressupostas no sistema capitalista, recrudescem no período da acumulação flexível:

---

12. *Idem, ibidem.*
13. *Idem*, p. 137.

- grande mobilidade de empresas, serviços e organizações;
- aumentos ininterruptos de produtividade;
- fluxo e deslocamento incessante de capitais e interesses econômicos;
- demanda crescente por livres mercados e livre comércio;
- montagem e desmontagem frequente de atividades e parques econômicos;
- supressão de fronteiras nacionais e outros bloqueios ao trânsito do capital.

Alguns dos principais efeitos desses processos incidem no mundo do trabalho. Se é verdade que a avidez da produtividade levou, no geral, ao aumento da riqueza produzida, ao desenvolvimento de novas habilidades e a um relativo aumento dos níveis de formação e capacitação da classe trabalhadora, isso não se traduziu em melhoria de condições de vida para a maior parte dessa população. Enquanto, de um lado, a exploração dos recursos naturais e do trabalho humano atingiu, sob as novas circunstâncias, patamares nunca vistos, intensificando-se (não apenas quantitativa como qualitativamente) na direção de lucros cada vez maiores, de outro lado, como informa Castells,

[...] o nível de remuneração para a maioria dos trabalhadores não acompanhou o aumento da produtividade e do lucro, ao mesmo tempo em que a provisão de serviços sociais, em especial de saúde, foi dificultada pelo aumento desenfreado dos custos de assistência médica e pela limitação dos benefícios sociais no setor privado[14].

Igualmente digna de nota é a brutal diminuição (sob a égide da flexibilidade e da desregulamentação) dos postos de trabalho regulamentado, sujeitando enormes contingentes da população à condição de mão-de-obra excedente, marginalizada ou excluída, convenientemente disponível não apenas para assegurar a manutenção da competição entre os trabalhadores como para favorecer um sem-número de modalidades de precarização do trabalho: subemprego, emprego temporário, terceirização e outras formas de contratação precária.

Sobre a força de trabalho, portanto, uma das principais consequências de toda essa transformação é a precarização das condições de emprego,

---

14. *A Sociedade em Rede. A Era da Informação: Economia, Sociedade e Cultura*, p. vii.

associada à intensificação dos processos de trabalho, ao aumento da exigência de produtividade e à necessidade de desqualificação e requalificação permanentes, ao sabor das sempre novas necessidades criadas pelo movimento do capital, fazendo da adaptabilidade e da flexibilidade não apenas elementos "vitais para o desenvolvimento do sistema"[15] como atributos imprescindíveis do trabalhador, já que uma das tendências do novo regime, marcado pelo crescimento da automação e pelo surgimento constante de novas tecnologias, consiste na produção de surtos de desabilitação e reabilitação, com "a destruição e reconstrução acelerada das habilidades dos trabalhadores"[16].

Outra implicação importante do novo modelo produtivo é a posição de centralidade assumida pelo conhecimento científico, que, imbricando-se na atividade econômica como uma força produtiva subsumida pela atividade capitalista, concorre para definir um "paradigma econômico e produtivo no qual o fator mais importante deixa de ser a disponibilidade de capital, trabalho, matérias-primas ou energia, passando a ser o uso intensivo de conhecimento e informação"[17]. Nessas condições, principalmente nas economias mais avançadas,

[...] a vantagem comparativa é determinada cada vez mais pelo uso competitivo do conhecimento e das inovações tecnológicas. Esta centralidade faz do conhecimento um pilar da riqueza e do poder das nações, mas, ao mesmo tempo, encoraja a tendência a tratá-lo meramente como mercadoria sujeita às leis do mercado e aberta à apropriação privada[18].

Assim, o atrelamento cada vez maior da pesquisa científica às demandas da atividade econômica acentua a sujeição do conhecimento à aceleração do tempo de giro do capital, conferindo ao saber produzido sob essa lógica um estado de permanente obsolescência, o que é expressivamente ilustrado por números citados por Bernheim & Chauí, segundo os quais

---

15. D. Harvey, *Condição Pós-moderna*, p. 210.
16. *Idem*, p. 210.
17. C. T. Bernheim & M. S. Chauí, *Desafios da Universidade na Sociedade do Conhecimento*, Brasília, Unesco, 2008, p. 7.
18. *Idem*, p. 7.

[...] o conhecimento com base disciplinar registrado internacionalmente levou 1.750 anos para duplicar pela primeira vez, contando a partir do princípio da era cristã; depois disso a cada 150 anos e, por fim, a cada 50 anos. Atualmente, ele é multiplicado por dois a cada cinco anos, e projeta-se que, em 2020, duplicará a cada 73 dias[19].

Engendrada, em suma, pela necessidade de incrementar as forças produtivas em um contexto de estagnação, a organização da produção baseada na acumulação flexível, obedecendo ao imperativo da otimização do tempo de giro do capital, leva às últimas consequências algumas das potencialidades presentes no sistema desde o início e desenvolve, sob o impulso da produtividade, um metabolismo em que uma forma específica de conjugar trabalho, conhecimento e informação estabelece o primado da velocidade e da transitoriedade e promove, entre outras práticas, a busca incessante por novas tecnologias e melhores desempenhos, acelerando e comprimindo, nos diversos campos da existência social, a experiência do tempo e do espaço e dando novas feições às formas de sociabilidade e de interação e, portanto, à produção ideológica e discursiva da sociedade.

4. A CONFIGURAÇÃO DO UNIVERSO IDEOLÓGICO

Às substanciais mudanças implicadas pelo novo modelo na organização econômica e no mundo do trabalho correspondem, então, mudanças também na vida social e, consequentemente, nas formas de pensamento, nas concepções e práticas estéticas, éticas, cognitivas e, de maneira geral, nas manifestações culturais e ideológico-discursivas, nas quais se podem ver reflexos e refrações dos eixos que, sob o regime da acumulação flexível, regulam o mundo da produção e da circulação de mercadorias.

Manifestação expressiva da correspondência entre os eixos reguladores da produção econômica e os significados e valores do universo ideológico é fornecida, no âmbito do pensamento político, pelo neoliberalismo, que, formulado em grande medida como uma concepção política e econômica de oposição ao Estado do bem-estar social, torna-se hegemônico com a passagem do fordismo para a acumulação flexível, à qual ele provê uma fundamentação teórica.

---

19. *Idem*, p. 8.

Fortalecido pelo recrudescimento dos problemas econômicos em 1973, o pensamento neoliberal, cultivado por alguns intelectuais desde a década de 1940, veio se encaixar como uma luva ao novo regime de organização da produção e de acumulação, na medida em que um dos seus principais postulados consistia em atribuir a responsabilidade da crise ao poder excessivo dos sindicatos e à ação do movimento operário, "com suas pressões reivindicativas sobre os salários e com sua pressão parasitária para que o Estado aumentasse cada vez mais os gastos sociais"[20].

Na visão dos neoliberais, esses fatores, corroendo as bases da acumulação capitalista, "destruíram os níveis necessários de lucros das empresas e desencadearam processos inflacionários que não podiam deixar de terminar numa crise generalizada das economias de mercado"[21]. Era necessário, por isso, corrigir o papel do Estado, colocando-o a serviço do desenvolvimento do capital, para que atuasse contra o poder dos sindicatos e gerisse eficientemente as estruturas legais e institucionais necessárias ao funcionamento adequado da atividade econômica capitalista, eximindo-se de impor ao mercado limitações ou regulamentações que ferissem a liberdade dos agentes econômicos.

Estabelecendo-se, assim, como eixo das políticas econômicas dos países centrais e espalhando-se por várias outras regiões do planeta,

O neoliberalismo é em primeiro lugar uma teoria das práticas políticas e econômicas que propõe que o bem-estar humano pode ser melhor promovido liberando-se as liberdades e capacidades empreendedoras individuais no âmbito de uma estrutura institucional caracterizada por sólidos direitos a propriedade privada, livres mercados e livre comércio. O papel do estado é criar e preservar uma estrutura institucional apropriada a essas práticas; o Estado tem de garantir, por exemplo, a qualidade e a integridade do dinheiro. Deve também estabelecer as estruturas e funções militares, de defesa, da polícia e legais requeridas para garantir direitos de propriedade individuais e para assegurar, se necessário pela força, o funcionamento apropriado dos mercados. Além disso, se não existirem mercados (em áreas como a terra, a água, a instrução, o cuidado de saúde, a segurança social ou a poluição ambiental), estes devem ser criados, se necessário pela ação do Estado. Mas o Estado não deve aventurar-se para além dessas tarefas[22].

---

20. P. Anderson, "Balanço do Neoliberalismo", em E. Sader & P. Gentili (orgs.), *Pós-Neoliberalismo. As Políticas Sociais e o Estado Democrático*, Rio de Janeiro, Paz e Terra, 1995, p. 10.

21. *Idem*, pp. 10-11.

22. D. Harvey, *O Neoliberalismo: História e Implicações*, trad. Adail Sobral e Maria Stela Gonçalves, São Paulo, Loyola, 2008, p. 12.

Nada mais condizente, como se vê, com as bases de funcionamento do novo padrão de organização das forças produtivas. Alimentando e, simultaneamente, alimentada pelas mudanças nas formas de organização econômica, a concepção neoliberal, ao propor a desregulamentação por parte do Estado e a submissão de praticamente todos os setores da vida social aos mecanismos de regulação do mercado, exprime uma nítida homologia entre os princípios reguladores da atividade produtiva e os da superestrutura política.

Ademais, penetrando em diversos setores da vida social, a combinação da acumulação flexível com o pensamento neoliberal, ao supervalorizar o comportamento competitivo e a procura incansável da produtividade e do melhor desempenho, contribui para a exacerbação contemporânea do individualismo, apontada não apenas pelos críticos da realidade social existente, mas também por alguns estudiosos (como é o caso, por exemplo, de Lipovetsky[23]) cujas interpretações vislumbram, apesar de todas as mazelas, desdobramentos positivos para a sociedade atual.

Típico da contemporaneidade, esse individualismo, também chamado de hiperindividualismo[24], caminha de mãos dadas com o desenvolvimento das novas tecnologias de informação e comunicação e atualiza, levando ao paroxismo, o velho postulado liberal do indivíduo que se constrói a si mesmo. Convertido, no mundo contemporâneo, em uma verdadeira "obsessão de si" (expressa, por exemplo, no culto ao corpo, na busca obcecada da beleza, nos cuidados paranóicos com a alimentação e no uso compulsivo de medicamentos) esse individualismo é guiado pela convicção de que, em um mercado abastecido de tudo (ou quase tudo) de que ele pode precisar, o indivíduo vive agora o ideal da completa liberdade de escolha. Em tal situação, reduz-se consideravelmente a coerção exercida pelos valores tradicionais e pelos comandos das morais coletivas. Para se realizar plenamente como indivíduo, basta ir ao mercado e se servir. Dessa forma,

A condição social pós-moderna é comandada por esse ideal de controle soberano de si e por essa luta sem fim contra o preexistente e o herdado. [...] Doravante, cada um se quer autônomo para construir livremente, *à la carte*, o seu ambiente pessoal. Vivemos a época da mobilidade subjetiva. Cada um se serve. Fica o problema para

---

23. G. Lipovetsky, *Metamorfoses da Cultura Liberal. Ética, Mídia e Empresa*, trad. Juremir M. Silva, Porto Alegre, Sulina, 2004; *Os Tempos Hipermodernos*, trad. Mário Vilela, São Paulo, Barcarola, 2004a.
24. G. Lipovetsky, *Metamorfoses da Cultura Liberal. Ética, Mídia e Empresa*, p. 20.

aqueles que não conseguem ter acesso a essa mobilidade, convertida num imperativo das democracias liberais[25].

Favorecido pela grande profusão de novos mecanismos, dispositivos e sistemas de comunicação e de disseminação de informações e saberes (em cuja esteira se alteram os espaços, tempos, ambientes e suportes envolvidos na produção e circulação de textos e discursos), esse individualismo, afetando as formas de construção do sujeito e, consequentemente, as relações subjetividade-alteridade, pressupõe novos meios de sociabilidade e de interação social e implica importantes mudanças também nos modos de enunciar e de atribuir sentidos nas várias esferas da comunicação ideológica.

Uma das principais marcas desse processo (viabilizado pelo desenvolvimento da comunicação sem fio, dos ambientes virtuais e das tecnologias digitais) é o crescimento da produção enunciativa baseada em aplicativos, sites, recursos e instrumentos de comunicação (Instagram, Tweeter, Facebook, WhatsApp etc.) nos quais sujeitos situados em diferentes pontos no espaço podem participar descomprometida e fugazmente de redes transitórias e voláteis que, combinando a celebração do eu com a espetacularização do trivial, promovem a emergência de padrões de enunciação marcados pela velocidade, pela instantaneidade e pela prescindibilidade da interação presencial.

Ilustra-se, assim, como as transformações desencadeadas nas estruturas econômicas refletem-se e refratam-se na produção enunciativa da sociedade como um todo, acarretando mudanças nas condições materiais e simbólicas envolvidas nos atos de enunciação, na natureza dos recursos semióticos empregados, nos gêneros discursivos mobilizados e, portanto, nos significados e sentidos disseminados na comunicação da vida cotidiana e nas esferas da ideologia constituída – mídia, moral, ciência, religião, política, artes etc.

No caso da moral e dos valores éticos, por exemplo, uma das maneiras pelas quais se dão esses reflexos e refrações é uma espécie de deslocamento do outro para o eu, enfraquecendo, na produção sígnica e enunciativa, as posições associadas a uma moralidade de tipo altruísta em favor de uma moralidade de caráter egoísta. Em outras palavras, ao contrário do observado

---

25. G. Lipovetsky, *Metamorfoses da Cultura Liberal. Ética, Mídia e Empresa*, p. 21 – grifo no original.

180   A Questão da Ideologia no Círculo de Bakhtin

em épocas anteriores, os sentidos e significados morais preponderantes na orientação do indivíduo na sociedade contemporânea pouco a pouco deixam de apontar para a sua conformidade a princípios comprometidos com pequenas e grandes coletividades (a família, a classe, a nação, a humanidade) e se direcionam cada vez mais para a satisfação dos interesses e objetivos pessoais. Fortalece-se, dessa maneira, um modelo de indivíduo moldado em uma sociedade que Lipovetsky chama de pós-moralista:

> Sociedade pós-moralista, não sociedade pós-moral; sociedade que exalta mais os desejos, o ego, a felicidade, o bem-estar individual, do que o ideal de abnegação. Nossa cultura cotidiana desde os anos 1950 e 1960 não é mais dominada pelos grandes imperativos do dever sacrificial e difícil, mas pela felicidade, pelo sucesso pessoal, pelos direitos do indivíduo, não mais pelos seus deveres[26].

Nesse contexto, em que os significados e sentidos relativos aos costumes e à conduta não são mais monopolizados pelas coletividades tradicionais, a identidade moral e ética dos sujeitos também passa a sofrer um forte influxo do mercado, que se estabelece como foro máximo das ideias em circulação e instância de regulação e abastecimento a que os indivíduos recorrem, seja na modalidade *à la carte*, seja no padrão *self-service*, para buscar não apenas os produtos e serviços, mas também os princípios e valores mais adequados às suas necessidades do momento.

A socialização nos valores morais da sociedade sofre, por isso, uma modulação. Diminuem a importância e o alcance da educação moral na família, no trabalho, na escola e em outros grupos intermediários, cujos espaços de atuação, conquanto não eliminados, vão se subpondo, de um lado, ao mercado e, de outro, à mídia, que, assumindo o papel de formuladora de prioridades éticas e morais, define a agenda de valores nos quais cabe acreditar e de causas em nome das quais vale a pena lutar e se mobilizar em momentos determinados. A moral fica, desse modo,

> [...] reciclada segundo as leis do espetáculo, do show business, da distração midiática [...] a moral combina-se com a festa, com o rock, corridas, stars. Os indivíduos não são mais culpabilizados, mas mobilizados em enormes quermesses de benfeitoria [...] Aquilo que outrora dependia dos princípios internos da educação moral depende agora dos lances

---

26. *Idem*, p. 27.

da mídia. A mídia fixa as prioridades, orquestra a generosidade, consegue, de resto com muito sucesso, mobilizar esporadicamente o público[27].

Trata-se, assim, de um indivíduo cuja socialização se opera em circunstâncias nas quais, sob a gerência do mercado e da mídia, as correspondências entre as relações travadas no universo produtivo e as formas de comportamento, de pensamento e de produção de signos e sentidos em diversas esferas da comunicação e da vida cotidiana se apresentam, em certos aspectos, de forma quase literal.

Tais correspondências são concatenadas pelo fato de que a flexibilidade, a instantaneidade, a busca interminável pelo aumento da produtividade e o uso cada vez mais intenso do tempo e do espaço como condições para o êxito em um universo extremamente competitivo (características fundamentais do novo modelo de organização da produção) instituem-se como elementos basilares do sistema central de valores, significados e práticas da sociedade. A intensificação do ritmo dos processos econômicos, ditada pela necessidade de aceleração do tempo de giro do capital, espalha-se para a vida social como um todo e instala no cerne da existência contemporânea um individualismo que se molda e se movimenta em um ambiente fluido e instável, definido pela volatilidade, pela velocidade e pela transitoriedade, convertendo em dados naturais da realidade "o novo, o fugidio, o efêmero, o fugaz e o contingente da vida moderna, em vez dos valores mais sólidos implantados na vigência do fordismo"[28].

Não surpreende, em vista disso, a visibilidade e a proeminência dos signos e sentidos oriundos do universo da moda. Em um mundo orientado pelos ditames sempre urgentes do momento presente, em que o passado (seja o recente, seja o longínquo) é visto como definitivamente ultrapassado (salvo quando pode ser recuperado e reinserido no fluxo contemporâneo de produção e consumo de mercadorias) e o futuro é negligenciado ou menosprezado em nome do usufruto do aqui-agora, as relações, comportamentos, valores e práticas da esfera da moda, exprimindo também de modo quase literal os eixos da infraestrutura econômica, tornam-se, não por acaso, paradigmas da vida social. Assim,

---

27. *Idem*, p. 29.
28. D. Harvey, *Condição Pós-moderna*, p. 161.

[...] dos objetos industriais ao ócio, dos esportes aos passatempos, da publicidade à informação, da higiene à educação, da beleza à alimentação, em toda parte se exibem tanto a obsolescência acelerada dos modelos e produtos ofertados quanto os mecanismos multiformes da sedução (novidade, hiperescolha, *self-service*, mais bem-estar, humor, entretenimento, desvelo, erotismo, viagens, lazeres). O universo do consumo e da comunicação de massa aparece como um sonho jubiloso. Um mundo de sedução e de movimento incessante cujo modelo não é outro senão o sistema da moda. Tem-se não mais a repetição dos modelos do passado (como nas sociedades tradicionais), e sim o exato oposto, a novidade e a tentação sistemáticas como regra e como organização do presente. Ao permear setores cada vez mais amplos da vida coletiva, a forma-moda generalizada instituiu o eixo do presente como temporalidade socialmente prevalecente[29].

Semelhante princípio de organização da experiência mostra-se atuante na existência social como um todo e se efetiva na atividade e na produção sígnica e discursiva de diversas esferas, entre elas a da cultura, na qual os signos e sentidos associados à criação intelectual e artística são fortemente assediados pela engrenagem da produção e circulação de mercadorias, que subjuga até mesmo a experimentação estética e a busca do novo, convertidas, sob as injunções do mundo dos negócios e da lógica típica da forma-moda, em itens de valorização (dado o capital simbólico que conferem aos seus possuidores) similares aos requintes tecnológicos dos automóveis de última geração. Assim, a necessidade de aceleração do tempo de giro do capital, ao demandar a transitoriedade e a instantaneidade tanto de produtos e processos quanto de ideias, valores e relações, atinge em cheio também a produção de sentidos e significados culturais, promovendo a sua subsunção a um movimento no qual a criação, a eliminação e a recriação constante de tendências e inovações assume um ritmo tão frenético quanto o da produção de televisores, telefones celulares ou computadores. Nas palavras de Harvey:

A estética relativamente estável do modernismo fordista cedeu lugar a todo o fermento, instabilidade e qualidades fugidias de uma estética pós-moderna que celebra a diferença, a efemeridade, o espetáculo, a moda e a mercadificação de formas culturais[30].

---

29. G. Lipovetsky, *Os Tempos Hipermodernos*, p. 60.
30. D. Harvey, *Condição Pós-moderna*, p. 148.

Tudo isso concorre para formar, no plano das criações intelectuais, culturais e, de maneira geral, nos modos de significar e atribuir sentidos ao mundo, uma constelação de princípios, valores e referências cuja fisionomia parece inspirada diretamente no universo da produção econômica. Tal constelação, denominada por grande parte dos estudiosos (entre adeptos e adversários) de *pós-modernismo* ou *hipermodernismo*, afirma-se justamente nas últimas quatro décadas, associando-se à acumulação flexível assim como o modernismo se associava ao capitalismo fordista.

Definido em contraposição à estética predominante antes dele e urdido por uma ordem econômica assentada nos eixos da transitoriedade, do imediatismo, da velocidade, do desempenho e da produtividade, o pós-modernismo (ou hipermodernismo) se constitui como um conjunto de práticas, significados e sentidos culturais, éticos, estéticos e cognitivos que, em estreita correspondência com o modo vigente de gestão das forças produtivas, apresenta como alguns dos seus traços principais:

- a valorização da mobilidade frente à fixidez, da multiplicidade frente à unidade, do nomadismo frente ao sedentarismo, da fragmentação e da descontinuidade frente à totalização, da efemeridade frente à permanência;
- a recusa das proposições de validade universal;
- a dissolução das fronteiras (espaciais, temporais etc.) e a valorização do ecletismo;
- a desvalorização dos projetos políticos e das narrativas totalizantes e racionalizadoras;
- o relativismo – no sentido da inexistência de um critério último a partir do qual todas as manifestações possam ser julgadas;
- a exaltação do presente (aqui e agora).

Como já assinalado, esses traços se mostram presentes, de várias maneiras e em diferentes níveis e graus, na comunicação da vida cotidiana e nas diversas esferas da produção ideológica (arte, literatura, moda, moral, religião, ciência etc.), evidenciando analogias, paralelos, homologias e outros tipos de correspondências entre os significados e sentidos constitutivos das formas de pensamento e das concepções de mundo e os princípios organizadores da realidade socioeconômica.

Em vista da sua participação crucial na construção e circulação desses significados e sentidos na sociedade contemporânea, duas esferas de atividade e de interação sociodiscursiva merecem um tratamento à parte:

a. a mídia (em que as novas tecnologias de informação e de comunicação cumprem papel de extremo relevo);
b. a ciência (em razão, sobretudo, da forma atual de inserção do conhecimento na vida social).

5. MÍDIA, NOVAS TECNOLOGIAS E INTERAÇÃO SOCIODISCURSIVA

Williams[31] já chamou atenção para o fato de os meios de comunicação não se reduzirem a elementos da superestrutura ideológica, considerando que eles

[...] não são apenas formas, mas meios de produção, uma vez que a comunicação e os seus meios materiais são intrínsecos a todas as formas distintamente humanas de trabalho e de organização social, constituindo-se assim em elementos indispensáveis tanto para as forças produtivas quanto para as relações sociais de produção[32].

Entre outras coisas, o que essa proposição assinala é que os meios de comunicação constituem elementos fundamentais para a produção e a reprodução tanto da vida material quanto da vida ideológica da sociedade, reforçando, assim, o entendimento de que essas duas dimensões da existência, cingidas por relações de determinação (no sentido de que uma estabelece limites e exerce pressões sobre a outra), são, na realidade concreta, indissociáveis.

Dessa forma, os meios de comunicação têm importância fulcral nestes dois planos: como meios da produção material, eles desempenham papel ativo na organização e no fluxo dos processos econômicos; como elementos da superestrutura, eles constituem um campo que, articulando e articulado a outras esferas da comunicação ideológica, atua de modo particularmente importante na criação e circulação de signos e sentidos,

---

31. R. Williams, "Meios de Comunicação como Meios de Produção", *Cultura e Materialismo*, São Paulo, Editora da Unesp, 2011a.
32. *Idem*, p. 69.

constituindo um fator decisivo na construção e manutenção do sistema central de valores, práticas e significados em torno dos quais se realiza a reprodução da vida social.

Se o raciocínio é válido de modo geral, é ainda mais válido no tocante à sociedade da acumulação flexível, já que uma das bases dessa forma histórica de realização do capital consiste justamente em um modo específico pelo qual os processos de informação e de comunicação, que atingiram nas últimas décadas um desenvolvimento tecnológico sem precedentes, participam e se entrelaçam com as práticas econômicas e com as relações que regulam a vida social como um todo.

No que concerne à dimensão propriamente econômica, é indiscutível que uma enorme parcela do desenvolvimento do sistema nas últimas décadas deve-se diretamente aos avanços verificados no campo das comunicações. As contínuas revoluções tecnológicas na comunicação digital, na microeletrônica, nas telecomunicações e nos processos de produção, armazenamento e transmissão de dados e informações propiciaram às operações do capital em geral e especialmente do capital financeiro as condições ideais para se movimentar em um fluxo ininterrupto no qual as fronteiras estabelecidas pelas concepções tradicionais de tempo e de espaço foram em grande medida abolidas. As novas tecnologias no setor possibilitaram um manejo espaço-temporal extremamente flexível, graças ao qual o tempo de giro do capital pôde ser consideravelmente reduzido. Transações comerciais e financeiras envolvendo agentes econômicos situados em diferentes e longínquos pontos do planeta passaram a se realizar em frações de segundo. Dinheiro, aplicações, contratos, projetos, investimentos, ideias e serviços puderam se deslocar e se propagar com enorme rapidez. Dados e informações puderam ser compartilhados e geridos pelos parceiros envolvidos instantânea e simultaneamente. A institucionalização da internet, da World Wide Web e da comunicação sem fio possibilitou a constituição de uma sociedade globalmente interconectada sob a forma de diversas redes, as quais contribuíram enormemente para a velocidade dos negócios e para a realização de operações empresariais dos mais variados tipos e nas mais variadas e distantes localidades[33].

---

33. Cf. M. Castells, *A Sociedade em Rede. A Era da Informação: Economia, Sociedade e Cultura.*

Diante disso, não há como negar que na contemporaneidade os meios de comunicação ocupam um lugar central na estrutura econômica, apresentando-se como fatores essenciais para o desenvolvimento das forças produtivas.

Por outro lado, ao se inscrever concomitantemente nas mais diversas áreas da existência social, os processos comunicacionais e informacionais da era da acumulação flexível concorrem para reorganizar as formas de sociabilidade, de identidade e de interação sociodiscursiva, as quais, assimilando procedimentos de comunicação em rede, de movimentação em situações e ambientes fluidos e de manuseio de realidades transitórias, fragmentárias e instáveis, incorporam alguns dos elementos axiais do universo das forças produtivas e da existência material, como a produtividade, a instantaneidade, o desempenho e a velocidade.

Dessa forma, o universo do que se costuma chamar de mídia (redefinido agora por uma combinação dos novos meios de comunicação com os meios convencionais remodelados pelas novas tecnologias) passa a atuar de modo ainda mais decisivo na produção e circulação de significados e sentidos em diferentes esferas da realidade, o que se efetiva por uma extensa gama de "novas modalidades de mídias presentes no espectro societário"[34], testemunhando, mais que a presença, quase a onipresença das práticas midiáticas em diferentes campos da existência social, organizando e difundindo "comportamentos, percepções, sentimentos, ideários, valores etc."[35].

Favorecendo a erosão das formas tradicionais de sociabilidade e o desenvolvimento de relações em que o individualismo, a fragmentação e a transitoriedade, marcas do funcionamento da vida econômica, passam a se constituir em elementos definidores também dos processos de interação, as mídias se incrustam assim no cerne da vida social contemporânea, contribuindo para consolidar o primado do eu. Nas palavras de Lipovetsky:

> A mídia, de fato, é uma das forças subentendidas na formidável dinâmica de individualização dos modos de vida e dos comportamentos da nossa época. A imprensa, o cinema, a publicidade e a televisão disseminaram no corpo social as normas da felicidade e do consumo privados, da liberdade individual, do lazer e das viagens e do prazer erótico; a realização íntima e a satisfação individual tornaram-se ideais de massa exaustivamente

---

34. A. C. C. Rubim, "A Contemporaneidade como Idade Mídia", *Interface. Comunicação, Saúde, Educação*, São Paulo, Unesp, ago-2000, vol. 4, n. 7, p. 30.
35. *Idem*, p. 30.

valorizados. Ao sacralizar o direito à autonomia individual, promovendo uma cultura relacional, celebrando o amor pelo corpo, os prazeres e o bem-estar privados, a mídia funcionou como agente de dissolução da força das tradições e das barreiras de classe, das morais rigoristas e das grandes ideologias políticas. Impôs-se como nova e legítima norma majoritária o viver aqui e agora, conforme as vontades próprias. A mídia acionou, ao mesmo tempo que "os objetos", uma dinâmica de emancipação dos indivíduos em relação às autoridades institucionalizadas e às coerções identitárias[36].

Ancorada, assim, em práticas de comunicação que sacramentam o individualismo, a sociabilidade contemporânea, assimilando práticas e comportamentos ditados pelos ritmos dos processos econômicos e pela incorporação massiva das novas tecnologias de comunicação e de informação, vê-se tomada pelos mesmos princípios, padrões e procedimentos hegemônicos no mundo das forças produtivas.

Imprimindo aos modos de significação e de atribuição de sentidos (vale dizer, à produção de objetos-signo e enunciados) uma feição qualitativamente distinta daquela observada em períodos anteriores, esse processo é nutrido ainda pelo desenvolvimento de uma forma específica pela qual os saberes em geral e o conhecimento científico em particular são incorporados à existência social, como a seguir se focaliza.

6. A CIÊNCIA COMO FORÇA PRODUTIVA E COMO IDEOLOGIA

Realizando uma peculiar síntese das transformações nos planos da produção e da realidade socioideológica, a sociedade contemporânea apresenta como um de seus traços mais característicos uma específica combinação do papel da ciência ao mesmo tempo como força produtiva e como ideologia.

Para a configuração desse quadro atuam tendências que, inerentes à sociedade ocidental moderna e impulsionadas pelas referidas mudanças no desenvolvimento das forças produtivas, experimentaram nas últimas décadas um grande incremento, confluindo para a cristalização de um modo próprio de inscrição dos saberes em geral e do conhecimento científico em particular na produção e reprodução da vida social.

---

36. G. Lipovetsky, *Metamorfoses da Cultura Liberal. Ética, Mídia e Empresa*, p. 70.

Uma dessas tendências pode ser definida como *tecnologização* e refere--se, *grosso modo*, ao processo por meio do qual o conhecimento científico, inicialmente instrumentalizado para o progressivo domínio da natureza, é aplicado cada vez mais como força produtiva do capital.

Para Oliveira[37], esse processo, cujo ponto alto coincide com a ascensão do neoliberalismo, assumiu tamanha força nas últimas décadas que tem promovido uma identidade quase completa entre o valor instrumental e o valor intrínseco da ciência (o que se exprime no neologismo *tecnociência*), apontando, se levado ao extremo, para a morte da ciência pura ou da ciência não comprometida com aplicações tecnológicas. Visão semelhante encontra-se em Chauí[38], para quem, sob o signo do neoliberalismo,

> A ciência e a tecnologia tornam-se forças produtivas, deixando de ser mero suporte do capital para se converter em agentes de sua acumulação. Consequentemente, o modo de inserção dos cientistas e técnicos se altera e estes passam a ser agentes econômicos diretos. A força e o poder capitalistas encontram-se agora no monopólio do conhecimento e da informação. Surge a expressão "sociedade do conhecimento" para indicar que a economia contemporânea não se funda mais sobre o trabalho produtivo e sim sobre o trabalho intelectual, ou seja, sobre a ciência e a informação, pelo uso competitivo do conhecimento, da inovação tecnológica e da informação nos processos produtivos. Chega-se mesmo a falar em "capital intelectual", considerado por muitos o princípio ativo fundamental das empresas. Visto que o poder econômico se baseia na propriedade privada do conhecimento e da informação, estes se tornam secretos e constituem um campo de competição econômica e militar sem precedentes[39].

É justamente esta "propriedade privada do conhecimento e da informação" que constitui o cerne de outra tendência, a *mercantilização*, entendida[40] como parte de um processo que atinge os bens intelectuais em geral e que, embora pressuposto na própria natureza da sociedade capitalista (cuja vocação é, no limite, subsumir à lógica de funcionamento do mercado todas as esferas da vida

---

37. M. B. Oliveira, "Neutralidade da Ciência, Desencantamento do Mundo e Controle da Natureza", *Scientiae Studia*, São Paulo, vol. 6, n. 1, 2008.
38. M. Chauí, "Sob o Signo do Neoliberalismo", *Cultura e Democracia: O Discurso Competente e Outras Falas*, 11. ed. revi. e ampl., São Paulo, Cortez Editora, 2006.
39. M. Chauí, "Sob o Signo do Neoliberalismo", *Cultura e Democracia: O Discurso Competente e Outras Falas*, 11. ed. revi. e ampl., São Paulo, Cortez Editora, 2006, p. 320.
40. Cf. M. B. Oliveira, "Ciência: Força Produtiva ou Mercadoria?", *Crítica Marxista*, Rio de Janeiro, Revan, n. 21, 2005.

social), intensifica-se também no período da acumulação flexível, quando as mudanças nas formas de organização da produção conferem ao conhecimento e à informação uma importância estratégica. Além de se traduzir em agressivas políticas de obtenção e controle de patentes e de direitos de propriedade intelectual, a mercantilização exprime-se ainda por uma série de injunções políticas, econômicas e sociais no sentido de progressivamente atrelar a produção do conhecimento a finalidades produtivas e, por extensão, lucrativas, desvalorizando, desse modo, a concepção de ciência como bem intelectual público, em favor de entendimentos e práticas nas quais, tratada como um bem privado, ela é submetida às mesmas leis que regem a compra e venda de bens e serviços. O resultado mais emblemático disso é a integração da ciência à lógica da produção de mercadorias em geral. Ainda uma vez, Harvey:

> A produção organizada do conhecimento passou por notável expansão nas últimas décadas, ao mesmo tempo que assumiu cada vez mais um cunho comercial (como o provam as incômodas transições de muitos sistemas universitários do mundo capitalista avançado de guardiães do conhecimento e da sabedoria para produtores subordinados de conhecimento a soldo do capital corporativo)[41].

Fomentando, assim, a tecnologização e a mercantilização do conhecimento, a acumulação flexível leva adiante algumas tendências apontadas por pensadores como Marcuse[42] e Habermas[43], que, já na década de 1960, refletiam sobre o processo de expansão da racionalidade instrumental característica do universo da produção para as outras esferas de atividade, convertendo-se na racionalidade da vida social como um todo e incorporando-se às mais diversas práticas sob a forma de uma lógica tecnicamente orientada para a dominação, o controle e o desempenho.

Nos termos da reflexão de Marcuse, o processo se assenta no fato de que os mesmos princípios do procedimento científico que garantiram o domínio humano sobre a natureza foram, na sociedade industrial avançada, instrumentalizados para a dominação do homem pelo homem. Nas suas palavras:

---

41. D. Harvey, *Condição Pós-moderna*, p. 151.
42. H. Marcuse, *A Ideologia da Sociedade Industrial: O Homem Unidimensional*, [1964], trad. Giasone Rebuá, 5. ed., Rio de Janeiro, Zahar, 1979.
43. J. Habermas, "Técnica e Ciência Enquanto Ideologia, [1968]", trad. Zeljko Loparic e Andréa Maria Altino de Campos Loparic, *Os Pensadores*, São Paulo, Abril Cultural, 1980.

O método científico que levou à dominação cada vez mais eficaz da natureza forneceu, assim, tanto os conceitos puros como os instrumentos para a dominação cada vez maior do homem pelo homem *por meio* da dominação da natureza. A razão teórica, permanecendo pura e neutra, entrou para o serviço da razão prática. A fusão resultou benéfica para ambas. Hoje, a dominação se perpetua e se estende não apenas através da tecnologia, mas *como* tecnologia, e esta garante a grande legitimação do crescente poder político que absorve todas as esferas da cultura[44].

Dessa forma, a racionalidade tecnológica, eixo do desenvolvimento das forças produtivas, torna-se também fundamento da vida política e social e passa a cumprir, na visão de Marcuse, uma função ideológica central, uma vez que

> Nesse universo, a tecnologia também garante a grande racionalização da não-liberdade do homem e demonstra a impossibilidade "técnica" de a criatura ser autônoma, de determinar a sua própria vida. Isso porque essa não-liberdade não parece irracional nem política, mas antes uma submissão ao aparato técnico que amplia as comodidades da vida e aumenta a produtividade do trabalho. A racionalidade tecnológica protege, assim, em vez de cancelar, a legitimidade da dominação, e o horizonte instrumentalista da razão se abre sobre uma sociedade racionalmente totalitária[45].

Expandindo-se para diferentes esferas da vida social, a racionalidade instrumental característica do mundo da produção econômica opera como paradigma do comportamento em geral, que passa, assim, gradativamente, a se guiar pelo que Habermas[46], conjugando a análise de Marcuse a um conceito weberiano, chamou de "saber racional-com-relação-a-fins". No comportamento assim orientado, em que considerações de ordem racional-com-relação-a-fins sobrepõem-se aos parâmetros do universo da interação social, o sentido do agir não é dado prioritariamente pela conformidade a normas e motivações internalizadas e fundamentadas em entendimentos intersubjetivamente compartilhados acerca de juízos como *certo* e *errado*, *bom* e *mau*, *justo* e *injusto* etc., mas pela eficácia técnica, ou seja, pela capacidade de, servindo-se de cálculos racionais e instrumentalizando os meios disponíveis, atingir os fins

---

44. H. Marcuse, *A Ideologia da Sociedade Industrial: O Homem Unidimensional*, 1979, pp. 153-154 – grifos no original.
45. *Idem*, p. 154.
46. J. Habermas, "Técnica e Ciência Enquanto Ideologia".

visados. Sob esse paradigma, o critério para julgamento das ações dos sujeitos não é a conformidade a valores (verdade, justiça, bondade etc.), mas o manuseio adequado e competente dos recursos, pois "[...] um comportamento *incompetente*, que viole regras técnicas confirmadas ou estratégias corretas, é por si só condenado ao abandono, em virtude do insucesso; a punição está, por assim dizer, incorporada ao fracasso diante da realidade"[47].

Embora essas análises de Marcuse e Habermas incidam sobre a sociedade industrial na década de 1960, elas na verdade detectam o desenvolvimento de tendências que se consolidariam com o advento da acumulação flexível, uma vez que o movimento de expansão do agir-racional-com-relação-a-fins rumo a diferentes esferas da realidade social encontrou na sociedade contemporânea das últimas décadas terreno mais que propício para sua afirmação. A organização econômico-social baseada na absoluta primazia do mercado e na busca incessante da produtividade, ancorada ideologicamente, de um lado, na celebração do interesse privado e do individualismo competitivo (típicos da mentalidade neoliberal), e, de outro, na exaltação do fragmentário, do contingente e do efêmero (característicos do pensamento pós-moderno), parece ter ensejado as condições perfeitas para a preeminência absoluta da racionalidade instrumental e, favorecendo as tendências de tecnologização e mercantilização do conhecimento, cristalizou um modo de realização e apropriação dos saberes que os constitui essencialmente como mercadorias-meio a serviço de empreendimentos cuja finalidade é o êxito (ou o *sucesso*), seja o das organizações, seja o do indivíduo, igualados, nessa perspectiva, sob o mesmo *animus*, que é o de *gerir* racional e produtivamente os recursos para alcançar o melhor desempenho.

7. REFLEXO E REFRAÇÕES NO UNIVERSO DISCURSIVO

Claro está, como até agora tem sido ressaltado, que a combinação desse peculiar estatuto dos saberes e do conhecimento científico com a presença massiva das novas tecnologias de informação e de comunicação na vida social traduz-se na produção sígnica e enunciativa, sendo possível, a esse respeito,

---

47. *Idem*, p. 321 – grifo no original.

identificar dois traços principais que, embora analiticamente distinguíveis, são na realidade concreta inseparáveis.

Um deles é a profusão, nas mais variadas esferas da atividade social, de enunciados habitados pelo elogio do desempenho e pela exaltação de habilidades e competências, estas compreendidas como requisitos imprescindíveis para a consecução daquele, erigido em critério fundamental de aferição do valor de seres e coisas.

Tem-se, dessa forma, uma impressionante atualização do que Marilena Chauí[48], refletindo sobre a sociedade tecnocrática nos anos 1970, chamou de "discurso competente", representado agora por um fluxo de enunciados cujos significados e sentidos voltam-se para a mediação das relações entre os sujeitos e suas práticas, de modo a prover o mercado de uma rede de saberes destinados a capacitar esses sujeitos para uma atuação eficaz em diversos segmentos da vida social, desde o mundo do trabalho (onde, conforme as cartilhas do pensamento dominante, exigem-se e encontram-se, não por acaso condensadas na figura do líder ou do gestor, as competências modelares para a obtenção do máximo desempenho)[49] até o universo da intimidade, da afetividade, da vida doméstica e dos relacionamentos interpessoais, a respeito dos quais proliferam manuais oferecendo dicas e instruções sobre as formas adequadas de se vestir, pensar, se relacionar, cozinhar, conversar, fazer sexo, caminhar pela calçada e, enfim, gerir de modo competente pessoas e circunstâncias para maximizar os resultados[50].

O outro é a crescente incorporação da tecnologia digital e da comunicação virtual às práticas enunciativas. Embora não tenha suprimido os contatos presenciais e as referências temporais e espaciais consolidadas sob a vigência do fordismo, a presença avassaladora de processos interacionais ancorados no incremento e popularização da *internet* e no avanço da comunicação sem fio altera sensivelmente os modos tradicionais de interação,

---

48. M. Chauí, "O Discurso Competente [1977]".

49. Ver, por exemplo, "Como se Tornar um Líder do Século 21", *Época*, 5.07.2010.

50. A título de curiosidade, uma consulta básica ao site da Livraria Cultura (um dos maiores acervos comerciais de livros no Brasil), utilizando-se a entrada "como fazer", apresenta, dentre as mais de dez páginas de registros, alguns títulos emblemáticos, como, por exemplo: *Como Fazer Amigos e Influenciar Pessoas*; *Como Fazer Amigos e Influenciar os Lucros*; *Como Fazer Sucesso*; *Como Fazer Reuniões*; *Como Fazer Testes*; *Como Fazer Magia*; *Como Fazer Hot Sex* e, mais emblemático ainda, *Por que o "Como Fazer" Significa Tudo – Nos Negócios (e na Vida)*. Em http://www.livrariacultura. com.br. Acessado em 14.01.2013.

introduzindo no âmago da vida social contemporânea aparatos tecnológicos, meios interativos, suportes, formatos e estruturas de enunciação em que jogam um papel essencial os esquemas cognitivos, os padrões de conhecimento, os modelos de raciocínio e as referências espaço-temporais próprias ao atual estágio de desenvolvimento das forças produtivas e das relações de produção.

Nesse sentido, a expansão das práticas discursivas e interacionais desenvolvidas por meio da interconexão em redes, ambientadas em espaços virtuais e baseadas no uso de computadores, celulares e outros dispositivos eletrônicos tem sido, nas últimas décadas, tão intensa que autoriza, segundo alguns autores, a falar na emergência de uma nova realidade. Para Pierre Lévy, por exemplo, essa realidade se define pela existência de uma *cibercultura* e de um *ciberespaço*, assim definidos por ele:

O ciberespaço (que também chamarei de "rede") é o novo meio de comunicação que surge da interconexão mundial dos computadores. O termo especifica não apenas a infraestrutura material da comunicação digital, mas também o universo oceânico de informações que ela abriga, assim como os seres humanos que navegam e alimentam esse universo. Quanto ao neologismo "cibercultura", especifica aqui o conjunto de técnicas (materiais e intelectuais), de práticas, de atitudes, de modos de pensamento e de valores que se desenvolvem juntamente com o crescimento do ciberespaço[51].

Não é preciso compartilhar o entusiasmo com que Lévy saúda essa nova realidade (em que ele identifica "o surgimento de um novo universal") para se reconhecer que sua reflexão, ao flagrar a inexorabilidade do crescimento dos processos de interação social baseados na telemática, reforça a ideia (mesmo não sendo essa a sua intenção) de que, ao refletir e refratar as determinações do mundo das forças produtivas e das relações econômicas, o uso cada vez mais intenso da tecnologia digital e da comunicação sem fio, propiciando a penetração do ciberespaço em várias esferas da comunicação ideológica, acarreta consequências importantes nos comportamentos enunciativos, que, a exemplo da produção sígnica, também se veem tomados por práticas em que se misturam, conjugam-se e, às vezes, confundem-se o aqui e o lá, o sincrônico e o diacrônico, o local e o global, o material e o imaterial, o territorial e o desterritorializado.

---

51.   P. Lévy, *Cibercultura*, trad. Carlos Irineu da Costa, São Paulo, Ed. 34, 1999, p. 17.

No bojo desse embaralhamento de parâmetros e referências estabelecidas, os percursos de construção dos sentidos se veem libertos de certas coerções espaço-temporais tradicionais, o que, para Lévy, traduz-se pela ideia de que a nova universalidade

[...] não depende mais da autossuficiência dos textos, de uma fixação e de uma independência das significações. Ela se constrói e se estende por meio da interconexão das mensagens entre si, por meio de sua vinculação permanente com as comunidades virtuais em criação, que lhe dão sentidos variados em uma renovação permanente[52].

Na perspectiva de Lévy, a disseminação de procedimentos virtuais no plano enunciativo nada mais é que parte de um processo geral de virtualização. Concebida por ele *"como o movimento inverso da atualização"*[53], essa virtualização consistiria em

[...] um deslocamento do centro de gravidade do objeto considerado: em vez de se definir principalmente por sua atualidade (uma "solução"), a entidade passa a encontrar sua consistência essencial num campo problemático. Virtualizar uma entidade qualquer consiste em descobrir uma questão geral à qual ela se relaciona, em fazer mutar a entidade em direção a essa interrogação e em redefinir a atualidade de partida como resposta a uma questão particular[54].

Sem entrar na consideração dos alcances filosóficos e sociológicos da proposição de Lévy, cabe extrair da sua argumentação que, no tocante à produção de enunciados, o arquétipo da virtualização apontada por ele corresponde ao hipertexto informático, entendido como uma matriz desterritorializada, potencial, indeterminada, ubíqua e compartilhada de textos potenciais cuja "atualização" se dá em um processo de interação pelo qual sujeitos situados em diferentes pontos da rede, orientados por diferentes perspectivas e movidos por diferentes interesses, acionam diferentes caminhos de leitura e interpretação, fazendo escolhas, agenciando conexões, operando nós e, dessa forma, participando ativamente (vale dizer, interativamente) da construção de significações e da produção de sentidos a partir do enorme campo em aberto no ciberespaço.

---

52. *Idem*, p. 15.
53. P. Lévy, *O Que É o Virtual?*, trad. Paulo Neves, São Paulo, Ed. 34, 1996, p. 17 – grifos no original.
54. *Idem*, p. 18.

Desse ponto de vista, cada texto lido ou produzido na rede constitui, para Lévy, uma "atualização" particular do hipertexto. A esse respeito, diz ele:

Desterritorializado, presente por inteiro em cada uma de suas versões, de suas cópias e de suas projeções, desprovido de inércia, habitante ubíquo do ciberespaço, o hipertexto contribui para produzir aqui e acolá acontecimentos de atualização textual, de navegação e de leitura. Somente esses acontecimentos são verdadeiramente situados. Embora necessite de suportes físicos pesados para subsistir e atualizar-se, o imponderável hipertexto não possui um lugar[55].

Descontadas a idealização e uma certa apologia do novo momento histórico, o que o retrato e a interpretação de Lévy não deixam de testemunhar é a penetração das tecnologias de comunicação e de informação (desenvolvidas no processo de evolução das forças produtivas) nos mais diversos campos da existência social e da produção de sentidos e significados.

Não é por acaso que o primeiro exemplo citado por ele para ilustrar o processo de virtualização venha justamente do universo socioeconômico:

Tomemos o caso, muito contemporâneo, da "virtualização" de uma empresa. A organização clássica reúne seus empregados no mesmo prédio ou num conjunto de departamentos. Cada empregado ocupa um posto de trabalho precisamente situado e seu livro de ponto especifica os horários de trabalho. Uma empresa virtual, em troca, serve-se principalmente do teletrabalho; tende a substituir a presença física de seus empregados nos mesmos locais pela participação numa rede de comunicação eletrônica e pelo uso de recursos e programas que favoreçam a cooperação. Assim, a virtualização da empresa consiste sobretudo em fazer das coordenadas espaço-temporais do trabalho um problema sempre repensado e não uma solução estável. O centro de gravidade da organização não é mais um conjunto de departamentos, de postos de trabalho e de livros de ponto, mas um processo de coordenação que redistribui sempre diferentemente as coordenadas espaço-temporais da coletividade de trabalho e de cada um de seus membros em função de diversas exigências[56].

Sintomaticamente, como se vê, as formas de organização do tempo e do espaço e as relações características do universo da atividade econômica são tomadas por Lévy como modelos para outros campos da existência, incluindo a produção enunciativa.

---

55. *Idem*, p. 20.
56. *Idem*, p. 18.

196 A Questão da Ideologia no Círculo de Bakhtin

Dessa forma, o texto de Lévy é percorrido por descrições por meio das quais atributos normalmente associados ao mundo das forças produtivas e ao movimento do capital sob o regime da acumulação flexível são evocados também para definir a produção enunciativa condicionada pelas novas tecnologias de comunicação e de informação. Daí os enunciados típicos desse novo momento histórico serem descritos como fluidos, dispersos, nômades, fragmentários, voláteis, flexíveis, desterritorializados, velozes e efêmeros.

Para a mesma direção apontam trabalhos de estudiosos brasileiros voltados para os efeitos das novas tecnologias nos processos de interação e de produção sociodiscursiva. Independentemente da variedade de enfoques e de perspectivas adotadas, em muitos deles se pode observar uma caracterização pela qual se evidenciam os nexos entre os princípios que regem a construção de enunciados em ambientes virtuais e os paradigmas estabelecidos pelo novo padrão de desenvolvimento das forças produtivas. É o que se constata, por exemplo, na coletânea *Hipertexto e Gêneros Digitais: Novas Formas de Construção de Sentido*[57], na qual as referências aos processos de comunicação digital são feitas por meio de expressões, termos e construções como: "incorporação simultânea de múltiplas semioses"[58], "a rapidez da veiculação e sua flexibilidade linguística aceleram"[59], "potencial de acelerar enormemente a evolução dos gêneros"[60], "velocidade espantosa"[61], "relação síncrona"[62], "interagem de forma rápida e eficaz"[63], "indivíduos em geral anônimos, efêmeros e superficiais nas interações"[64], "a volatilidade do meio e a rapidez da interação"[65], "enorme rapidez... curto lapso de tempo... dá uma volatilidade às identidades sociais"[66], "fenômeno de desterritorialização"[67], "mudanças que com

---

57. L. A. Marcuschi & A. C. Xavier (orgs.), *Hipertexto e Gêneros Digitais. Novas Formas de Construção de Sentido*, 3. ed., São Paulo, Cortez, 2010.
58. *Idem*, p. 17.
59. *Idem, ibidem*.
60. *Idem*, p. 20.
61. *Idem*, p. 24.
62. *Idem, ibidem*.
63. *Idem, ibidem*.
64. *Idem*, p. 27.
65. *Idem*, p. 40.
66. *Idem*, p. 52.
67. *Idem*, p. 63.

tanta rapidez... mais frequentes e velozes"[68], "exame rápido... segmentação do saber em módulos... conexões múltiplas"[69], "a interatividade e a multimodalidade"[70], "falta de linearidade fragmentar... leitor iniciante desorientado, disperso"[71], "leitura *self-service*"[72], "consumidor... seleciona o que vai querer... serve-se das iguarias... na mesma velocidade do fluxo do pensamento"[73], "propriedades inerentes como a ubiquidade"[74], "mais flexível na formatação visual"[75].

A recorrência de menções diretas ou alusivas aos atributos *efêmero, eficiente, fragmentário, simultâneo, veloz, ubíquo, múltiplo, volátil, desterritorializado, acelerado* e *flexível* para caracterizar o universo discursivo mostra nitidamente como sobejam correspondências (em alguns aspectos, quase literais) entre os princípios axiais das relações econômicas e a produção enunciativa na sociedade contemporânea.

Tais correspondências denunciam, fundamentalmente, que, na atual formação histórico-social, a racionalidade típica das relações econômicas atravessa tendencialmente todas as esferas da comunicação ideológica, inscrevendo-se, em maior ou menor grau, no fluxo discursivo da sociedade como um todo, o que se consubstancia em uma série de fenômenos observáveis no âmbito da produção enunciativa, entre os quais podem ser mencionados[76]:

- *Reorganização dos gêneros discursivos*
  Sob os influxos das novas tecnologias e da expansão do ciberespaço, modificam-se os repertórios de gêneros discursivos das diversas esferas de atividade e de comunicação, surgindo gêneros novos, transmutando-se gêneros já existentes e mesclando-se ingredientes de uns e outros.

---

68. *Idem*, p. 74.
69. *Idem*, p. 150.
70. *Idem*, p. 178.
71. *Idem*, p. 211.
72. *Idem*, p. 212.
73. *Idem, ibidem.*
74. *Idem*, p. 213.
75. *Idem, ibidem.*
76. Entre os trabalhos que contemplam esses fenômenos, ver, por exemplo, L. A. Marcuschi & A. C. Xavier (orgs.), *Hipertexto e Gêneros Digitais. Novas Formas de Construção de Sentido*, 3. ed., São Paulo, Cortez, 2010.

- *Diversificação dos recursos de produção dos enunciados*
  Tanto na vida cotidiana quanto nas esferas da ideologia constituída
  tem lugar uma grande profusão de aparatos tecnológicos, equipamentos de comunicação, plataformas e aplicativos de interação (Facebook,
  Instagram, Tweeter, WhatsApp, LinkedIn etc.) que, ao propiciar uma
  maior diversidade de formatos, suportes e ambientes para os processos
  interacionais, possibilitam e, em grande medida, impõem uma dinami-
  zação dos ritmos de produção e circulação de enunciados.

- *Hibridação de ingredientes da fala e da escrita*
  Como aponta Marcuschi[77], a consolidação de gêneros típicos de ambientes digitais (entre os quais atualmente se podem incluir o *email*, a con-
  versação *on-line*, a mensagem transmitida por aplicativos ou sites como
  Facebook, WhatsApp etc.) redefine as fronteiras entre a língua falada e
  a língua escrita, visto que esta última, acionada nas mais variadas situações de comunicação com uma frequência cada vez maior e em ritmos
  cada vez mais velozes, vai absorvendo, sob novas condições, elementos
  da primeira, configurando uma modalidade "não monitorada, não submetida a revisões, expurgos e correções"[78]. Na mesma esteira também se
  pode detectar o crescimento do uso de abreviaturas e siglas, expressões
  formulaicas e construções minimalistas.

- *Multimodalidade dos processos enunciativos*
  Verifica-se uma grande diversificação dos recursos semióticos empregados na construção de enunciados; conjugam-se escrita, som e imagem; utilizam-se novos e diferentes meios de transmissão e integram-se
  e combinam-se diferentes esquemas interativos.

- *Alteração dos encaixes espaço-temporais dos enunciados*
  A velocidade e a instantaneidade dos processos de interação viabiliza-
  dos pelas novas tecnologias mudam os enquadramentos tradicionais
  de espaço e de tempo, possibilitando a emergência de enunciados cuja

---

77. *Idem*, p. 74.
78. *Idem*, p. 75.

construção e cuja circulação não se realizam obrigatoriamente em bases lineares; avolumam-se os eventos enunciativos em moldes síncronos e as interações entre múltiplos sujeitos ao mesmo tempo, do tipo *muitos--para-muitos*[79].

- *Requalificação do estatuto dos parceiros da comunicação*
Modifica-se o caráter de enunciador e enunciatário. As posições de cada um assume em alguns ambientes e situações de enunciação um caráter fluido, prestando-se a uma permutabilidade que flexibiliza a questão da autoria dos enunciados. As simetrias e assimetrias entre os sujeitos também são afetadas, visto que o surgimento de novos modos de disseminação de saberes relativiza o papel de quem transmite e de quem recebe o conhecimento. A possibilidade de participar de redes de interação anonimamente ou com perfis artificiais enseja também a remodulação das identidades sociais dos sujeitos envolvidos nos processos de comunicação em ambientes virtuais.

Como as questões tratadas neste capítulo se relacionam com o discurso de divulgação científica da revista Ciência Hoje ao longo da sua história e em particular nas décadas de 1990 e 2000 é o que se discutirá no capítulo a seguir.

---

79. Como a própria expressão indica, uma interação do tipo *muitos-para-muitos*, de que os *chats* e outras formas semelhantes de rede são bons exemplos, é aquela em que as "falas" de diversos sujeitos são vistas/ ouvidas (e podem ser respondidas) por vários outros sujeitos presentes no mesmo ambiente virtual.

05

A Divulgação Científica e o Discurso da Revista *Ciência Hoje* nas Décadas de 1990 e 2000

1. DIVULGAÇÃO CIENTÍFICA COMO ARTICULAÇÃO DISCURSIVA DE ESFERAS

De tudo o que foi dito até agora não se deduza que os processos descritos nas páginas precedentes ocorram sem contradições, nem que o universo da ideologia corresponda a um todo monolítico. Ao contrário, embora as forças dominantes busquem, como aponta o Círculo de Bakhtin[1], impor um caráter monológico ao universo discursivo, ele é por natureza dialógico e, portanto, atravessado pelas forças que se enfrentam na luta pela construção dos sentidos e dos significados na vida social.

Manifestações contemporâneas desses enfrentamentos ocorrem em vários campos, nos quais, de diferentes maneiras, os significados dominantes são confrontados por posições alternativas e/ou de oposição, sejam elas de tipo residual ou emergente[2]. Tanto na comunicação da vida cotidiana quanto no

---

1. V. Volochinov, *Marxismo e Filosofia da Linguagem* [1929], publicado sob o nome de M. Bakhtin (Volochinov), tradução do fr. Michel Lahud e outros. 9. ed., São Paulo, Hucitec/Annablume, 2002, p. 47
2. A referência que se faz aqui é à distinção empregada por Raymond Williams para descrever as relações de embate e de tensionamento entre a cultura dominante e as forças que se lhe opõem. Segundo ele, as formas culturais alternativas são aquelas que, embora diferentes, não ameaçam a cultura dominante e podem, por isso, ser por esta toleradas ou mesmo absorvidas, enquanto as formas culturais opositoras, apontando para a mudança da sociedade, são inapelavelmente combatidas pela cultura dominante. A essa distinção pode ser, segundo Williams, combinada uma outra, entre formas residuais, que correspondem a sobrevivências do passado, e formas emergentes, que representam os novos significados, valores, práticas e sentidos em processo de criação na sociedade

âmbito dos sistemas ideológicos constituídos (religião, arte, mídia, ciência etc.) é possível visualizar, aqui e ali, focos dessas contendas em torno dos sentidos. Exemplos expressivos a esse respeito verificam-se, por exemplo, na *internet* e nas redes sociais, que se, por um lado, constituem espaços onde se afirmam os esquemas cognitivos, as referências espaço-temporais, os modos de pensamento, os processos de interação e os padrões enunciativos configurados pela consolidação das novas formas de organização da produção e de regulação política e social, por outro, configuram instâncias nas quais os sentidos dominantes são também questionados, combatidos e, muitas vezes, desconstruídos.

Em meio a esse fluxo de vozes, forças e tendências que se encontram no universo ideológico, a divulgação científica apresenta-se como um terreno no qual alguns dos principais antagonismos se refletem e se refratam de uma maneira em que joga papel importante o fato de se tratar de uma produção enunciativa que, extrapolando os limites de um único campo de atividade e de comunicação, situa-se em uma zona de intersecção de diferentes esferas.

Tal chave de interpretação, moldada no diálogo com a tradição de estudos na área, entre os quais podem ser assinalados os de Bueno[3], Authier-Revuz[4], Zamboni[5] e Grillo[6], implica o entendimento da divulgação científica não apenas como uma atividade caracterizada pela "utilização de recursos, técnicas e processos para a veiculação de informações científicas e tecnológicas ao público em geral"[7], mas também como um discurso específico que se consubstancia em uma produção enunciativa na qual se articulam elementos de diferentes campos, sendo os principais o científico, o educacional e o jornalístico/midiático.

(R. Williams, "Base e Superestrutura na Teoria da Cultura Marxista", *Cultura e Materialismo*, São Paulo, Editora da Unesp, 2011, pp. 55-58).

3. Wilson da Costa Bueno, *Jornalismo Científico no Brasil: uma Prática Dependente*. ECA/USP, São Paulo, 1984. Tese de Doutorado.

4. J. L. Authier-Revuz, *Palavras Incertas: As Não Coincidências do Dizer*, Campinas, Editora da Unicamp, 1998.

5. L. M. S. Zamboni, *Cientistas, Jornalistas e Divulgação Científica*, Campinas, Autores Associados, 2001.

6. S. V. C. Grillo, *Divulgação Científica: Linguagens, Esferas e Gêneros*, São Paulo, FFLCH/USP, 2013. Tese de livre-docência.

7. Wilson da Costa Bueno, *op. cit.*, p. 18.

No Brasil, essa intersecção de esferas pode ser observada em uma trajetória que se desenvolve desde, pelo menos, a chegada da família real portuguesa, no século XIX, a partir de quando, nas suas manifestações mais consistentes, a divulgação científica se realiza, conforme mostram Massarani e Moreira[8], predominantemente sob o influxo de três correntes, cujas caracterizações evidenciam (a despeito de não ser este o foco de atenção dos autores) a presença da ciência, da educação e da mídia como principais esferas de atividade e de comunicação envolvidas (em graus maiores ou menores, conforme o momento) na composição desse discurso.

É o que se comprova já na apresentação da primeira corrente: delineada de modo mais claro, segundo os autores, por volta dos anos 1920, ela se constitui pela comunhão de interesses de agentes dos campos científico e educacional, exprimindo-se por um forte engajamento de cientistas e professores interessados no desenvolvimento científico do País e na valorização da ciência "pura" e "desinteressada". Entre os seus representantes nessa época encontram-se figuras ligadas principalmente à Associação Brasileira de Ciências e à Associação Brasileira de Educação, como Henrique Morize, Edgard Roquete-Pinto, Amoroso Costa e Miguel Osório de Almeida. É no impulso dessa corrente que surge mais tarde, em 1948, a Sociedade Brasileira para o Progresso da Ciência-SBPC, que entre os seus objetivos contempla também a divulgação científica.

A segunda corrente, definida pelos autores como aquela que assume mais diretamente a ideia de popularizar a ciência e retirá-la do domínio exclusivo dos especialistas, traduz-se pela implementação de práticas de interação entre os cientistas e outros setores da sociedade, pela implantação de museus, centros e feiras de ciência e pela realização de filmes educativos, programas de rádio e televisão etc. Alguns dos momentos mais fortes dessa corrente, segundo Massarani e Moreira, situam-se nas décadas de 1960, 1970 e 1980.

A terceira é representada pelo jornalismo científico e, ilustrando a associação da esfera da mídia com as outras duas, traduz-se principalmente no incremento da divulgação da ciência nos diversos meios de comunicação, tendo em José Reis a sua figura mais expressiva.

---

8. L. Massarani & I. C. Moreira, "A Divulgação Científica no Brasil e suas Origens Históricas", *Revista TB* nº 188, Rio de Janeiro, Tempo Brasileiro, 2012.

Atuando em diferentes níveis e de diferentes maneiras ao longo de toda a história dessa atividade no Brasil, a presença de influxos provenientes das três correntes atesta a articulação das esferas científica, educacional e jornalístico-midiática na divulgação científica e concorre para dar às práticas discursivas a ela associadas determinadas características, catalisadas pelo objetivo, conforme assinala Grillo, de "promover a formação de uma cultura científica no conjunto da sociedade"[9].

A esse objetivo, modelado, por sua vez, pelas injunções do contexto histórico-social, pode-se creditar, em considerável medida, o grande volume de ações de divulgação científica que se desenvolvem no Brasil a partir da década de 1970, quando, entre os vários sujeitos envolvidos com essa atividade, destaca-se a Sociedade Brasileira para o Progresso da Ciência-SBPC, cuja atuação, norteada por uma determinada compreensão da realidade do País, afirma a importância da ciência no desenvolvimento econômico e social e enfatiza a necessidade de estreitamento dos laços entre a comunidade científica e o restante da sociedade. Nesse sentido, o testemunho de Massarani e Moreira, somando-se a outros, dá conta de que nesse período

[...] uma ideia se destacava: a ciência como ferramenta importante para superar o subdesenvolvimento e as questões sociais enfrentadas pelo país. Daí a relevância das atividades de educação científica formal e não formal, esta última constituída especialmente pela divulgação científica. Desde aquela época, as Reuniões Anuais da SBPC passaram a desempenhar um papel importante na divulgação científica, atraindo milhares de jovens, cientistas, professores e outros participantes – os números atingiam a casa das 20000 pessoas por reunião.
A mobilização em torno da SBPC e de suas reuniões, nas décadas de 1970 e 1980, gerou núcleos de cientistas, professores e estudantes que, em pontos diversos do país, reiniciaram movimentos para organização de palestras e eventos de divulgação da ciência, para a implantação de espaços científico-culturais e para a criação de novos instrumentos de comunicação pública da ciência na mídia[10].

Animadas por esse espírito, são postas em prática, nas décadas de 1980, 1990 e 2000, várias iniciativas que, conjuminando desígnios científicos,

---

9. S. V. C. Grillo, *op. cit.*, p. 13.
10. L. Massarani & I. C. Moreira, *op. cit.*, pp. 5-6.

educativos e jornalísticos, propõe-se contribuir para a disseminação do conhecimento científico na sociedade. Entre elas figuram revistas, seções de matérias e reportagens em jornais, programas de televisão, segmentos dedicados à ciência no interior de programas jornalísticos ou de variedades, portais, *blogs* e redes na *internet*, museus, eventos, centros e prêmios ligados à ciência, além de ações governamentais e atividades acadêmicas em várias universidades.

É na condição de atividade produzida nesse contexto que a divulgação científica desenvolvida no Brasil nas últimas décadas vai se caracterizar como uma produção discursiva na qual vão se refletir e se refratar antagonismos, contradições e tensionamentos ideológicos típicos da sociedade contemporânea, e é no interior desse processo que, constituindo importante instrumento de atuação da SBPC, a revista *Ciência Hoje* vai desempenhar papel de grande relevância.

2. A SBPC E A CRIAÇÃO DA REVISTA *CIÊNCIA HOJE*

Ressalte-se desde logo que, embora a atuação da SBPC durante e depois da década de 1970 seja uma das grandes responsáveis pela valorização da atividade de divulgação científica, ela não é o único sujeito no período a desenvolver ações nesse sentido. Além da continuidade de canais tradicionalmente já mobilizados nessa prática discursiva (como livros didáticos, certos textos literários etc.), alguns outros atores, entre eles editoras e empresas jornalísticas obviamente atentas às possibilidades de capitalização (financeira e/ou simbólica) oferecidas pelo setor, também implementam iniciativas importantes. Para ficar somente no segmento das revistas, vale mencionar, por exemplo, a Abril, que, depois de publicar, no decorrer da primeira metade da década de 1980, a *Ciência Ilustrada* (versão brasileira da americana *Ilustraded Science*), passa a editar, a partir de 1987, a revista *Superinteressante*. A Globo, por sua vez, cria, em 1991, a *Globo Ciência*, que depois dá origem à *Galileu*. Já na década de 2000 também passa a ser publicada no Brasil, contando com artigos e matérias de cientistas e jornalistas brasileiros, a *Scientific American*. Além dessas, ao longo das décadas de 1980, 1990 e 2000 são criadas também várias revistas de fundações de apoio à pesquisa (Fapesp, Faperj etc.) e algumas ligadas a áreas específicas do conhecimento (história, língua portuguesa etc.)[11].

A diversidade de interesses, forças e posições na origem dessas iniciativas já seria, por si só, suficiente para garantir a presença de certos tensionamentos, contradições e antagonismos na constituição desse discurso no momento histórico focalizado. A isso se acrescente o fato de que as décadas de 1970, 1980, 1990 e 2000 correspondem justamente ao período durante o qual estão se configurando os padrões flexíveis de acumulação do capital e, correspondentemente, sobrepondo-se na luta ideológica os sentidos, significados, práticas e valores associados às estruturas e ritmos das novas formas de organização das forças produtivas que, instalando no seio da vida social o imperativo do desempenho e da produtividade, o primado da velocidade, da instantaneidade e da transitoriedade e o domínio do fragmentário, do contingente e do descartável, pressupõem um intenso desenvolvimento dos sistemas de comunicação e de informação e um modo de incorporação do conhecimento científico no qual (sob o efeito de processos como a *tecnologização* e a *mercantilização*) ele tende a ser progressivamente absorvido pelas relações que governam o mercado.

Dada essa presença fundamental do conhecimento científico no cerne do processo, a divulgação científica não poderia deixar de se constituir em uma prática discursiva fértil para enfrentamentos e lutas na construção dos significados e sentidos acerca da ciência e do seu lugar na vida social. Quanto a isso, pode-se dizer que, compondo o fluxo dialógico da sociedade, o discurso de divulgação científica no referido período se configura como um terreno habitado por vários embates que se travam sobre o solo de um antagonismo fundamental: de um lado, uma concepção de ciência como bem social voltado para o desenvolvimento da sociedade em geral (mais presente em significados e sentidos associados à modernidade); de outro, uma visão do conhecimento como um bem econômico acessado

---

11. A maior parte das informações mencionadas nesse parágrafo foi extraída de Massarani e Moreira ("Aspectos Históricos da Divulgação Científica no Brasil", em L. Massarani; I. C. Moreira & F. Brito, *Ciência e Público: Caminhos da Divulgação Científica no Brasil*, Rio de Janeiro, Casa da Ciência – Centro Cultural de Ciência e Tecnologia da UFRJ, Fórum de Ciência e Cultura, 2002; e "A Divulgação Científica no Brasil e suas Origens Históricas", *Revista TB* nº 188, Rio de Janeiro, Tempo Brasileiro, 2012), que, obviamente, não são responsáveis por eventuais erros de análise aqui cometidos.

de acordo com as regras do mercado (mais forte em signos e sentidos da pós-modernidade).

Atravessando vários campos da comunicação socioideológica, esse antagonismo de fundo também vai estar presente na produção enunciativa de *Ciência Hoje*, na qual predomina, ao longo do tempo, um acento apreciativo positivo na primeira posição, ou seja, no entendimento da ciência como um bem público destinado a contribuir para o bem-estar social. A esse respeito, a revista assume até mesmo um papel paradigmático, ao adotar, de maneira especialmente marcante na sua primeira década de existência, uma atuação no contrafluxo das tendências pós-modernizantes, incorporando à sua arquitetura uma representação da ciência muito mais próxima de uma visão que se poderia chamar de modernista, na medida em que as vozes e avaliações sociais que se refletem e se refratam nos seus enunciados nesse período configuram o predomínio de *a.* uma concepção sistêmica do mundo; *b.* um senso de prevalência do coletivo sobre o individual; *c.* a valorização da ideia de totalidade; e, *d.* um compromisso com a construção do futuro.

Assentada nessas bases é que a criação da revista (em 1982)[12] efetiva-se como um ato por meio do qual a SBPC sustenta a posição assumida por ela ao longo da década anterior, no sentido de reafirmar o envolvimento da ciência e dos cientistas com o desenvolvimento do Brasil, e ao mesmo tempo manifesta sua intenção de, criando um canal de comunicação direta com os demais setores da sociedade, participar ativamente do debate que se trava naquele momento em torno da redemocratização do País.

Combinando elementos das três correntes de divulgação científica, a proposta de *Ciência Hoje* se integra, assim, a uma estratégia que, desdobrada em outras iniciativas empreendidas pela SBPC nos anos seguintes[13], articula elementos das esferas da ciência, da educação e da mídia em um projeto moderno-iluminista de atuação que reitera o entendimento da ciência como um conhecimento comprometido com o futuro, com uma visão sistematizante da experiência humana e com a promoção da educação e

---

12. Para uma discussão mais detida sobre o processo de criação de *Ciência Hoje*, bem como das relações da SBPC com o contexto histórico-social em que surge a revista, ver Costa (*Da Ciência à Política. Dialogismo e Responsividade no Discurso da SBPC nos Anos 80*, São Paulo, Fapesp/Annablume, 2010).

13. Entre essas iniciativas, vale a pena mencionar a criação da revista *Ciência Hoje para Crianças*, em 1986, do *Jornal da Ciência*, em 1992, e da *Ciência Hoje on Line*, em 1996.

do desenvolvimento, contribuindo para a solução de grandes problemas como a miséria e a degradação ambiental e para a construção de uma sociedade esclarecida pelo pensamento racional.

Lato sensu, são esses os grandes fundamentos axiológicos que, instruindo uma determinada forma de inserção na realidade brasileira, esteiam o processo de criação de Ciência Hoje e desempenham papel hegemônico na organização editorial e gráfica da revista, incorporando-se em grande medida à sua configuração arquitetônica como um todo: ao nome, à programação visual, à relação entre sujeito e destinatários, à distribuição de seções e de assuntos, à forma de manuseio dos gêneros utilizados etc.

É também nesses eixos que se ancora a produção enunciativa de *Ciência Hoje* no decorrer de toda a década de 1980, quando, em vista do momento histórico vivido pelo Brasil, os embates relativos à vida política e social do País assumem o primeiro plano sobretudo nos seus editoriais, que se delineiam como territórios nos quais as diferentes posições, forças e vozes associadas aos principais projetos político-ideológicos em disputa (encontrando-se em objetos do dizer como o papel da ciência no desenvolvimento nacional, as políticas de investimento em ciência e tecnologia, as relações entre a ciência e as estruturas de poder no Brasil etc.) confrontam-se a respeito da situação econômica, política e social do País.

No entanto, se é verdade que durante toda a história da revista predominam os mencionados eixos axiológicos e os significados, concepções e práticas a eles associadas, não é menos verdade que esse predomínio não permanece absoluto. Especialmente depois da década de 1980, conquanto a linha mestra da revista continue no geral a mesma, a balança dos antagonismos sofre algumas alterações e em certos momentos ganham mais espaço outras linhas de força que também vão se refletir e se refratar na arquitetura da revista e de seus enunciados, aos quais passam a se incorporar (às vezes com maior volume e intensidade) referências, parâmetros e procedimentos ensejados pela emergência das novas formas de organização da produção e das correspondentes transformações nos sistemas ideológicos constituídos e na ideologia do cotidiano.

Nesse sentido, as mudanças na arquitetura enunciativa de *Ciência Hoje* em diferentes momentos da sua história, confirmando a indissociabilidade entre o enunciado e a realidade histórico-social em que ele se produz, constituem testemunhos expressivos da evolução dos embates ideológicos que se refletem e se refratam no discurso da revista.

Comparando a produção enunciativa da revista na década de 1980 com a das décadas seguintes, é possível, então, perceber algumas descontinuidades em grande medida explicáveis pelo assédio de esquemas cognitivos, procedimentos interacionais, padrões de enunciação, referências espaço-temporais e representações do conhecimento científico implicados pelos sistemas de regulação econômica, política e social típicos da era da acumulação flexível.

Observáveis em vários elementos da arquitetura de *Ciência Hoje* ao longo de sua existência, essas descontinuidades podem ser visualizadas de maneira privilegiada nos seus editoriais (dado o caráter estratégico que esse gênero cumpre na produção discursiva da revista), como a seguir se mostra.

3. *CIÊNCIA HOJE* NA DÉCADA DE 1980: SOB O IMPULSO DA POLITIZAÇÃO

Tomemos, para dar início a uma análise comparativa, um enunciado bastante representativo do discurso da revista na década de 1980, publicado na edição nº 11 (março-abril de 1984) (ver página seguinte).

Antes de mais nada, cumpre ressaltar a importância decisiva que, em vista da realidade histórico-social vivida pelo Brasil na década de 1980, o gênero no qual esse enunciado é produzido (o *editorial*) assume no discurso de *Ciência Hoje*. Característico originalmente da esfera jornalística, aqui ele é ressituado e manuseado em um processo de enunciação no qual elementos de diferentes esferas ideológicas são articulados para a produção de um discurso específico (o de divulgação científica) em um contexto específico da história do País. Representando, nessas condições, um gênero que se encaixa perfeitamente ao intuito discursivo do sujeito (cujo propósito é afirmar a importância da ciência e dos cientistas na construção de uma sociedade democrática e no desenvolvimento da nação), o gênero *editorial* condensa de forma singular o encontro desse intuito com determinações da existência social, o que, no momento em questão, se expressa exemplarmente no modo como se combinam suas características temáticas, composicionais e estilísticas, a saber:

AO LEITOR

Caro leitor:

A exemplo de outras entidades, organizações, associações e sociedades de classe, a SBPC resolveu tomar posição em favor do restabelecimento imediato das eleições diretas para a presidência da República. Ao fazê-lo, não abdica de sua postura de intransigente afastamento de toda e qualquer atividade político-partidária, e nem supõe que esta mudança possa vir a resolver, num passe de mágica, os graves problemas por que o país vem passando. Todavia, ingressa na luta pelas diretas cônscia de seu significado enquanto manifestação de reencontro da nação consigo mesma.

O desenvolvimento da ciência no Brasil está hoje seriamente ameaçado por questões de natureza econômica e financeira. No entanto, a SBPC bem sabe que o fundo desses problemas é outro, e que mesmo a abundância de recursos — caso existisse — não seria por si só garantia de boa ciência. A escassez de recursos para as atividades científicas é apenas mais um dos frutos de uma política em que o autoritarismo e a falta de apoio efetivo por parte da sociedade levaram a um afastamento da realidade mal encoberto pela arrogância tecnocrática.

Não faltaram advertências da comunidade científica quanto aos equívocos da política do governo — como foi o caso, notoriamente, do malogrado e dispendioso programa nuclear. Mas os cientistas, como outros segmentos sociais, não foram ouvidos; nem quando defendiam seus legítimos interesses e nem, muito menos, quando buscavam resguardar os interesses nacionais em matéria de sua competência específica. E não se pode dizer que isso seja coisa do passado, já que neste momento vem sendo negociado um empréstimo junto ao Banco Mundial para a área de ciência e tecnologia que é tratado como mais uma injeção de dólares, sem que suas finalidades precípuas, sua oportunidade, os critérios de sua aplicação e seus efeitos reais sobre o desenvolvimento global da ciência e da tecnologia no país sejam adequadamente discutidos com a comunidade científica.

Urge buscar as bases para a legitimação do processo político. Urge procurar um sentido maior que reúna a nação na construção de uma sociedade em que todos se sintam participando e colaborando em algo que os transcenda. Sem esse espírito, os esforços se perdem e ganham primazia os interesses menores. E vai-se resvalando, a ponto de o país correr o risco de se ver reduzido a butim disputado por grupos organizados de aventureiros.

As ameaças não faltam. Ainda agora, na área de ciência e tecnologia, recrudescem os esforços para solapar a informática nacional, laboriosamente construída com base em um esforço sem o qual jamais escaparemos das malhas da dependência nos setores de ponta que comandarão o desenvolvimento científico e tecnológico mundial nas próximas décadas.

O sentido real da representação política e da participação da nação na construção de seu destino precisa ser restabelecido. E a eleição direta do próximo presidente da República — nas nossas circunstâncias e para além de argumentos cuja insinceridade é transparente — é um passo fundamental nessa trajetória. As sociedades científicas da área das ciências sociais sintetizaram muito bem o pensamento da comunidade científica. Publicando seu documento, bem como outras matérias pertinentes, *Ciência Hoje* solidariza-se, também, com um movimento cuja grandeza e significado redimem o país e anunciam ventos que só podemos aguardar com ansiosa esperança.

Os editores

- *Conteúdo temático* traduzido por um recorte informativo, opinativo e argumentativo da realidade, apresentando-se como elemento de introdução e de mediação entre o destinatário e um conjunto de outros enunciados. Daí suas potencialidades proselitistas e sua vocação para marcar a posição do enunciador, o que se presta muito bem, no caso de Ciência Hoje, ao objetivo do sujeito de defender o seu projeto de participação qualificada da ciência e dos cientistas na vida econômica, política e social.
- *Estilo* definido por uma configuração lexical, fraseológica e gramatical marcada pelo uso de vocábulos e construções compatíveis com a afirmação de posições, emissão de juízos, defesa de pontos de vista, proposição de bandeiras, conclamação para a ação etc.
- *Forma composicional* organizada com base na concisão e na simplicidade estrutural, favorecendo a concentração do discurso em um único ponto ou questão central e o uso de raciocínios esquemáticos e de construções dicotômicas, mobilizados normalmente para a contraposição entre os pontos de vista valorizados e os combatidos.

Conjugando-se a esses elementos estáveis, repetíveis (constitutivos da arquitetura do gênero), podem se observar ainda outros traços que o enunciado apresentado compartilha com praticamente todos os editoriais publicados na revista durante a década de 1980:

- autoria assumida por um sujeito supraindividual (*os editores*), que fala em nome de uma instância coletiva e evoca significados e valores relativos à sociedade como um todo, configurando um *ethos* enunciativo[14] que se aproxima do educador;

---

14. A noção de *ethos* é usada aqui no sentido que lhe atribuem Aristóteles e, de modo geral, as teorias da argumentação contemporâneas que se inspiram na retórica aristotélica. Remete, pois, ao caráter do orador, isto é, à imagem que ele produz de si mesmo, com o fim de angariar credibilidade e garantir a confiança do auditório a que se dirige. A utilização de categorias afetas à retórica nesta análise leva em conta que, para além de suas diferenças, a teoria bakhtiniana e a teoria da argumentação, enquanto conjuntos de princípios, categorias e procedimentos articuláveis ao estudo do discurso, apontam, cada uma a seu modo, para a natureza eminentemente dialógica do discurso, na medida em que tanto uma quanto outra atribui papel fundamental à *relação* entre o *sujeito* e o *outro* na elaboração discursiva. Além disso, o raciocínio aqui apresentado retoma a ideia, desenvolvida mais detidamente em Costa (L. R. Costa, *Da Ciência à Política. Dialogismo e Responsividade no Discurso*

- composição gráfica em um bloco compacto, sem título, que preenche a extensão de uma página com uma mancha textual de grande densidade[15];
- monotematização: o enunciado se ocupa centralmente em apresentar a posição da SBPC e relacioná-la, nesse caso, às eleições diretas para presidente da República e ao papel da ciência e dos cientistas na reconstrução da Nação;
- utilização quase exclusiva de recursos verbais: o enunciado praticamente se reduz à concentração de um bloco de texto sobre um fundo uniforme.

Levando em conta, nos termos propostos pelo Círculo, que os enunciados se constroem no interior de um fluxo dialógico e em resposta a enunciados em circulação no ambiente ideológico-discursivo em que eles são produzidos, não se pode deixar de considerar na análise desse editorial que sua publicação se dá em um contexto histórico marcado por uma intensa movimentação política e social. Protagonizada por vários atores e segmentos sociais (movimento sindical, associações de bairro, comunidades eclesiais de base, grupos de defesa dos direitos humanos e de educação popular, movimentos de saúde e de moradia, organizações políticas de esquerda etc.) que buscam satisfação para demandas sufocadas durante a ditadura militar, essa movimentação põe em xeque as relações de poder vigentes e concorre para a constituição de matrizes discursivas que, contrapondo-se às matrizes

---

da *SBPC nos Anos 80*, São Paulo, Fapesp/Annablume, 2010), de que, juntamente com a politização, um dos traços característicos do discurso materializado nos editoriais da revista *Ciência Hoje* na década de 1980 é justamente a *retorização*, ou seja, a orientação do discurso para propósitos persuasivos. Sobre a retórica, ver, entre outros, Aristóteles (Aristóteles, *Retórica*, trad. Antonio Tovar, 4ª ed. Madrid, Centro de Estudios Constitucionales, 1990), Perelman/Olbrechts-Tyteca (C. Perelman & L. Olbrechts-Tyteca, *Tratado da Argumentação: A Nova Retórica*, trad. Maria Ermantina Galvão G. Pereira, São Paulo, Martins Fontes, 1996), Perelman (C. Perelman, *O Império Retórico: Retórica e Argumentação*, trad. Fernando Trindade e Rui Alexandre Grácio, Porto(Portugal), 1993) e Meyer (Michel Meyer, *A Retórica*, trad. Marly N. Peres, São Paulo, Ática, 2007).

15. Registre-se, a bem da verdade, que os editoriais das três primeiras edições da revista utilizam um padrão de texto em duas colunas. A partir da edição de janeiro de 1983 passa a ser utilizado um único bloco, sem colunamento, que perdura até julho-agosto de 1984. A partir da edição de setembro-outubro de 1984, volta a ser utilizado o formato em duas colunas, que, com variações ocasionais, predomina até 1997. De todo modo, seja com uma, seja com duas colunas, durante todo esse período (que vai do início da revista até o ano de 1997), o editorial é composto por uma densa mancha textual.

discursivas autoritárias então dominantes, invadem praticamente todas as esferas da comunicação socioideológica, dando o tom a grande parte da produção enunciativa do período. Baseadas na valorização da ação política autônoma e orientadas para a construção de novas formas de relação entre a sociedade e o Estado, essas matrizes discursivas reivindicam para o povo um novo lugar na vida social e política, lugar este definido pelo reconhecimento dos seus direitos e pela legitimidade da sua participação nas decisões relativas aos destinos do País.

Publicado no ano de 1984, em pleno calor da campanha pelo restabelecimento das eleições diretas para presidente da República no Brasil, esse editorial se constitui, então, como um evento discursivo que simultaneamente produz e é produzido pelo contexto. Na qualidade de enunciado, ele se compõe como um território em que vozes ideológicas da sociedade ao mesmo tempo se constroem, manifestam-se e dialogam. Por isso, nele se vê, incorporado aos elementos da sua arquitetura e às imagens de sujeito e de destinatário que daí emergem, um modo específico de interação entre a vontade discursiva do enunciador e alguns dos traços fundamentais da configuração ideológico-discursiva do momento. Entre esses traços, cujos influxos concorrem para dar ao enunciado uma face que se poderia chamar de modernista, podem ser destacados: a politização, a retorização, a valorização do futuro e a perspectiva da totalidade.

A politização é o impulso básico que catalisa os demais traços e norteia a construção do enunciado e do sujeito que o enuncia. É *em diálogo com* e *em resposta à* atmosfera de intenso debate político que potencialidades retóricas do gênero são mobilizadas para a defesa de determinadas posições, projetando-se no editorial um enunciador confiante no papel das ideias e na força racionalizante das palavras. Daí ser o *logos* (o raciocínio, a argumentação) um dos princípios estruturantes do enunciado, não consistindo em acaso que ele se apresente como uma totalidade compacta de signos verbais organizados segundo uma finalidade persuasiva. Situado no interior de um fluxo discursivo extremamente politizado (no qual a crítica à ditadura militar e o debate entre diversos projetos de reorganização da sociedade são dados essenciais), esse sujeito acredita no vigor dos seus argumentos e no programa político com que ele se acha comprometido, razão pela qual sua assinatura tem um cunho institucional, sendo a autoria do enunciado assumida pelos *editores*, que se responsabilizam não apenas

A Divulgação Científica e o Discurso da Revista *Ciência Hoje...*   213 pela execução do projeto editorial-jornalístico da revista, mas também pela sua orientação ético-política.

Sob as injunções da intensa politização que, em diferentes graus, invade a produção enunciativa em praticamente todas as esferas da comunicação ideológica, esse sujeito política e retoricamente impulsionado dirige-se a um destinatário para, buscando encurtar a distância entre ambos (estratégia na qual se encaixa o recurso, logo no início, ao vocativo "Caro leitor"), apresentar uma tese, defender um ponto de vista, marcar a posição da comunidade científica.

Em consonância com esse *ethos* enunciativo, a imagem de destinatário que se produz é a de um auditório a ser *persuadido*. A modalidade retórica do enunciado, portanto, é de natureza *deliberativa*[16]: trata-se de conquistar a adesão do destinatário a uma tese e convencê-lo da importância e da necessidade de adotar determinadas ações com vistas à construção da *vida futura* na *polis*. Daí o texto ser pontuado por sintagmas verbais que remetem ao caráter propositivo e ativo do sujeito: *tomar posição, ingressa na luta, urge buscar, urge procurar, precisa ser restabelecido*.

O objeto do dizer, que é a importância da ciência e dos cientistas na reconstrução da Nação, é atravessado por um grande diálogo no qual diferentes posições debatem seus projetos para a sociedade. A centralidade da vida na *polis* se estampa no enunciado do início ao fim, manifestando-se, por exemplo, em uma composição lexical marcada pela presença de termos e expressões que apontam para o universo da ação política: *entidades, organizações, associações, sociedades de classe, eleições diretas, atividade político-partidária, processo político, construção de uma sociedade, participação da nação* etc.

Refletindo uma divisão presente na própria sociedade, o editorial é então percorrido por uma linha que, contrapondo as posições associadas à ditadura, ao atraso e ao autoritarismo, de um lado, às posições progressistas e comprometidas com a construção de uma sociedade democrática, de outro, configura uma clivagem que, em termos léxico-semânticos, pode ser assim esquematizada:

---

16. A referência de fundo aqui são os três gêneros da retórica clássica: o judiciário, que acusa ou defende, incidindo predominantemente sobre um fato passado; o deliberativo, que busca mover ou dissuadir a respeito de uma ação futura; e o epidítico, que elogia ou censura e versa em geral sobre o presente.

Autoritarismo/Ditadura	Progressismo/Democracia
graves problemas do país	reencontro da nação consigo mesma
desenvolvimento da ciência seriamente ameaçado	advertências da comunidade científica
escassez de recursos	luta pelas diretas
equívocos da política do governo	legítimos interesses dos cientistas
arrogância tecnocrática	resguardar os interesses nacionais
interesses menores	sentido maior
ameaças não faltam	todos participando em algo que os transcenda
recrudescem esforços para solapar a informática nacional	laboriosamente construída com um esforço
argumentos cuja insinceridade é transparente	sentido real da representação da nação

Todos esses elementos[17] mostram como, no editorial em foco (produzido no interior de um fluxo discursivo no qual predomina uma atmosfera de intensa politização e debate), os elementos constitutivos do gênero (o conteúdo temático, o estilo e a forma composicional) são mobilizados para, em interação e diálogo com as linhas mestras do contexto, compor um enunciado que se estrutura em um todo retórico cujo propósito, formatado por limites e parâmetros característicos das principais esferas ideológicas articuladas pela atividade de divulgação científica, é levar o destinatário a aderir a uma determinada tese quanto à melhor maneira de prover as relações entre o Estado e a sociedade e quanto ao papel da ciência, dos cientistas e do conhecimento científico na construção do futuro do País.

---

17. O quadro comparativo e algumas ideias usadas na análise desse editorial já se encontram parcialmente desenvolvidos em Costa (L. R. Costa, "Dialogismo, Responsividade e Referenciação: Uma Análise de Editoriais da Revista *Ciência Hoje*", em B. R. V. Garcia; C. L. Cunha; E. L. Piris; F. S. M. Ferraz; P. R. Gonçalves Segundo [orgs.], *Análises do Discurso: O Diálogo entre as Várias Tendências na USP*, São Paulo, Paulistana, 2009).

4. DO FIM DOS ANOS 1980 A MEADOS DOS ANOS 1990: CONTINUIDADES

Ressalvados pequenos aprimoramentos gráficos, remanejamentos das páginas internas, mudanças no padrão de papel, criação e extinção de seções, ajustes visuais etc., os eixos organizadores da revista como um todo e, em particular, dos seus editoriais continuam praticamente os mesmos durante toda a década de 1980 e boa parte da década de 1990, como se pode comprovar por esta amostra extraída do período:

Janeiro-fevereiro 1986

AO LEITOR

Caro leitor

"É assegurado aos cidadãos brasileiros e às organizações sociais de nacionalidade brasileira o direito de livre informação." Começa assim o artigo primeiro de um projeto de lei preparado no âmbito do Ministério da Justiça para ser enviado à apreciação do Congresso Nacional. Sua proposição não é uma iniciativa isolada. A idéia de um tratamento jurídico unificado a essa questão começou a nascer durante a 34ª Reunião Anual da SBPC, realizada em Belém há quase dois anos, e resultou em demandas oriundas de diversos setores da sociedade civil.

Havia suspeitas de manipulação no cálculo do INPC, mas ninguém — nem o movimento sindical, diretamente interessado — tinha acesso garantido aos dados econômicos essenciais para conferir os resultados. Havia — e ainda há — lutas em curso para deter a degradação ambiente em Cubatão (SP), mas aos moradores desta cidade podia — e pode ainda — ser negado o acesso aos indicadores mais importantes sobre sua própria qualidade de vida. As críticas ao Programa Nuclear — que incluíam questionamentos sobre a segurança da usina de Angra dos Reis (RJ) — esbarravam no desconhecimento do que se passava. O trabalho dos historiadores era — e é — limitado pela inusitada manutenção do segredo de Estado sobre fatos ocorridos há mais de um século, como os relativos à Guerra do Paraguai. O mesmo ocorria com os antropólogos, a quem a Funai não fornecia informações essenciais sobre as populações indígenas. Até dados sobre a saúde dos trabalhadores eram — são — considerados propriedade exclusiva da empresa que os contrata, numa demonstração crua de que o autoritarismo não é problema apenas do aparelho de Estado.

Não fizemos uma listagem exaustiva. Sequer mencionamos o aspecto que tem merecido, nos jornais, maior divulgação: trata-se de uma lei que, de alguma forma, questiona o poder de o Estado tomar decisões sobre a vida de cada cidadão com base em informações jamais divulgadas ao interessado e oriundas de fontes protegidas pelo lusco-fusco do segredo, da impunidade e, portanto, da não-responsabilidade. Numa época em que a informatização permite centralizar e tornar operacionais informações numa escala até hoje desconhecida, é mais do que tempo de regulamentar essa prática, limitando seu alcance e tornando mais transparente seu exercício.

A batalha pela descentralização responsável de informações, como se vê, interessa a todos. No Brasil, breve terá uma importante escaramuça, quando for votada a nova lei de agrotóxicos (ver página 57 desta edição). Que princípio prevalecerá, o do segredo industrial ou o da responsabilidade social? Antes de decidir, nossos legisladores devem ser informados de que acidentes como o de Seveso (na Itália) ou o de Bhopal (na Índia) provavelmente não teriam ocorrido se as normas de funcionamento das indústrias tivessem sido submetidas à análise de pessoal qualificado, porém independente das empresas em questão.

Mas há mais. O país necessita informar-se urgentemente sobre si mesmo, em todos os níveis. Para tanto, será preciso entender a informação de modo mais abrangente. Assim como reconhecemos a importância dos censos demográficos e econômicos, deveríamos reconhecer que a catalogação da nossa fauna e flora, a determinação do perfil do nosso subsolo e o conhecimento do nosso mar territorial são tarefas inadiáveis, não só para que possamos saber que país é este, mas também para definirmos políticas mais eficazes de preservação da natureza que nos cerca. A situação é grave. Provocam-se na Amazônia, hoje, as maiores queimadas na mata virgem de toda a história da humanidade. Da mata atlântica restam apenas vestígios. Destrói-se aceleradamente o Pantanal de Mato Grosso. É o Brasil que se desfigura, desconhecendo-se.

O direito à informação, portanto, começa no indivíduo, perpassa as organizações sociais e atinge uma dimensão mais ampla no direito de a nação informar-se sobre si mesma. Isso pressupõe condições plenas de funcionamento às instituições, museus e centros de pesquisa capazes de ajudar nessa tarefa, em todas as suas múltiplas dimensões. Num ano em que o país será chamado a rever sua organização jurídico-política — a ano de eleições para a Assembléia Nacional Constituinte — é preciso alargar o pensamento e realizar um aggiornamento da própria definição de nação e de cidadania, sob pena de que venhamos a perceber a importância de tudo o que estará em jogo apenas quando tudo tiver virado história.

Os Editores

Março-abril 1986

AO LEITOR

A REDESCOBERTA DO BRASIL

Propagar os conhecimentos e estudos das ciências naturais de reino do Brasil — "que encerra em si milhares de objetos dignos de observação e exame, que podem ser empregados em benefício do comércio, da indústria e das artes" — foi um dos objetivos que nortearam, em 1818, a criação do Museu Real, herdeiro direto da Casa de História Natural, fundada no século XVIII, e precursor do Museu Nacional. Quase 170 anos se passaram, e nem metade da fauna brasileira foi ainda descrita. É crítica a situação da instituição, que abriga três milhões de peças de interesse para a antropologia, a botânica, a zoologia, a geologia e a arqueologia. Numerosas coleções podem ser perdidas em prazo relativamente curto, fazendo com que pesquisadores do nosso país tenham que recorrer, cada vez mais, a museus estrangeiros que guardam material oriundo daqui. Com um pouco de imaginação, qualquer um pode visualizar o despreparo de profissionais a quem faltam recursos e instalações, equipamentos e material, formal e alfinetes.

Interessa, afinal, conhecer animais e plantas que compartilham conosco o território em que vivemos? Para quê? Interessa entender a evolução da vida e do ambiente, ou este é um luxo desnecessário? Vale a pena preservar a memória nacional? Já é hora de enfrentarmos, governo e sociedade, claramente essas questões.

As coleções do Museu Nacional, do Museu Paraense Emílio Goeldi e de instituições similares equivalem, para as ciências acima descritas, a um verdadeiro banco de dados, sem os quais a própria construção de teorias passa a ser tarefa impossível e vã. Quanto às exposições — que, por falta de recursos, não são renovadas há muito — basta lembrar que 300.000 brasileiros às visitam todos os anos (só no Museu Nacional) para que se tenha noção do inestimável serviço que prestam à causa da educação e da difusão de cultura. Afinal, além de instituições, de língua e de hábitos, os cidadãos de um país compartilham de uma história e de um território, constituintes da própria idéia de nacionalidade e integrantes essenciais de qualquer reflexão criativa sobre os caminhos a percorrer no futuro.

O desconhecimento sobre a trama da vida nas regiões onde nós mesmos vivemos tem, ademais, um preço muito concreto. Dos mesmos zoólogos a quem são negadas condições de trabalho esperam-se, por exemplo, soluções para o problema da mosca *Haematobia irritans*, que ataca o gado e pode produzir prejuízos da ordem de bilhões de cruzados à economia do país. Aos botânicos pede-se que ajudem à agricultura. Tais possibilidades, no entanto, não surgem do nada: espécies semelhantes apresentam comportamentos e características diferentes, exigindo estudos comparativos, freqüentemente multidisciplinares. Qualquer ramo do conhecimento científico só se desenvolve e apresenta resultados consistentes depois de longo trajeto, cheio de dificuldades teóricas e experimentais.

É preciso investir em pesquisa, básica e aplicada. Se a interação entre animais e vegetais permanecer, em grande medida, como hoje, misteriosa, tão inóbvia, desenvolver tecnologias agrícolas próprias, eficazes e adequadas ao nosso meio. Se a destruição predatória de regiões inteiras não for detida, perderemos, para sempre, pistas importantes sobre a história natural do nosso país. O próprio acervo de conhecimentos populares, bem como a cultura indígena, ainda são livro fechado, escrito em língua indecifrada. Que surpresas não estão ali reservadas?

É preciso recuperar a memória — histórica, antropológica, geológica, biológica — do país, porque, sem ela, não seremos capazes de construir nossa identidade social, cultural e tecnológica. Interesses particularistas não podem impedir que diferentes ministérios se unam nessa tarefa, especialmente o da Cultura, da Educação e da Ciência e Tecnologia. Breve poderá ser tarde demais.

Os Editores

216   A Questão da Ideologia no Círculo de Bakhtin

Janeiro-fevereiro 1987

Dezembro 1989

Março 1991

Abril-maio 1991

Abril 1993

CIÊNCIA HOJE
EDITORIAL

Educação científica: um problema nacional

Maio 1993

CIÊNCIA HOJE
EDITORIAL

O Estado e a Ciência

Abril 1994

CIÊNCIA HOJE
EDITORIAL

O desafio do apoio à ciência nos estados

Outubro 1995

EDITORIAL

DEMOCRACIA E LEI DE IMPRENSA

Maio-junho 1997   Julho 1997

A despeito de algumas diferenças (sendo as principais a mudança do nome da seção, que, em meados de 1990, passa a se chamar expressamente *EDITORIAL*, e a adoção de um título, que começa a aparecer na edição de março-abril/1986), todos os editoriais mostrados nessa sequência podem ser filiados a uma mesma concepção arquitetônica, pela qual se materializa uma determinada forma de inserção ideológica no panorama discursivo em que eles se inscrevem. À semelhança do editorial de março-abril/1984, todos eles apresentam como traços comuns:

- inscrição em discurso específico impulsionado pelo objetivo de disseminar o conhecimento científico para o conjunto da sociedade e contribuir para a formação dos cidadãos;
- função de mediação entre o destinatário e os enunciados da edição;
- sujeito supraindividual, que fala em nome de uma instância coletiva;
- localização nas páginas iniciais da edição;
- tamanho de uma página;

- diagramação em uma mancha textual compacta (com uma ou duas colunas);
- composição em apenas um bloco textual, sem subdivisões;
- caráter monotemático, em geral versando sobre o papel da ciência e dos cientistas no desenvolvimento da nação;
- utilização concentrada de recursos verbais, praticamente se reduzindo a um bloco de texto sobre um fundo uniforme.

Como já assinalado anteriormente, todas essas características são concatenadas em uma atuação discursiva assentada axiologicamente numa forma específica de conceber o papel da ciência, dos cientistas e da divulgação científica na sociedade. Assim, em todos esses editoriais, a forma composicional, o estilo e o conteúdo temático do gênero se articulam a um propósito discursivo definido pela intenção de intervir na realidade social a partir de um programa de atuação voltado não apenas para a prestação de informações sobre o conhecimento que se desenvolve na esfera da ciência, mas também para a incorporação dessa informação a práticas de promoção da educação e do desenvolvimento do País. Variações à parte, o que esses editoriais testemunham, portanto, é a continuidade de uma mesma linha discursiva, cujos eixos fundamentais são aqueles adotados desde o surgimento da revista.

A partir da segunda metade da década de 1990, no entanto, esse quadro começa a apresentar alterações que apontam justamente para quebras nessa linha.

5. DA SEGUNDA METADE DOS ANOS 1990 EM DIANTE: DESCONTINUIDADES

Os primeiros sinais de que mudanças importantes na produção enunciativa da revista (e, por consequência, também nos seus editoriais) estão por vir aparecem de maneira mais clara no editorial de agosto de 1997, cuja arquitetura apresenta em relação aos antecedentes uma considerável alteração, que se torna patente quando ele é contrastado com os dois editoriais imediatamente anteriores, o de maio-junho e o de julho de 1997.

A QUESTÃO AMBIENTAL NO BRASIL

Vista através da perspectiva clássica de denúncia ecológica, a questão ambiental no Brasil vai mal. Para tanto, não faltam afirmações de que o país enfrenta um retrocesso nessa área. Enquanto algumas organizações não-governamentais se limitam ao *lobby* do verde, autoridades responsáveis pela formulação e implementação de políticas públicas na área ambiental fazem declarações insistindo em teses antiquadas.

Entretanto, uma análise histórica cuidadosa permite conclusões mais animadoras. Nos últimos 25 anos – isto é, desde a primeira Conferência Mundial das Nações Unidas sobre *O homem e o meio ambiente*, realizada em Estocolmo, em 1972 – conseguimos importantes progressos na área ambiental. No plano institucional, o país dispunha, naquela ocasião, de apenas duas pequenas agências de governo, uma em São Paulo e outra no Rio de Janeiro, responsáveis pelo controle da poluição e pela conservação do meio ambiente. No plano federal, não havia nenhuma. Somente em 1973 foi criada a Secretaria Especial do Meio Ambiente (Sema).

Hoje, além do Ministério do Meio Ambiente e da Amazônia Legal, que substituiu a Sema, todos os estados da federação e a maioria dos municípios mais importantes possuem secretarias de Meio Ambiente que, apesar das deficiências, das dificuldades orçamentárias e de pessoal, vêm desempenhando um papel importante no aperfeiçoamento dos dispositivos legais destinados ao controle ambiental. No que se refere à legislação ambiental, o progresso foi ainda mais acentuado. Um conjunto de leis, baseado em princípios atualizados do direito, colocou à disposição da sociedade um amplo espectro de mecanismos que permitem, inclusive, o aperfeiçoamento dos procedimentos para análise prévia de empreendimentos com interferências potenciais expressivas sobre o meio ambiente natural ou sobre aquele construído, em áreas urbanas.

No setor tecnológico, a capacidade empresarial brasileira, em vários segmentos, faz um esforço para acompanhar e incorporar os avanços alcançados nos países mais adiantados, especialmente em relação às tecnologias que exigem menor consumo de energia e de matérias-primas. Na área das tecnologias agrícolas, nosso desempenho tem inclusive recebido reconhecimento internacional. Na visão do Prêmio Nobel da Paz de 1970, o agrônomo norte-americano Norman Borlaug, "graças ao sucesso das pesquisas da Empresa Brasileira de Pesquisa Agropecuária (Embrapa), e de sua transferência para o setor produtivo, a região do cerrado rende hoje 25% de toda a colheita de grãos do Brasil".

Além disso, fomos capazes de desenvolver uma nova variedade de milho com maior valor nutritivo, elevada produtividade e grande resistência a pragas, que pode mudar muitos dos conceitos tradicionais de nutrição, contribuindo assim, indiretamente, para aliviar os problemas da fome em nível mundial.

Em relação ao desenvolvimento sustentável, maior desafio contemporâneo no campo da conservação e proteção ambiental, também temos avançado. O chamado 'conceito executivo de desenvolvimento sustentável' requer que os preços de produtos e serviços incorporem, em sua estrutura, todos os seus custos, inclusive os concernentes à proteção do meio ambiente, ao longo de toda a cadeia produtiva e ainda no descarte de produtos, ao final de sua vida útil. A assimilação desse novo conceito, pelo mercado, parece agora mais próxima, tornando-se uma das esperanças e um dos resultados positivos de ações concertadas em nível internacional. Como fator de modernização e de atualização tecnológica, vale destacar a velocidade com que vários segmentos da indústria brasileira de bens e serviços vêm adotando as normas da Organização Internacional de Padronização (ISO). Tais normas representam, na realidade, as primeiras ações concretas em direção ao desenvolvimento sustentável.

A par dessa visão otimista, ainda há muito por fazer. Necessitamos rever as políticas relacionadas à administração de nossos recursos naturais, principalmente os da região amazônica, e adotar uma posição de vanguarda frente ao interesse mundial pela sua conservação. Ao invés de repudiá-lo, deveríamos considerá-lo uma oportunidade na avaliação correta do potencial econômico dos ecossistemas que compõem essa vasta e diversificada região.

Tais recursos naturais não devem ser medidos apenas por conceitos econômico-financeiros tradicionais. Na verdade, hoje, para a comunidade internacional, eles já são considerados escassos e, portanto, com 'valor de mercado' diferenciado! Assim, se conseguirmos formular programas para o desenvolvimento econômico e social dessa região, com ênfase em novos paradigmas políticos e administrativos imprescindíveis à conservação ambiental, estaremos dando um passo decisivo no sentido do verdadeiro fortalecimento da soberania nacional.

OS EDITORES

EDITORIAL

150 ANOS EM 15

José Bonifácio de Andrada e Silva foi, até os 56 anos, um pesquisador (*CH* nº 44). Estudou em Coimbra, Portugal, e seus trabalhos em metalurgia e química deram-lhe grande notoriedade. 'Curta notícia das propriedades e caracteres de alguns fósseis da Suécia e da Noruega, com observações químicas sobre os mesmos' é o título de um de seus artigos, publicado em 1800 em Leipzig, Alemanha, no *Allgemeines Journal der Chimie*.

Voltou ao Brasil em 1819, dedicando-se integralmente à construção de um país novo em sua terra. Teria sido essa uma opção ou uma necessidade, para que ele mesmo ou outros discípulos pudessem prosseguir seus estudos e pesquisas?

A Constituinte de 1823 discutiu a criação de universidades no país. Em 1832 fundou-se a Escola de Minas de Ouro Preto. Mas apenas 43 anos depois ela começaria de fato a funcionar.

A revista *Scientific American* foi fundada nos Estados Unidos em 1845. Benjamim Franklin, decano da inteligência norte-americana, teve melhor sorte que José Bonifácio.

Scientific American registra os fatos da ciência daquele país há 150 anos. *Ciência Hoje* faz o mesmo há 15. No Brasil.

Quando a fundamos, em 1982, imaginávamos percorrer 150 anos em 15. Moviam-nos ideais generosos: a defesa dos valores da ciência e da democracia. Com o fim da ditadura, que parecia próximo, deveria ser possível construir uma democracia que o país ainda não conhecera.

Acreditamos que a ciência e o conhecimento são motores poderosos que permitem acelerar o desenvolvimento e alcançar com velocidade a igualdade social.

O mundo, de fato, conheceu nesses anos uma extraordinária revolução tecnológica. Na redação de *Ciência Hoje*, em 1982, trabalhava-se com um editor de texto Polymax e um aparelho de telex, antepassados históricos dos Pentium e fac-símiles de hoje.

As pesquisas em ciências sociais e naturais que encontraram aplicação na indústria, na agricultura, na economia e na política tiveram origem, em sua grande maioria, nas universidades.

Ficou claro também, nesses 15 anos, que essa revolução nem sempre tem sido democrática ou igualitária. Os bolsões de miséria persistem (*CH* nº 100), a terra e a renda permanecem tão concentradas entre nós como em poucos países do mundo.

Em 1989, em célebre número dedicado ao centenário da República (*CH* nº 59), observávamos que havia pouco a comemorar: "A riqueza e os poderes públicos têm sido usados com desenvoltura em benefício dos interesses particulares. O Estado tornou-se condomínio dos poucos que a ele têm acesso. A ética republicana – a idéia do serviço público como marca da atividade política – tornou-se exceção entre os homens ditos públicos. A República sem povo, dos cidadãos desiguais, tem sido também uma República sem preocupação com o público."

Mas concluíamos, com algum otimismo: "O espetáculo cívico das eleições presidenciais deste 15 de novembro (1989) talvez aponte para futuro menos frustrante... Os projetos da República que hoje competem pelo apoio do cidadão combinam, em maior ou menor grau, a preocupação com a questão social e a preocupação democrática. Os neoliberais admitem o papel social do Estado; os reformistas aceitam os mecanismos representativos. Reforma e democracia não estão mais em campos excludentes."

Neste programa, cabia à *Ciência Hoje* divulgar conhecimentos a todos. Contribuir para que o Brasil fosse um país conhecido, em suas diversidades e histórias. De Norte a Sul.

O ano de 1992 foi traumático. Manifestações cívicas afastaram o presidente eleito. Havia traído a ética republicana. Adiava-se novamente a negociação do difícil equilíbrio entre o papel social do Estado e as funções do mercado na economia.

A reforma tributária, o direito à terra e um novo estatuto jurídico deveriam constituir o ponto de apoio da sensível balança. A Constituinte de 1988 apontava nessa direção. Em vão. Até quando?

Assistimos a uma lenta e crescente incapacidade do Estado de custear atividades de interesse público. Em ciência há pesquisas de grande interesse social que não contam com a 'demanda do mercado', e outras que, por sua natureza, não encontram aplicação imediata. Deveriam então ser abandonadas? Perderíamos a capacidade de produzir conhecimentos novos e de competir nos curtos-circuitos da economia global.

Hoje, a tensão aumenta. Os neoliberais aceitam o papel social do Estado mas lhe negam os recursos necessários para cumpri-lo. Os reformistas denunciam os mecanismos de representação. A cena se repete há 150 anos. Em 15.

Ennio Candotti
EDITOR CONVIDADO

Temos vizinhos no Universo?

Existe vida em outros planetas? A pergunta é antiga. Mas os supostos sistemas planetários detectados pela parafernália humana e as recentes evidências obtidas em Marte dão novo alento à velha questão. Estamos ou não sozinhos no universo? A ciência ainda não tem resposta. Pelo menos enquanto certos limites técnicos não forem superados. Do Observatório da Côte d'Azur, na França, o astrônomo brasileiro José Antônio de Freitas Pacheco descreve para *Ciência Hoje* as últimas aventuras espaciais em busca de um sinal de vida qualquer (p. 38). E a seção *Ciência em Dia* registra a viagem da sonda Pathfinder a Marte (p. 46).

Do desconhecido macrocosmos, o leitor pode mergulhar no surpreendente microuniverso cerebral. O entrevistado do mês, o Prêmio Nobel de Medicina Arthur Kornberg, fala sobre as bases bioquímicas do comportamento humano na página 6. Cada vez mais, diz ele, distúrbios de humor, sono e memória serão tratados com pílulas específicas, reduzindo – mas não eliminando – o papel da psicoterapia.

Em um momento em que o governo tenta definir um rumo para a política energética brasileira, os primeiros levantamentos feitos no país sobre o volume de insolação trazem novos dados para o debate sobre o aproveitamento da energia do Sol como alternativa para os combustíveis fósseis. No artigo, pesquisadores do INPE e da UFSC apresentam estudos que visam avaliar a eficácia de módulos solares em regiões remotas, medidas indispensáveis para implementar uma política nacional para o setor (p. 24). Ainda entre as opções energéticas, o encarte TeCHnologia apresenta estudos feitos com turbinas eólicas no Nordeste.

A partir deste número, *Ciência Hoje* traz um presente para seus leitores: a seção *Ficção*, em que os mais aficionados poderão saber mais sobre os últimos lançamentos de filmes, vídeos, livros, CDs e jogos eletrônicos de ficção científica. Saboreie!

A redação

Como se pode ver, entre os dois primeiros e o último há diferenças relevantes. Embora não se possa dizer que constitua propriamente uma ruptura em relação ao padrão dos editoriais anteriores, o editorial de agosto de 1997 apresenta alguns passos na direção de mudanças substanciais que aparecerão mais tarde. Entre esses passos, vale assinalar:

- o nome da seção deixa de ser *EDITORIAL* e passa a ser *CARTA AO LEITOR*.
- o sujeito que assina deixa de ser *OS EDITORES* e passa a ser *A REDAÇÃO*;
- o foco deixa de ser um tema, uma questão, e passa a incidir sobre vários (três ou quatro) assuntos;
- a diagramação passa a ser mais suave.

À primeira vista discretas, essas mudanças representam na verdade uma significativa alteração na forma de manuseio do gênero e, consequentemente, no modo como ele é incorporado à atuação discursiva do sujeito. Convém relembrar, em consonância com a perspectiva aqui assumida, que o gênero, correspondendo a uma certa maneira de recortar temática, composicional e estilisticamente a realidade, dá forma ao encontro entre o fluxo dialógico (e ideológico) da comunicação na sociedade e o intuito discursivo do sujeito, conferindo, assim, determinado acabamento aos seus enunciados. Nas palavras de Bakhtin:

> A vontade discursiva do falante se realiza antes de tudo na *escolha de um gênero de discurso*. Essa escolha é determinada pela especificidade de um dado campo da comunicação discursiva, por considerações semântico-objetais (temáticas), pela situação concreta da comunicação discursiva, pela composição pessoal dos seus participantes etc. A intenção discursiva do falante, com toda a sua individualidade e subjetividade, é em seguida aplicada e adaptada ao gênero escolhido, constitui-se e desenvolve-se em uma determinada forma de gênero[18].

Sendo o gênero, então, a forma pela qual o sujeito concretiza em enunciados o encontro do seu querer-dizer com as injunções e os tropismos da realidade histórico-social, as alterações promovidas na arquitetura do editorial de *Ciência Hoje*, longe de ser irrelevantes, apontam para uma série de

---

18. M. Bakhtin, "Os Gêneros do Discurso [1952-1953]", *Estética da Criação Verbal*, p. 282 – grifos no original.

mudanças cujo principal efeito no projeto discursivo da revista é uma considerável remodulação, na esteira da qual começam a ganhar espaço referências estéticas, padrões de enunciação, esquemas cognitivos, modelos de interação e formas de representação do conhecimento científico até então praticamente sem expressão no discurso da revista.

Consideradas em conjunto, as alterações indicadas acima constituem momento decisivo nesse processo. A mudança do nome da seção e do estatuto do enunciador que assina o editorial já corresponde, por si só, a um deslocamento por meio do qual se dá início a um movimento de caracterização do sujeito da enunciação não mais como o defensor de um ponto de vista político-ideológico, que marca uma posição a respeito da ciência e da divulgação científica nas suas relações com as outras esferas da sociedade, mas sim como um comitê politicamente imparcial que tão somente organiza e executa a produção da revista.

O modo como o título e o assunto (ou assuntos) entram na composição do todo acentua essa diferença: enquanto nos editoriais anteriores o próprio título já indica a concentração em torno de um tema que será abordado em uma perspectiva politizada (por exemplo: "A Constituição do Novo País", janeiro-fevereiro/87; "A Ciência É um Bem Público", março/91; "Educação científica: um problema nacional", abril/93; "O Estado e a ciência", maio/93), no editorial de agosto/97 o título e os assuntos desconcentram e despolitizam o enunciado. Para ficar na comparação apenas com os dois editoriais imediatamente anteriores, enquanto o de maio-junho/97 e o de julho/97, seguindo o padrão vigente desde a criação da revista, voltam-se para um objeto específico (a questão ambiental no Brasil, no caso do primeiro, e os quinze anos de *CH* em contraponto com os 150 anos de *Scientific American*, no caso do segundo) por meio do qual se alinhava todo o raciocínio, o editorial de agosto/97 não se prende à análise de uma única matéria. Ecoando no título uma pergunta do gosto popular ("Temos Vizinhos no Universo?"), o sujeito se detém sobre esse tema apenas no primeiro parágrafo, passando nos parágrafos seguintes a outros assuntos. Com isso, o editorial, tangenciando referências espaço-temporais contemporâneas, fica mais fluido, ganha velocidade e assume de maneira mais nítida o caráter de enunciado introdutório desengajado, que apenas apresenta de forma sumária e profissionalizada o conteúdo da edição, sem se voltar detidamente para uma discussão política acerca desta ou daquela questão nem se preocupar em marcar incisivamente a posição da revista.

Do ponto de vista gráfico, o editorial continua ocupando uma página, mas a diagramação mais leve (obtida nesse caso sobretudo por uma menor extensão do texto, pelo maior espaçamento entre as linhas e pelo alinhamento à esquerda que, deixando a margem direita com variações, atenua a densidade da mancha textual) diminui a carga dos signos verbais, chamando a atenção para o aspecto visual do enunciado.

O esmaecimento do tônus até então predominante (em favor da abertura de espaço para tendências em voga no momento) é reforçado ao final por uma notícia que, revestindo-se de uma expressividade própria de enunciados propagandísticos, comunica a criação de uma seção intitulada FICÇÃO e anuncia: "os mais aficionados poderão saber mais sobre os últimos lançamentos de filmes, vídeos, livros, CDS e jogos eletrônicos de ficção científica. Saboreie!" Além do uso do imperativo, típico do discurso publicitário, vale observar como o campo semântico do verbo utilizado remete ao plano sensorial, apelando (em um prenúncio de vias semióticas em cuja exploração a revista investiria largamente depois) para o universo das sensações do destinatário.

Nas edições subsequentes da revista, o que se vê é a manutenção dessa mesma linha. Ao que parece apontando para outras modificações que estão por vir e preparando o terreno para o aprofundamento de algumas diretrizes esboçadas nessas primeiras alterações, os editoriais que se seguem dão continuidade ao padrão arquitetônico inaugurado em agosto de 1997, como mostra esta seleção:

Outubro 1997

Novembro 1997

CARTA AO LEITOR

Fim de um pesadelo

Minamata, a pequena cidade costeira no sul do Japão, acaba de acordar de um longo pesadelo. Depois de sofrer por 40 anos as consequências da contaminação da baía por mercúrio, seus habitantes viram, em setembro, o há alguns anos parecia impossível: a retirada das redes que separavam as águas comprometidas daquelas livres do metal.

A remoção das redes – símbolo do fim do processo de descontaminação – foi acompanhada de perto por um editor de Ciência Hoje, Luiz Drude de Lacerda. No Japão, Drude de Lacerda acompanhou o projeto de limpeza da baía e visitou as vítimas da doença de Minamata, com graves sequelas no sistema nervoso central. De volta ao Brasil, ele relata o que viu e compara o caso japonês com o uso do mercúrio na Amazônia. O alerta fica para o governo brasileiro: se o desastre de Minamata pode ser considerado acidental, um incidente desse tipo, na Amazônia, seria, no mínimo, crime (p. 24).

Na página 32, Ciência Hoje analisa os males causados pelo trabalho e destaca o sofrimento psíquico – alcoolismo, depressão, histeria, hipocondria e até paranóia – como a doença típica deste fim de século. Ciência Hoje discute ainda o significado do legado político do Estado Novo, exatamente 60 anos depois de Getúlio Vargas assumir arbitrariamente o poder com apoio de civis e militares (p. 38).

O entrevistado do mês, o norte-americano Frank Sherwood Rowland, afirma que os efeitos da redução dos gases CFCs (clorofluorcarbonetos) na atmosfera começam a ser sentidos. Mas Rowland, prêmio Nobel de Química de 1995, diz que os prejuízos do cloro ainda permanecerão por anos e que o buraco na camada de ozônio persistirá até o final do século XXI (p. 8).

A REDAÇÃO

Abril 1998

CARTA AO LEITOR

O BRASIL DA TERCEIRA IDADE

Muitos ainda duvidam mas o processo é real e irreversível: deixamos de ser um país jovem, que contava até os anos 70 com um baixo percentual de idosos (3,1%) e alta taxa de fecundidade, para nos transformar em uma população que vem envelhecendo rapidamente, cujo crescimento tende a ser negativo.

Projeções da Organização Mundial da Saúde indicam que, de 1950 a 2025, a proporção de brasileiros com mais de 60 anos terá crescido 16 vezes contra cinco da população total. Isso significa que o Brasil terá em pouco mais de duas décadas a sexta população de idosos do mundo. É possível prever o tamanho do impacto que o envelhecimento populacional vai causar na organização econômica e social do país.

A partir da página 18 um panorama desse Brasil de cabelos brancos.

E para os que acreditam que a vida começa aos 60, um reforço no otimismo: cientistas descrevem na página 32 como a enzima telomerase, que atua nos cromossomos, é capaz de prolongar a vida das células.

O recente questionamento da originalidade da experiência do escocês Ian Wilmut e sua ovelha Dolly reacendeu o debate sobre a clonagem. Ciência Hoje aproveita a oportunidade para esclarecer várias dúvidas sobre o assunto: o que é de fato um clone? Já se pode clonar humanos? Quais os riscos que a clonagem apresenta? (p. 39)

E, na entrevista do mês, o físico brasileiro Luiz Davidovich conta em que consiste a aventura do teletransporte e fala sobre as possíveis aplicações da experiência feita na Universidade de Innsbruck, na Áustria. (p. 8)

A Redação

Maio 1998

CARTA AO LEITOR

SUPERBACTÉRIAS,
UMA GUERRA QUASE PERDIDA

Já em 1971 o microbiologista japonês Tsutomu Watanabe avisava: "Não existe antimicrobiano para o qual a bactéria não tenha desenvolvido resistência." O panorama não mudou desde então. A descoberta da penicilina em 1928 e, mais tarde, de outros antibióticos, fez a humanidade acreditar que teria armas definitivas para vencer a 'guerra' contra esses poderosos micróbios causadores de doenças. Mas as bactérias têm reagido de modo surpreendente. Para cada nova droga que o homem desenvolve, a bactéria-alvo responde rapidamente criando um artifício de defesa e uma estratégia de luta. Os cientistas só vêem uma saída para vencer o inimigo: conhecer a fundo as origens e os mecanismos envolvidos nessa resistência (p. 24).

Responder às perguntas sobre a estrutura da matéria que forma o universo e as quatro forças da natureza também está entre os desafios atuais da ciência. O sonho dos físicos é chegar a uma teoria final que esclareça essas questões a partir da unificação das duas teorias que revolucionaram o século 20: a mecânica quântica e a teoria da relatividade geral. Na página 46, CH apresenta um dos mais fortes candidatos para atingir essa meta: a teoria de supercordas.

No Maranhão, os olhos se voltam para uma cidade prestes a desabar. Açailândia, município nascido nos anos 60, cresceu rápida e desordenadamente, teve florestas derrubadas, expandiu sua indústria de forma acelerada e hoje enfrenta graves problemas de erosão. Desmoronamentos e imensos buracos abrem-se na terra, avançam contra ruas e casas e ameaçam boa parte do espaço urbano. CH mostra na página 36 que as tentativas de controle feitas pela prefeitura não estão surtindo efeito, sendo necessária uma nova abordagem de ataque ao problema.

A Redação

Junho 1998

CARTA AO LEITOR

Dribles e malabarismos de um **futebol** mestiço

Quase todos os brasileiros se orgulham de seu futebol. Pelo menos, é o que demonstram através das manifestações eufóricas em tempos de Copa do Mundo. Às vésperes de mais uma Copa, quando boa parte da população sonha com o pentacampeonato, Ciência Hoje narra um pouco da história peculiar do futebol canarinho. Seus praticantes pioneiros eram membros da aristocracia e descendentes de estrangeiros, mas foi a entrada das classes populares – principalmente de negros e mestiços – que definiu o estilo alegre do futebol brasileiro, o futebol-arte, tão cheio de sucessos e contradições. Detalhes e curiosidades sobre um passado de estigmas, conquistas e conflitos são apresentados na página 18.

* * *

Enquanto a torcida verde-amarela se prepara para os jogos, problemas crônicos perigam cair no esquecimento. O fim das chuvas e o início do inverno podem mascarar uma epidemia que cresce em proporções alarmantes: a da dengue. As causas parecem ser as de sempre: descaso do governo e falta de saneamento básico. As consequências – caso não se tome alguma atitude imediata – também são previsíveis. O estrago que está causando o avanço do mosquito transmissor, o Aedes aegypti, no país, em especial no estado do Pará, é analisado na página 28.

* * *

O grave risco para a biodiversidade brasileira da importação de espécies exóticas também vem sendo menosprezado. Apesar dos vários exemplos negativos e das advertências de cientistas e entidades ecológicas, a legislação só proíbe a importação de organismos quando se consegue provar que eles podem provocar grandes prejuízos. A permissão, entretanto, de espécies estrangeiras só deveria ser concedida em casos realmente excepcionais (p. 54).

* * *

E para os amantes dos golfinhos, uma novidade: biólogos mostram que uma das espécies menos conhecidas no mundo e tida como típica de águas profundas – o golfinho-dos-dentes-rugosos – tem também hábitos costeiros e pode ser encontrado nas águas rasas e mornas da baía da Ilha Grande, no Rio de Janeiro (p. 60).

A Redação

O que se vê nessa sequência pode ser lido como a transição para um padrão arquitetônico muito diferente daquele que, com algumas variações e aperfeiçoamentos ao longo dos anos, vigorou nos editoriais da revista praticamente desde a sua criação até meados dos anos 1990. Seguindo a linha arquitetônica do editorial de agosto/97, os editoriais dessa sequência estampam, entre outras, as seguintes características:

- diagramação suave, com a mancha textual ocupando de modo mais espaçado o conjunto da página;
- texto pluritemático, que remete a matérias internas da edição;
- CARTA AO LEITOR como título da seção;
- A REDAÇÃO como sujeito que assina.

Além desses traços, há ainda a adoção de um fundo, no estilo marca d'água, que, fazendo geralmente uma alusão ao assunto para o qual o título faz a chamada (no editorial que se refere a futebol, o esboço de um campo; no que trata de relâmpagos, imagens de raios), contribui para suavizar ainda mais a mancha textual do enunciado.

Mantida durante o segundo semestre de 1997 e o primeiro de 1998, a linha arquitetônica traduzida nessas configurações vai recrudescer na segunda metade do último ano, acompanhando um processo de reorganização que, atingindo a revista como um todo, manifesta-se de modo expressivo nos editoriais, os quais, a partir daí, assumem uma linha que perduraria até o final de 2001.

Um exemplar bastante representativo da feição ideológico-discursiva da revista durante esse período é o editorial de novembro/98, focalizado a seguir mais detidamente. Para uma melhor visualização das particularidades que o distinguem da linha arquitetônica dos anos anteriores, ele é posto em contraste com o editorial de março-abril/84, já analisado mais acima.

AO LEITOR

Caro leitor:

A exemplo de outras entidades, organizações, associações e sociedades de classe, a SBPC resolveu tomar posição em favor do restabelecimento imediato das eleições diretas para a presidência da República. Ao fazê-lo, não abdica de sua postura de intransigente afastamento de toda e qualquer atividade político-partidária, e nem supõe que esta mudança possa vir a resolver, num passe de mágica, os graves problemas por que o país vem passando. Todavia, ingressa na luta pelas diretas cônscia de seu significado enquanto manifestação de reencontro da nação consigo mesma.

O desenvolvimento da ciência no Brasil está hoje seriamente ameaçado por questões de natureza econômica e financeira. No entanto, a SBPC bem sabe que o fundo desses problemas é outro, e que mesmo a abundância de recursos — caso existisse — não seria por si só garantia de boa ciência. A escassez de recursos para as atividades científicas é apenas mais um dos frutos de uma política em que o autoritarismo e a falta de apoio efetivo por parte da sociedade levaram a um afastamento da realidade mal encoberto pela arrogância tecnocrática.

Não faltaram advertências da comunidade científica quanto aos equívocos da política do governo — como foi o caso, notoriamente, do malogrado e dispendioso programa nuclear. Mas os cientistas, como outros segmentos sociais, não foram ouvidos; nem quando defendiam seus legítimos interesses e nem, muito menos, quando buscavam resguardar os interesses nacionais em matéria de sua competência específica. E não se pode dizer que isso seja coisa do passado, já que neste momento vem sendo negociado um empréstimo junto ao Banco Mundial para a área de ciência e tecnologia que é tratado como mais uma injeção de dólares, sem que suas finalidades precípuas, sua oportunidade, os critérios de sua aplicação e seus efeitos reais sobre o desenvolvimento global da ciência e da tecnologia no país sejam adequadamente discutidos com a comunidade científica.

Urge buscar as bases para a legitimação do processo político. Urge procurar um sentido maior que reúna a nação na construção de uma sociedade em que todos se sintam participando e colaborando em algo que os transcenda. Sem esse espírito, os esforços se perdem e ganham primazia os interesses menores. E vai-se resvalando, a ponto de o país correr o risco de se ver reduzido a butim disputado por grupos organizados de aventureiros.

As ameaças não faltam. Ainda agora, na área de ciência e tecnologia, recrudescem os esforços para solapar a informática nacional, laboriosamente construída com base em um esforço sem o qual jamais escaparemos das malhas da dependência nos setores de ponta que comandarão o desenvolvimento científico e tecnológico mundial nas próximas décadas.

O sentido real da representação política e da participação da nação na construção de seu destino precisa ser restabelecido. E a eleição direta do próximo presidente da República — nas nossas circunstâncias e para além de argumentos cuja insinceridade é transparente — é um passo fundamental nessa trajetória. As sociedades científicas da área das ciências sociais sintetizaram muito bem o pensamento da comunidade científica. Publicando seu documento, bem como outras matérias pertinentes, *Ciência Hoje* solidariza-se, também, com um movimento cuja grandeza e significado redimem o país e anunciam ventos que só podemos aguardar com ansiosa esperança.

Os editores

Novembro 1998

Em busca de **outros mundos**

A simples idéia da existência de outros mundos semelhantes à Terra foi considerada heresia pela Igreja nos séculos 16 e 17, condenando cientistas e pensadores 'subversivos' à fogueira. Superado o geocentrismo que caracterizou a época da Inquisição, a busca por novos planetas e sinais de vida extraterrestres não parou de crescer. Os métodos de observação astronômica avançaram muito nas últimas décadas e revelaram que o universo abriga enorme número de estrelas com seus próprios sistemas planetários. Na página 16, Oscar Matsuura, do Museu de Astronomia e Ciências Afins, prevê que as novas técnicas nos oferecerão, em breve, novidades na área.

Em uma viagem nada astronômica mas a um universo não menos instigante, o brasileiro Luiz de Castro Faria se iniciava na etnologia, há 60 anos, penetrando o coração do Brasil. Com 24 anos na época, o jovem etnólogo participou de uma das excursões mais famosas da história da antropologia neste século: a expedição à Serra do Norte (MT), liderada pelo antropólogo belgo-francês Claude Lévi-Strauss. Castro Faria registrou esses seis meses de viagem em diários e fotografias que permaneceram guardados por seis décadas em sua biblioteca particular. *Ciência Hoje* apresenta na página 34 essa visão até agora adormecida da expedição.

CH revela ainda nesta edição que a distribuição dos seres vivos no planeta não ocorreu aleatoriamente como se pensava. Ao contrário, seguiu padrões locais, regionais ou globais. Identificar e descrever esses padrões permitirá conhecer e explicar cada vez mais a diversidade biológica, afirmam pesquisadores de Minas Gerais (p. 26).

A redação

novembro de 1998 • CIÊNCIA HOJE

Não é preciso um olhar minucioso para perceber, já em uma primeira panorâmica, que o editorial de nov/98 apresenta características muito distintas das observadas no primeiro. Embora, na condição de gênero introdutório, compartilhe com o editorial da década de 1980 vários traços em comum (inscrição em um discurso específico; caráter de liminaridade e de mediação; localização nas páginas iniciais da edição; estrutura e formato conciso compatível com o espaço de uma página; sujeito supraindividual etc.), alguns aspectos da sua arquitetura são bem diferentes e exprimem, na verdade, a afirmação de tendências que, anunciadas ao longo dos anos de 1997 e 1998, representam o desenvolvimento de um processo pelo qual vão mudando as vozes ideológicas presentes no discurso da revista. Assim, como se pode ver, esse editorial:

- compõe-se visualmente de modo menos denso, apresentando uma superfície na qual o texto divide com uma fotografia o espaço da página, em cuja lateral direita aparece ainda uma tira vertical com o título da seção;
- é constituído por um texto dividido em três blocos menores; além do título da seção (CARTA AO LEITOR) tem um título específico ("Em busca de outros mundos") e é assinado por A REDAÇÃO;
- é pluritemático: cada um dos três textos de que ele se compõe apresenta um tema ou assunto focalizado na edição da revista e discorre rapidamente sobre ele;
- conjuga recursos semióticos de diversas ordens, combinando imagem, cor e texto.

Em uma abordagem interessada exclusivamente nos elementos concreto-semânticos explicitados na superfície material dos enunciados, a explicação para as diferenças em relação ao editorial de abril de 1984 poderia se restringir ao *em-si* das mudanças no querer-dizer do sujeito, nos padrões de composição e construção textual e nos procedimentos de diagramação e de programação visual adotados pela revista ao longo do tempo. Diversamente, uma abordagem orientada pela perspectiva do dialogismo pressupõe de início que, atravessando as relações lógicas constituídas pela matéria sígnica mobilizada na construção desses enunciados, operam relações de natureza dialógica. Essas relações, diz Bakhtin,

[...] são extralinguísticas. Ao mesmo tempo, porém, não podem ser separadas do campo do *discurso*, ou seja, da língua enquanto fenômeno integral concreto [...] Toda a vida da linguagem, seja qual for o seu campo de emprego (a linguagem cotidiana, a prática, a científica, a artística etc.), está impregnada de relações dialógicas[19].

Isso significa que os referidos enunciados não são meramente o resultado do intuito discursivo de um sujeito que, manuseando em diferentes momentos os recursos semióticos mais adequados aos seus objetivos, transmite o seu dizer a um destinatário. Muito mais que isso, eles constituem elos na cadeia de comunicação ideológica e, nessa condição, dialogam com e respondem a outros enunciados em circulação no fluxo discursivo da sociedade. Sua arquitetura representa, por isso, não apenas a vontade enunciativa de um sujeito, mas um espaço onde a voz desse sujeito se encontra com outras vozes (tanto individuais como sociais) presentes no fluxo discursivo. Nessa arquitetura, consequentemente, se reflete e se refrata a correlação das forças que disputam a hegemonia na sociedade. Cada um desses enunciados corresponde, dessa forma, a uma pequena porção do universo da ideologia social.

Assim, sem prejuízo do valor intrínseco das mudanças nas concepções gráficas e nos processos de construção textual (de resto também condicionados por mudanças na realidade extratextual), bem como no intuito discursivo do sujeito, as apontadas diferenças entre os dois enunciados, vistas sob um enfoque dialógico, remetem ao fato de cada um deles ter sido produzido nos marcos de realidades histórico-sociais (pressupondo redes de relações, processos interacionais, sistemas de comunicação e condições de enunciação) diferentes e, portanto, cada um deles refletir e refratar uma diferente constelação das forças que se enfrentam na existência social material e na luta pelo controle dos sentidos e significados produzidos no seio dessa existência.

É a presença constitutiva de condicionamentos próprios dos momentos histórico-sociais em que são produzidos os dois enunciados que explica a natureza das discrepâncias existentes entre eles, as quais têm a ver fundamentalmente com o fato de os dois serem atravessados por vozes sociais diferentes: enquanto no editorial de 1984, o tônus é esculpido inteiramente por vozes identificadas com parâmetros modernos (senso de história, totalidade, futuro, sistema, coletividade etc.), o que lhe confere, naquele contexto, um forte tom

---

19. *Problemas da Poética de Dostoievski*, 2008[1963], p. 209 – grifo no original.

de politização, no segundo, já permeado por algumas vozes sintonizadas com referências pós-modernas, essa atmosfera está completamente ausente.

Uma das vias por onde esses novos ingredientes penetram, incorporando-se aos elementos pelos quais os efeitos de sentido se constroem e se consumam, é a própria imagem do sujeito, que no editorial de 1998 não mais assume a responsabilidade ético-política pelo projeto da revista, apresentando-se agora não como OS EDITORES, mas como A REDAÇÃO. Produz-se, com isso, um arrefecimento do peso político do enunciador, cuja responsabilidade se retira do plano institucional e passa a se situar apenas no plano da produção "jornalística" da revista.

Em sintonia com essa imagem de sujeito, o objeto do dizer do enunciado não é mais a defesa de um programa, mas a descrição das matérias oferecidas aos leitores no interior da publicação. Não se trata, nesse caso, de persuadir o leitor a aderir a um ponto de vista, mas de seduzi-lo e atrair o seu interesse para as informações veiculadas na edição[20].

Nessa direção desempenham papel fundamental a utilização de recursos intersemióticos e a fragmentação do bloco textual. A composição semiótica variada (combinando texto, imagem e cor) descentra o eixo conativo do enunciado que, assim, diferentemente do primeiro editorial, apela não apenas para a razão, mas também para a sensorialidade do destinatário. Por sua vez, a segmentação do bloco textual, diluindo a carga informacional em unidades menores, permite que o destinatário se desobrigue de percorrer a sequencialidade do texto para a construção dos seus sentidos e possa, caso se desinteresse pelo assunto principal evocado no título e tratado na primeira fração, direcionar sua atenção para as outras unidades, "navegando" em busca do que mais lhe aprouver, sem necessariamente se prender à totalidade do enunciado, cuja estrutura, embora construída sobre uma superfície impressa, fica menos ancorada na linearidade e mais na contiguidade, na justaposição e na simultaneidade, aproximando-se, assim, do que viria a se consolidar como o modelo de organização espaço-temporal típico do hipertexto informático e dos enunciados produzidos em plataformas virtuais.

---

20. Essa despolitização dos editoriais de *Ciência Hoje* perdura de 1997 até 2004, quando eles voltam a ser habitados por avaliações e posicionamentos políticos. Uma diferença importante, porém, é que aí eles não são mais assinados por um coletivo, mas sim por um indivíduo que responde por uma instituição. Exemplo: Renato Lessa, diretor-presidente do Instituto Ciência Hoje.

Em termos retóricos, se no editorial da década de 1980 predomina o gênero deliberativo, uma vez que sua orientação ético-política convida o destinatário a dirigir o seu olhar para o futuro, no segundo parece sobressair o epidítico, visto que se tem aí um discurso voltado para o "elogio" de objetos do aqui-agora: os fatos do momento presente dotados de interesse científico, as novidades do mundo da ciência etc. Sintomaticamente, o foco principal do enunciado é a pesquisa científica sobre sistemas planetários no universo e a possibilidade de existência de vida extraterrestre, uma das "curiosidades" científicas favoritas do senso comum.

Enquanto, portanto, no primeiro enunciado temos um sujeito que busca comprometer o seu destinatário com a totalidade de um raciocínio, de uma argumentação e de um programa no interior do qual se coloca um determinado entendimento a respeito do papel da ciência e dos cientistas na construção de um país futuro, no segundo temos uma espécie de vitrine na qual são destacadas "atrações" do mundo da ciência apresentadas naquela edição. Além dos recursos visuais, contribuem para esse efeito a escolha do léxico e o uso de expressões que remetem a um imaginário no qual a busca do conhecimento científico, associada a um espírito de desvendamento, exploração e aventura, assume um caráter de espetáculo fabuloso e "excitante": *superado o geocentrismo, a busca...não parou de crescer, métodos de observação astronômica avançaram muito... e revelaram, novidades na área, universo...instigante, jovem etnólogo, excursões mais famosas da história, expedição, permaneceram guardados, visão até agora adormecida* etc.

6. *CIÊNCIA HOJE* SOB O ASSÉDIO DE VOZES PÓS-MODERNAS

É claro que a constatação dessas transformações na produção enunciativa de *Ciência Hoje* não autoriza a concluir que de uma hora para outra a revista tenha se transformado em uma publicação acrítica, predominantemente preocupada em se manter sintonizada com as práticas e valores dominantes, ampliar o número de assinaturas e de leitores e pautar sua atuação pelo sucesso comercial.

Longe disso, o que as modificações testemunham é que as vozes ideológicas entrelaçadas à arquitetura dos enunciados da revista vão mudando ao longo do tempo, na medida em que muda a correlação entre as forças que disputam a primazia na existência social material. Nesse sentido, as mudanças na arquitetura dos enunciados de *Ciência Hoje* resultam de uma gradativa transformação ao longo da qual algumas matrizes predominantes em parcela significativa da produção discursiva no Brasil durante a década de 1980 vão sofrendo a concorrência e o assédio de vozes e tendências surgidas ou fortalecidas pelos já referidos processos desencadeados nas forças produtivas e nos modos de regulação econômica, social e política em nível nacional e internacional.

No mesmo período, processos análogos estão ocorrendo nas mais diversas esferas de atividade e de comunicação ideológica (além da ciência, da educação e da mídia), nas quais os modos de regulação econômica, política e social correspondentes às novas formas de organização da produção e do trabalho também promovem transformações, ajustes e remodelações dos processos enunciativos em geral.

Também é claro que as transformações do mundo econômico e social mais amplo não se transpõem diretamente para as páginas da revista. Há toda uma série de mediações envolvendo os sujeitos que interagem, dialogam, lutam e negociam em torno dos significados e sentidos que se constroem e reconstroem nas várias esferas implicadas na produção da atividade de divulgação científica e dos discursos a ela associados. Dessa rede de relações também fazem parte os processos interacionais desenvolvidos no âmbito da própria revista, em cuja produção naturalmente ocorrem enfrentamentos, lutas por espaço, negociações e arranjos de interesses que concorrem para dar forma às linhas editoriais, aos sistemas de definição de pauta, ao emprego de processos construtivos, à programação visual, à configuração dos gêneros utilizados etc.

Focalizando-se a produção enunciativa de *Ciência Hoje* em uma perspectiva diacrônica, vê-se que uma grande reorganização se consuma no período que vai de 1997 a 2001. É nesse intervalo (e especialmente nos anos de 1997 e 1998) que se cristalizam importantes mudanças na arquitetura da revista como um todo e, consequentemente, nos seus editoriais.

Ainda que não se possa estabelecer relações de causa e efeito, não há como deixar de registrar que esse período de mudanças intensas coincide com a saída de Enio Candotti da direção da revista. No EXPEDIENTE do número 127 (março-abril de 1997) seu nome já não aparece entre os editores, que a partir dessa edição são chamados de EDITORES CIENTÍFICOS e divididos por áreas de atuação: ciências ambientais, ciências exatas e ciências biológicas (o editor de ciências humanas é incluído somente na edição de agosto do mesmo ano). O nome de Candotti reaparece, na edição de julho de 1997, assinando sozinho o editorial, na condição de EDITOR CONVIDADO, e depois (durante os anos 1990 e 2000) não aparece mais.

A partir daí é que começam a se verificar e se aprofundar as mudanças que culminarão no padrão arquitetônico assumido pela revista no segundo semestre de 1998. A contundência das alterações em relação ao caráter apresentado pela revista até aquele momento é tão evidente que, na edição em que se inaugura o novo padrão, A REDAÇÃO se vê compelida a dar explicações e, usando o editorial (ele próprio um grande exemplo da nova feição de *CH*) para justificar as transformações, anuncia, como se vê na próxima imagem, o surgimento de "Uma nova Ciência Hoje".

Jamais, afirma A REDAÇÃO no editorial, *Ciência Hoje* "inovou tanto de uma vez só" e com "tanta ousadia". E continua: a adoção desse "projeto gráfico arrojado" exprime a intenção de "atingir um público cada vez mais amplo, adotando uma linguagem mais simples e didática". Daí a proposta de oferecer ao leitor uma programação visual "ágil e elegante, para facilitar a leitura da revista e tornar suas páginas ainda mais bonitas".

A declaração de intenções do sujeito ilustra bem como a fonte do enunciado não se situa exclusivamente no intuito daquele que o profere, mas responde a uma cadeia de enunciados anteriores e virtualmente posteriores que circulam em meio ao grande fluxo dialógico da sociedade.

Assim, independentemente de o sujeito desse editorial se dar conta disso ou não, o enunciado, na condição de elo da cadeia de comunicação (e, portanto, participante do processo de produção e reprodução de significados e sentidos em diferentes esferas), é um construto sígnico cuja estrutura, refletindo e refratando determinações do universo socioeconômico, é atravessada por forças e vozes presentes no fluxo discursivo.

Por isso, ao mesmo tempo em que nele se observa a reiteração de posições características do discurso de divulgação científica da SBPC e da revista *Ciência Hoje* ao longo dos anos anteriores, também se apresentam elementos associados a significados e sentidos em outras épocas menos prestigiados.

Enquanto, por um lado, a voz tradicionalmente identificada com o querer-dizer do sujeito reafirma seu compromisso com "o rigor e a qualidade científica", uma outra enfatiza a necessidade de arrojo no projeto gráfico.

Uma nova ciênciahoje

É provável que o leitor busque nesta carta uma explicação para tanta ousadia. Afinal, em seus 16 anos de vida, *Ciência Hoje* jamais inovou tanto de uma vez só. Mas nós explicamos. Esta edição é mais que especial para a equipe que faz a revista. É especial porque ela inaugura um projeto gráfico arrojado, calcado em mudanças na linha editorial que vêm acontecendo ao longo do último ano. Mudanças mais que necessárias. Sem perder o rigor e a qualidade científica de seus artigos, *Ciência Hoje* tem procurado atingir um público cada vez mais amplo, adotando uma linguagem mais simples e didática. Tem tentado também dar um panorama atualizado da produção científica do país, sem esquecer, claro, as pesquisas que se destacam no mundo. E agora presenteia o leitor com um projeto gráfico moderno, ágil e elegante, para facilitar a leitura da revista e tornar suas páginas ainda mais bonitas.

Este número é também especial porque comemora o 50º aniversário da fundação da SBPC – uma Sociedade que se dedicou, mais do que nenhuma outra, à defesa da continuidade da pesquisa no país. Convidamos os nossos leitores a entrar num túnel do tempo para viajar ao passado e conhecer – ou recordar, se for o caso – um pouco da história da ciência no período de sua criação. E, ainda dentro do túnel, nos dirigimos para o futuro, tentando imaginar, a partir dos dados de que dispomos hoje, para onde caminha a pesquisa e quais devem ser as principais conquistas da ciência nas próximas décadas (p. 40).

Ainda nesta edição, uma surpresa: o número zero do suplemento especial *Explora!*, dedicado a estudantes e professores de segundo grau que gostam de aprender juntos através de experiências.

A redação

Enquanto uma aponta para o "panorama atualizado da produção científica do país" e para "as pesquisas que se destacam no mundo", a outra elogia a agilidade e a elegância no visual, com o objetivo de produzir uma revista de fácil leitura e bonita aparência.

Arrojo, elegância, agilidade, boa aparência. Conjugadas na execução gráfica de *Ciência Hoje*, essas palavras de ordem remetem a uma tentativa de compatibilizar a revista com um paradigma gráfico-editorial definido por ela como "moderno", embora certos procedimentos construtivos adotados em algumas edições a partir desse momento pareçam assediados por referências e parâmetros "pós-modernos", na medida em que assimilam, seja de modo tênue, seja de forma mais aberta, alguns elementos típicos dos processos interacionais, das práticas culturais e estéticas e dos padrões enunciativos característicos da pós-modernidade, entre os quais vale a pena mencionar:

- a valorização exacerbada dos aspectos visuais e dos significantes;
- a incorporação de realidades e procedimentos fragmentários;
- a exploração de procedimentos baseados na velocidade e na fluidez;
- o elogio da performance e do desempenho;
- a visão instrumental da ciência;
- a espetacularização de aspectos da vida individual e social e do conhecimento científico.

Em *Ciência Hoje*, o período que vai do ano de 1997 até a primeira metade da década de 2000 corresponde, conforme já assinalado, à fase na qual se verifica de maneira mais accntuada a manifestação desses elementos, que se traduzem em práticas e processos construtivos utilizados na organização da revista como um todo e em alguns de seus enunciados. Nos editoriais, esses elementos continuam sendo incorporados nos mesmos moldes do observado no editorial de nov/98, o que se pode confirmar pela amostra a seguir:

Março 1999

Uma chuva de partículas

Antes de acabar de ler esta frase, o leitor terá sido atravessado por cerca de 50 bilhões de neutrinos gerados por fontes radioativas naturais da Terra e por mais de 100 bilhões saídos de reatores nucleares. Sem contar os 400 trilhões de neutrinos vindos do Sol, que o estarão atingindo até durante a noite. E quando finalizar a leitura desta revista, o leitor terá emitido 20 milhões dessas intrigantes partículas que ajudam a compor a matéria. Investigados desde 1930, os neutrinos, tema de nosso artigo de capa, são hoje considerados essenciais nos debates sobre o futuro do universo.

Cercadas de mistérios e lendas, as preguiças foram injustamente rotuladas, durante muito tempo, como animais menores, insensíveis e estúpidos. Mas estudos recentes, apoiados em técnicas que permitem acompanhar de perto esses 'parentes' dos tatus e tamanduás, mostram que as preguiças são extremamente bem adaptadas ao meio em que vivem. *Ciência Hoje* revela novos dados sobre o deslocamento e a dieta desses mamíferos – em especial a preguiça-de-coleira – que sempre atraíram a curiosidade popular e hoje estão ameaçados de extinção.

Embora pareçam adeptas da resistência passiva, as plantas defendem-se ativamente das agressões que sofrem – sejam de vírus, bactérias, insetos e demais organismos ou de agentes não-biológicos, como radiação, temperaturas extremas e poluição. Cada vez mais, grupos de pesquisa do mundo inteiro tentam desvendar os processos bioquímicos envolvidos nessa defesa. Definir o papel das substâncias que participam dessa proteção pode ajudar a melhorar a produção agrícola e, em conseqüência, a qualidade dos alimentos. Nesta edição, apresentamos os resultados mais recentes dessa busca.

A redação

março de 1999 • CIÊNCIA HOJE

Abril 1999

Memória, essa ilustre desconhecida

Talvez nunca consigamos desvendar os mistérios da memória humana nem cheguemos a conhecer o íntimo de sua natureza — essa característica particular que faz com que cada pessoa seja exclusivamente quem é. Mas pesquisas feitas nos últimos três anos forneceram dados significativos sobre os mecanismos envolvidos nos diferentes tipos de memória. Já se sabe, por exemplo, quais fatores regulam algumas formas de memória e através de que processos bioquímicos isso acontece. Tais informações já permitem encarar seu estudo de forma mais organizada e científica e dão alguns indícios dos caminhos a serem tomados para prevenir as demências e a conseqüente perda cognitiva.

Um evento do qual o homem não poderia guardar memória é a grande explosão que teria dado origem ao universo, o *Big Bang*. Nesse momento inicial, o universo era formado apenas por energia, sob forma de radiação. Aos poucos, matéria e antimatéria teriam sido criadas em quantidades idênticas. Mas o encontro de uma com a outra levaria necessariamente a seu aniquilamento, fazendo com que o que era massa retornasse à condição de radiação. Tudo o que existe hoje no universo, no entanto, é a prova concreta de que a matéria sobreviveu a essa aniquilação precoce. O que teria acontecido então com a antimatéria? O mais potente acelerador de partículas em construção na Europa, projetado para entrar em operação em 2005, permitirá realizar experiências — o Brasil participará de algumas — que podem ajudar a elucidar essa questão.

Entre os desafios futuros para manter a sobrevivência da espécie humana, o aumento na produção de alimentos é um dos mais prementes. Para atender a essa necessidade, é preciso ocupar novas fronteiras agrícolas e melhorar a produtividade da terra. Isso, entretanto, não tem sido fácil: à medida que se abrem novas frentes de exploração, provoca-se grande impacto ambiental, com perda da fertilidade natural e conseqüente aumento da desertificação. Um dos fatores que contribuem para agravar esse processo não tem recebido a atenção que merece: a ação do Sol. Seu potencial destrutivo em solo brasileiro é mais forte do que se costuma levar em conta. Hoje é impossível pensar em produtividade sem considerar o fenômeno da erosão solar.

A redação

abril de 1998 • CIÊNCIA HOJE

Maio 1999

Os primeiros passos do homem na América

O debate sobre a história da ocupação humana na América continua acalorado no meio científico. Os sítios mais antigos encontrados até hoje – de 11 mil a 12,5 mil anos atrás – são vestígios inquestionáveis da presença humana no continente americano. Mas é consenso entre os pesquisadores que o homem teria chegado à América do Norte antes dessa data. Há dúvidas, entretanto, sobre como ocorreu essa ocupação. Acredita-se que houve quatro ondas migratórias vindas da Ásia, que teriam atravessado o estreito de Bering. Algumas teriam alcançado a América do Sul. *Ciência Hoje* apresenta as diversas hipóteses que motivam os especialistas e que até agora não permitiram chegar à unanimidade sobre o assunto.

No litoral fluminense, um ambiente com características únicas no país está sofrendo sérias ameaças de sobrevivência. Trata-se da lagoa de Araruama, uma das maiores lagunas costeiras hipersalinas do mundo. Uma vez e meia mais salgada que o mar, a lagoa mantém seu frágil equilíbrio ambiental com dificuldade. A ocupação desordenada das áreas em torno, sobretudo por loteamentos que veranistas, tem exposto a lagoa a processos físicos, ecológicos, biogeoquímicos e socioeconômicos perigosos. Especialistas apresentam em *CH* propostas para orientar a ação humana na região e reduzir os impactos ambientais.

Chaves de todos os processos metabólicos que compõem a vida, as proteínas são atualmente as grandes estrelas do meio científico. Conhecer sua estrutura e função é tão importante para os bioquímicos como saber a disposição das engrenagens de um relógio para um relojoeiro. Entre as técnicas disponíveis hoje, a cristalografia com luz síncrotron é a que melhor permite descrever as proteínas, através do preciso posicionamento de cada um de seus átomos. *CH* mostra nesta edição como essa ferramenta pode ajudar a decifrar mais rápido e com maior precisão os segredos dessas 'vedetes', abrindo caminho para o desenvolvimento de remédios mais específicos e potentes, além da criação de novas proteínas com funções especiais.

A redação

Novembro 1999

Para que existe o **sexo**?

A tentativa de explicar a utilidade do sexo na reprodução dos seres vivos vem quebrando a cabeça dos biólogos desde o século passado. Segundo alguns autores, o sexo só poderia ter evoluído se algum benefício misterioso permitisse contrabalançar o grande custo da meiose (divisão celular para produção de gametas). Vários cientistas tentaram identificar tal vantagem capaz de justificar a reprodução sexuada. Apresentamos aqui uma das explicações propostas, conhecida como teoria da 'Rainha Vermelha', que vem ganhando mais adeptos na comunidade científica e não mostra limitações até o momento. Segundo essa teoria, o sexo serviria para manter o equilíbrio dos organismos na constante luta evolutiva contra seus próprios parasitas.

As técnicas de produção de imagens de resolução espacial vêm se aperfeiçoando na última década, permitindo estudar o cérebro mais profundamente. A ressonância magnética tem ajudado muito a compreender melhor a estrutura anatômica do cérebro e ultimamente tem permitido até mesmo mapear seus aspectos funcionais, sobretudo o pensamento. Com esse instrumento, pesquisadores brasileiros vislumbram uma série de aplicações de grande utilidade na medicina, como a localização com precisão milimétrica de áreas cerebrais afetadas por tumores.

Difícil imaginar a vida moderna sem nossos aparelhos de refrigeração – geladeiras, *freezers* e condicionadores de ar. Entretanto, esses tão indispensáveis bens de consumo causam graves danos ao ambiente, ao liberar gases na atmosfera que danificam a camada de ozônio. Entre as alternativas ecológica e economicamente viáveis, destaca-se a chamada desmagnetização adiabática – processo de resfriamento que se baseia na magnetização e desmagnetização de um sal específico. A redução da temperatura, nesse caso, é obtida sem haver troca de calor, ao contrário do que ocorre na compressão e descompressão dos gases. Se essa opção se mantiver tão promissora quanto agora se apresenta, ela poderá num futuro próximo substituir os refrigeradores convencionais sem prejuízo para o ambiente.

A redação

Maio 2000

O **medo** doentio de **viver em sociedade**

Todos temos algum grau de ansiedade social no limite. Mas em algumas pessoas essa sensação deixa de ser normal e se torna patológica. Qualquer evento social novo ou desconhecido passa a ter vivido com uma apreensão ou inquietação exagerada, acompanhada de sintomas físicos como palpitações, sudorese, mal-estar gástrico, cefaleia e súbita necessidade de evacuar. Essa resposta inadequada a um determinado estímulo, chamada pelos psiquiatras de fobia social, atinge grande proporção de pessoas na vida moderna, prejudicando seu bem-estar e desempenho profissional. *Ciência Hoje* mostra nesta edição a importância de reconhecer a fobia social como doença para que ela possa ser tratada adequadamente.

O objetivo da biologia da conservação – manter a diversidade biológica do planeta – contrapõe-se à crise ambiental causada pelo desenvolvimento tecnológico, que levou ao aumento da população humana e ao uso não-sustentável dos recursos naturais. Para evitar a perda e fragmentação de habitats, e a consequente extinção de espécies, pesquisadores de Minas Gerais defendem uma nova forma de avaliar o problema e de propor soluções, com base na teoria de metapopulações.

Poucos imaginam que existam no universo objetos celestes semelhantes a enormes fornalhas. São os chamados núcleos ativos de galáxias, que emitem quantidades assombrosas de energia, na forma de jatos de matéria e radiação, luz, calor, ondas de rádio e raios X, produzindo luminosidades bilhões de vezes mais intensas que a do Sol. Duas pesquisadoras da Universidade de São Paulo mostram em *CH* como se comportam esses poderosos devoradores de matéria.

A redação

Julho 2000

Brasil busca **materiais 'inteligentes'**

Na corrida mundial pela competitividade industrial, o domínio de tecnologias é fundamental para qualquer país, sobretudo aquelas de maior valor estratégico. Pelo menos na área de microencapsulação de materiais ativos, o Brasil participa desse desafio. Essa tecnologia, que confere propriedades 'inteligentes' a alimentos, cosméticos, remédios, agrotóxicos, entre outros produtos, já está sendo desenvolvida aqui. Através dela, por exemplo, é possível controlar a ação ou a liberação de um dado material, tornando mais eficaz o produto final.

Outra tecnologia de ponta, com vasta aplicação na indústria, está auxiliando os cientistas a vasculhar o diminuto mundo de átomos e moléculas. Os microscópios de varredura por sonda são uma versão melhorada dos equipamentos de tunelamento surgidos nos anos 80, que substituíram a luz usada nos microscópios ópticos por feixes de partículas, para visualizar a matéria. Com essa nova geração de aparelhos, já se podem obter imagens tridimensionais de altíssima resolução de vários materiais: de bactérias magnéticas a revestimentos de disquetes e CDs.

Nesta edição, *Ciência Hoje* aproveita para discutir o impacto da globalização na sociedade brasileira. O economista Carlos Lessa, da Universidade Federal do Rio de Janeiro, analisa como as mudanças culturais decorrentes desse processo afetam a crise que o país atravessa, com repercussões diferentes nas classes baixa e média da população. Ele aponta ainda para uma possível aliança entre esses segmentos sociais.

Em nossa série de artigos sobre povos indígenas, *CH* apresenta um estudo sobre a visão de mundo dos índios Waurá, da Amazônia. Eles acreditam que a Amazônia é habitada, além de animais, vegetais e humanos, por monstros que são 'donos' de bichos, plantas ou objetos. Os Waurá atribuem poderes extra-humanos a esses monstros, que influenciam de diversas maneiras a vida da comunidade.

A redação

Agosto 2000

O **amor** na rede

O computador vem mudando não apenas as relações de trabalho e de comunicação entre seus usuários. Uma nova forma de relacionamento amoroso também está surgindo no espaço cibernético. Muitos se perguntam se esse 'amor virtual', que dispensa a presença física do parceiro, seria anômalo, imperfeito ou mesmo imoral. Uma reflexão mais profunda sobre o tema pode nos ajudar a olhar para essa nova experiência amorosa sem maniqueísmos ou julgamentos precipitados.

Se hoje é bombardeada por informações, em um passado remoto a Terra foi palco de outras colisões violentas. Vagando a esmo pelo espaço, gigantescos corpos celestes chocavam-se com a superfície terrestre, deixando imensas cicatrizes. Conhecidos como 'crateras de impacto', esses enormes buracos despertam atualmente o interesse dos geólogos. Mas não há motivo para preocupação, tranqüilizam os especialistas: apesar de ainda hoje toneladas de objetos celestes invadirem a atmosfera diariamente, o risco de colisões catastróficas com a Terra em um futuro próximo é pouco provável.

Um dos maiores desafios da medicina atual é o combate de bactérias cada vez mais resistentes aos antibióticos disponíveis. Na luta contra as infecções gastrointestinais, uma nova estratégia tem se mostrado eficiente: o emprego de suplementos microbianos vivos (probióticos), de alimentos que estimulam a ação bacteriana (prebióticos) ou da combinação de ambos (simbióticos). Associados ou não aos tratamentos existentes, esses alimentos funcionais – como iogurte e leite acidófilo — ou preparações farmacêuticas têm melhorado sensivelmente o balanço microbiano do intestino.

Em mais um artigo da série 500 anos de Brasil, *Ciência Hoje* destaca a gramática da língua tupinambá, escrita pelo padre jesuíta José de Anchieta em 1595. Trabalho criterioso e minucioso, é um dos primeiros documentos sobre línguas do Novo Mundo, precedido apenas pela gramática do quéchua, herdada dos incas.

A redação

Setembro 2000

O peso da **obesidade** no Brasil

Maio 2001

Flagrantes do universo adolescente

Junho 2001

Células-tronco: revolução na medicina

Setembro 2001

Procuram-se **ETs**

Répteis no céu do Brasil

Milhões de anos atrás, no céu do Nordeste brasileiro, voavam estranhas criaturas de aspecto assustador. Eram enormes répteis, com até 6 m entre as pontas de suas asas, batizados pelos paleontólogos de pterossauros. Os fósseis desses que foram os primeiros vertebrados voadores nos permitem conhecer parte de sua história, características e hábitos. Mas muito – desde sua origem a seu desaparecimento – ainda está para ser descoberto.

Descobertas desse tipo também motivam os cientistas que analisam o DNA humano em busca de uma explicação para as diversas deficiências mentais e anormalidades físicas. Com as novas técnicas de biologia molecular, já foi possível associar algumas delas à ausência de determinados fragmentos do material genético. É o caso da síndrome de Williams, doença rara que atinge uma pessoa em 20 mil nascimentos. Pesquisas feitas em vários países, inclusive no Brasil, possibilitarão desenvolver novos tratamentos para seus portadores.

É para apoiar estudos dessa natureza e formar recursos humanos de alto nível que surgiram há cerca de meio século as agências de fomento. Dados recentes mostram que as federais privilegiam o financiamento do doutorado em detrimento do pós-doutorado, opção contrária à adotada pela agência estadual de São Paulo, a Fapesp, que tem considerado o 'pós-doc' o mais importante instrumento para fortalecer a comunidade científica brasileira e favorecer sua projeção internacional.

Estabelecer mecanismos eficazes de punição para os violadores dos direitos humanos na nossa sociedade é essencial para ultrapassar o plano dos direitos formais e alcançar o das garantias reais. No último artigo da série 'Direitos humanos' inaugurada em outubro, abordamos a questão da impunidade como um dos grandes desafios a serem alcançados.

A redação

Em graus diferentes, em todos e em cada um dos editoriais mostrados nessa sequência é possível perceber algum ou alguns dos elementos mencionados. Por exemplo:

- No editorial de março de 1999 (cujo título é "Uma Chuva de Partículas"), a importância do assunto é envolvida por uma aura de espetacularização, desenhada principalmente por meio de uma descrição que enfatiza a grandiosidade do tema, iterada semicamente pelo recurso a números extraordinários (50 bilhões, 500 bilhões, 400 bilhões) e reforçada pela sua inscrição em uma ordem astronômica, referida por termos como "Terra", "Sol", "futuro do universo". Somando-se a isso, a espetacularização é embalada por um ritmo acelerado, com a criação de uma atmosfera de intensa velocidade e efemeridade positivamente apreciada pelo enunciador. "Antes de acabar de ler esta frase", diz ele, advertindo o leitor acerca do caráter vertiginoso e fugidio da realidade a respeito da qual ele vai falar e na qual o destinatário está diretamente implicado – uma vez que "quando finalizar a leitura", ele, leitor, "terá emitido 20 milhões dessas intrigantes partículas". O investimento em um registro de espetacularização e de representação estereotipada do conhecimento científico é acionado ainda no início do segundo bloco de texto: referindo-se às preguiças, a oração inicial (que funciona como uma chamada, visto que é grafada em *bold* e em cor vermelha) chama a atenção para o fato de elas serem "cercadas de lendas e mistérios" e por isso (podemos inferir) dignas da curiosidade científica.
- No editorial de abril de 1999, também se pode observar a mesma linha de investimento. A atenção que se reclama para o assunto tratado, a memória, é angariada principalmente por meio da sua inclusão em um campo de objetos cercados de curiosidades e mistérios, para cujo desvendamento a ciência (que emerge nessa imagem como aventureira e desbravadora) está vocacionada, por maior que seja o desafio, como nesse caso, uma vez que (conforme admite o enunciador), "talvez nunca consigamos desvendar os mistérios da memória humana".
- Como parte desse movimento de reorganização, cresce durante o referido período, a atenção de *CH* (o que naturalmente se reflete nos seus editoriais) aos assuntos da preferência popular, como, por exemplo, vida em outros planetas, curiosidades científicas e cuidados com a saúde, revelando-se aí um pequeno tangenciamento da revista em relação aos critérios

de prioridade utilizados normalmente pelas revistas de divulgação científica comerciais. Para se ter uma ideia da proporção, basta observar que, entre os doze editoriais apresentados nessa amostra, quatro deles podem ser em alguma medida enquadrados nessa situação. O editorial de maio de 2000 focaliza, no primeiro bloco textual, o medo patológico de viver em sociedade e, no último, um dos mistérios do universo: as fornalhas (ou núcleos ativos) das galáxias. O de setembro de 2000, recorrendo, aliás, a um jogo de palavras no título do primeiro bloco de texto ("O Peso da Obesidade no Brasil"), aborda um dos temas da moda, que articula, de um lado, os cuidados com a saúde e, de outro, a preocupação obsessiva dos indivíduos (fomentada principalmente pela esfera da mídia) com o corpo e a aparência física. O de maio de 2001 investe novamente nas curiosidades da astronomia, dando conta de novas técnicas pelas quais tem sido possível conhecer aspectos do passado do universo. Esse é, a propósito, o tema da capa da edição, cujo título, recorrendo a um procedimento intertextual com o livro de James Joyce, é "Galáxias Distantes: Retratos do Universo Quando Jovem". O de junho de 2001 reúne a saúde e o caráter visionário da ciência na chamada do editorial que anuncia: "Células-tronco: Revolução na Medicina". No editorial de setembro de 2001 volta, no primeiro bloco de texto, a grande vedete popular: a vida em outros planetas, com o título "Procuram-se ETs".

- A permanência de um padrão de texto segmentado, politemático e topicalizado consolida nos editoriais desse período uma identidade que, como já assinalado na análise do editorial de nov/98 feita mais acima, tangencia referências espaço-temporais tipicamente pós-modernas, incorporando elementos como fluidez, velocidade e fragmentação, daí decorrendo a possibilidade, impensável nos quinze primeiros anos da revista, de alguns editoriais serem construídos pela justaposição de tópicos não necessariamente interligados, configurando uma espécie de mosaico que reproduz em uma versão reduzida e impressa certas práticas dos jornais televisivos nos quais não é de maneira alguma incomum assuntos absolutamente díspares serem colocados em contiguidade, e o locutor passar sem a menor cerimônia de um assassinato a uma pesquisa eleitoral, ou do risco de uma epidemia a um prêmio acumulado de loteria, igualando tudo, dessa forma, em importância ou, o que pode ser mais sintomático, em desimportância.

Ademais, como já assinalado, não é só no gênero *editorial* que se pode constatar a presença desses elementos na produção discursiva de *Ciência Hoje*. Em enunciados produzidos em outros gêneros eles também se fazem notar. Graficamente, eles podem ser visualizados, por exemplo, nos casos mostrados a seguir.

Em enunciados de diferentes gêneros, como se vê aí, o uso excessivo de cores e a diagramação espalhafatosa garantem, por si sós, a espetacularização, a exacerbação dos significantes e, por vezes, a sensação de que se entra em um mundo desorganizado e feito de fragmentos.

A espetacularização é reforçada ainda, no caso das matérias internas, pelo recurso ao estatuto privilegiado da matéria abordada. Nos casos aqui mostrados, os nanomagnetos são referidos como portadores de "superpoderes", e a linguagem como um mundo "fantástico".

Tal procedimento, destinado a angariar interesse para o objeto focalizado chamando a atenção para o seu caráter fabuloso, extraordinário, misterioso, instigante, grandioso, torna-se, no período mencionado, bastante frequente na produção enunciativa da revista, sendo recorrente em frases de chamada, como, por exemplo, as que seguem:

- "A Vida Secreta das Esponjas", matéria interna, janeiro-feveiro/2001;
- "Galáxias Distantes – Retratos do Universo Quando Jovem", capa, mai/2001;
- "A Busca de Vida Extraterrestre: Uma Grande Aventura Científica", sumário, setembro/2001;
- "O Incrível Sapo dos Dedos Azuis", matéria interna, outubro/2001;
- "Conflito na Terra Santa", capa, novembro/2001;
- "A Saga dos Piolhos na América do Sul", matéria interna, agosto/2002;
- "Vida – Origens, Funcionamento e Mistério", capa, março/2003;
- "O Mundo Encantado das Relações Públicas", matéria interna, abril/2003;
- "O Misterioso Mundo dos Sonhos", capa, julho/2003.

Novembro 1997 - publicidade

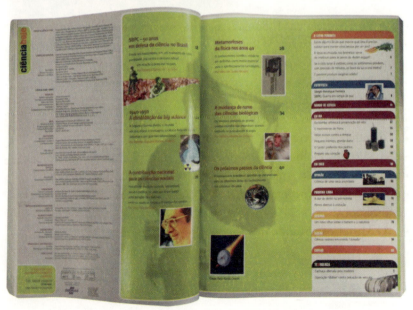

Julho 1998 - expediente e sumário

Abril 2000 –
matéria interna

Setembro 2000 –
matéria interna

7. *CIÊNCIA HOJE* APÓS 2004: REAÇÃO DE VOZES MODERNAS

Sintetizando o que foi apresentado até aqui, pode-se concluir que os anos de 1997 a 2001 correspondem ao período no qual a revista *Ciência Hoje* é mais intensamente assediada por parâmetros e referências espaço-temporais, cognitivas, éticas e estéticas características da pós-modernidade, o que se traduz na incorporação à arquitetura dos seus enunciados de alguns elementos ausentes ou totalmente inexpressivos durante os seus primeiros quinze anos de existência.

Após 2001, no entanto, principia-se um período de arrefecimento desse assédio e, a partir de 2004, começa a se observar uma espécie de retomada de percurso que, mesmo sem descartar algumas transformações já consolidadas, recupera linhas de fidelidade ao padrão enunciativo consagrado na fase inicial da revista.

No que diz respeito aos editoriais, uma das principais manifestações nesse sentido é a já referida retomada de um enunciador que, falando em nome de uma instituição, discorre sobre uma questão específica (diretamente relacionada ou não com o papel da ciência e dos cientistas na sociedade) e a respeito dela defende uma determinada posição.

A seguir são apresentados dois exemplos desse tipo. O primeiro (de junho de 2005) é um editorial assinado por Renato Lessa, que, na condição de presidente do Instituto Ciência Hoje (organização responsável pela publicação da revista), discorre sobre o problema do desemprego e critica a visão neoliberal, que responsabiliza o próprio trabalhador pela falta de trabalho.

O segundo trata de um tema ligado mais diretamente ao mundo da ciência. Também assinado por Renato Lessa, o editorial discute as aplicações das pesquisas sobre células-tronco à luz do ordenamento constitucional.

O espectro do desemprego

CARTA AO LEITOR

O desemprego parece ser tão antigo quanto o vento. Com efeito, a convivência com o fenômeno nos leva a supô-lo aparentado a forças naturais, contra as quais pouco haveria a fazer. No entanto, o modelo de organização social que passou a conceber o trabalho como pura mercadoria é recente. Foi há cerca de 200 anos, no alvorecer da revolução industrial – recordando a magistral análise do austríaco Karl Polanyi (1886-1964) em *A grande transformação* – que o trabalho passou a ser governado por essa lógica, que esse autor chamou de "religião de mercado".

De acordo com esse credo, tanto a quantidade de trabalho quanto o seu preço passam a ser regulados por leis estritamente econômicas, baseadas na oferta e na demanda. A natureza social do trabalho dá lugar a sua utilidade, e esta determina a quantidade de pessoas dotadas de empregos. Não há, nessa ótica, correspondência entre oferta de empregos e necessidade social e individual de trabalho, para fins de sobrevivência.

Tal cenário sombrio deu lugar, no século 20, à compreensão de que a economia deve ser alvo de políticas econômicas e sociais voltadas para o crescimento e para a proteção social do trabalho. Embora persista a dissociação entre a oferta de empregos e a necessidade social de trabalho, tal relação não está imune à ação de políticas de emprego.

A explosão do desemprego no Brasil, entre 1990 e 2002, foi contemporânea da perda de capacidade estratégica e positiva do Estado. A adesão das elites políticas e sociais ao reordenamento neoliberal coincidiu com a desaceleração do crescimento e a maior vulnerabilidade da economia nacional à competição internacional. O cenário não dispensou a aparição de novas 'teorias': no jargão oficial, o desemprego passou a ser percebido pela ótica da 'baixa empregabilidade', espécie de mácula que faz do trabalhador a causa principal de sua carência de trabalho.

Dois artigos neste número da *Ciência Hoje* abordam o tema do desemprego, questão estratégica para o país. Por ângulos diferentes, demonstram o peso do não crescimento e da abertura comercial descuidada no agravamento do problema. Além disso, fica clara a incidência desigual do desemprego sobre os diferentes grupos sociais, sendo que as classes de renda mais baixa, os negros (segundo classificação do IBGE) e as mulheres sofrem o problema de forma mais aguda.

Fica a impressão de que o Brasil, de 1990 a 2002, reeditou o padrão de 200 anos atrás. A diferença é que, nesses 12 anos, houve intervenção estatal na condução da economia. Tal como apontam os artigos citados, o problema reside no caráter regressivo, privatizante e desregulador da atuação pública. Com tais crenças, só um milagre teria aumentado o nível de emprego no país.

Renato Lessa
Presidente do Instituto Ciência Hoje

Em defesa da vida

CARTA AO LEITOR

Em 2005, o Congresso Nacional promulgou a Lei de Biossegurança, cujo artigo quinto autoriza o uso de células-tronco embrionárias em pesquisas científicas. A lei, no entanto, impõe severas restrições: os embriões devem ser considerados inviáveis para fins de reprodução assistida, devem estar congelados há mais de três anos e sua utilização exige o consentimento expresso de seus genitores.

Além disso, as pesquisas devem ser aprovadas pelo Comitê Nacional de Ética em Pesquisa, que desde então jamais autorizou projetos de pesquisa que lidem com células-tronco de embriões humanos.

A despeito de todo esse rigor, em maio daquele ano o então Procurador-geral da República, Carlos Fontelles, argüiu no Supremo Tribunal Federal (STF) a inconstitucionalidade da lei. O processo arrasta-se no STF há cerca de três anos, com grave efeito de paralisia sobre a atividade científica, em função da incerteza que provoca.

No dia 6 de março passado, o plenário da corte reuniu-se para decidir a respeito. O relator, ministro Ayres de Britto, negou a inconstitucionalidade e sustentou o "direito à saúde e à livre expressão da atividade científica". A votação foi suspensa pelo pedido de vistas do ministro Carlos Alberto Direito, com vínculos históricos com a hierarquia católica, tal como Fontelles.

Pela Constituição de 1988, o STF, mais do que instância máxima de recursos jurídicos, passa a exercer o "controle abstrato da constitucionalidade das leis". Em outros termos, cabe a esse tribunal a definição final a respeito da compatibilidade das leis, e das próprias medidas administrativas do Poder Executivo, com fundamentos das normas constitucionais. A principal implicação desse papel é o reconhecimento de uma 'comunidade de intérpretes' da Constituição que pode dirigir-se ao STF, através de Ações Diretas de Inconstitucionalidade (Adins), para argüir a adequação de leis e decretos ao espírito da Carta. Pelo artigo 103 da Constituição Federal, têm essa prerrogativa o Presidente da República, as Mesas do Senado, Câmara e Assembléias Legislativas, os governadores de estado, o Procurador-geral da República, o Conselho Federal da OAB, os partidos políticos e as confederações sindicais e entidades de classe. Caso acatadas, tais ações implicam a anulação de leis e de outras medidas que as motivaram.

Com freqüência, é matéria que não pode ser resolvida com a aplicação automática de preceitos constitucionais claros. Isso exige do juiz mais do que simples exercício de interpretação e, com efeito, são suas concepções filosóficas, morais, jurídicas e, por vezes, religiosas que acabam por definir as implicações da Constituição para casos concretos.

Trata-se de um cenário no qual o Poder Judiciário exerce um papel de tutela político-moral da sociedade. No caso em questão, a interpelação do ex-Procurador exige do STF uma definição do que seja a vida humana, demandando da corte uma afirmação doutrinária de natureza não-jurídica.

Se estamos todos de acordo, quando se trata de defender o direito à vida, melhor seria seguir a opinião do geneticista Oliver Smithies – prêmio Nobel de Medicina em 2007: a utilização de embriões humanos descartados – em vias de ir para o lixo – é uma forma de preservar suas vidas nas vidas de outras pessoas. Na verdade, é a única alternativa que têm ao descarte e à solidão do congelamento eterno.

É de se esperar que o STF não compactue com manobras protelatórias e siga o voto do ministro Ayres de Britto. A vida agradecerá.

Renato Lessa
Presidente do Instituto Ciência Hoje

Assim é que, após 2004, os editoriais de *Ciência Hoje*, manifestando a recuperação de posições enfraquecidas nos anos imediatamente anteriores pelo assédio de tendências pós-modernizantes, passam a expressar uma espécie de composição entre as vozes tradicionais identificadas com o projeto inicial da revista e as vozes instaladas na segunda metade da década 1990, o que se traduz principalmente em um relativo arrefecimento da estética assumida a partir de 1998 e em uma certa revalorização da estética anterior. Embora permaneça na maior parte dos casos o padrão politemático, segmentado e despolitizado assinado por A REDAÇÃO, há agora também a presença intermitente de editoriais estruturados em um único bloco textual e assinados por um sujeito institucionalmente ancorado, em que se aborda, numa perspectiva politizada semelhante à dos primeiros tempos da revista, um assunto relacionado às principais questões em pauta na conjuntura econômica, política e social do país.

Além disso, há uma visível diminuição do investimento excessivo em cores e em fórmulas de organização visual preocupadas com a espetacularização, indicando que a luta pelos sentidos desenvolvida no âmbito da revista passa a apresentar uma correlação diferente daquela que predominou no período entre 1997 e 2004.

CONSIDERAÇÕES FINAIS

Se a argumentação desenvolvida nas páginas precedentes tiver minimamente atingido o seu propósito, pelo menos três pontos suscitados pelos objetivos anunciados no Capítulo 1 devem ter ficado em alguma medida demonstrados. O primeiro é que a teoria bakhtiniana fornece um aparato teórico bastante fértil para a apreensão do discurso na sua relação com o fenômeno ideológico. O segundo é que na produção enunciativa característica da sociedade contemporânea refletem-se e refratam-se importantes processos pelos quais se definiram nas últimas quatro ou cinco décadas transformações cruciais nas formas de organização econômica e de regulação política e social. O terceiro é que, em vista do modo como a ciência (enquanto força produtiva e ideologia) foi incorporada a essas transformações, o discurso de divulgação científica constitui um campo relevante para a observação dos embates entre as forças que lutam pela hegemonia na construção dos sentidos e significados materializados nos enunciados concretos em circulação na sociedade.

Focalizando a produção enunciativa de *Ciência Hoje* (em particular aquela materializada nos seus editoriais) nas décadas de 1990 e 2000, o trabalho conta ter mostrado que ao longo desse período o discurso da revista é atravessado por um antagonismo de fundo entre, de um lado, vozes identificadas com um projeto de divulgação científica de cunho moderno-iluminista, marcado pelo investimento em uma visão de mundo sistêmica, totalizante e comprometida com a construção do futuro e, de outro, vozes identificadas com significados, práticas e valores pós-modernos, definidos pelo elogio do fragmentário e do contingente, pela exaltação da competitividade e do desempenho e pelo primado da velocidade, da instantaneidade e da instrumentalização da ciência como conhecimento subsumido pela lógica da produção de mercadorias.

A identificação de um intervalo de tempo (situado entre os anos de 1997 e 2001) durante o qual o assédio de vozes pós-modernistas se faz sentir com maior intensidade no discurso da revista, no entanto, não quer dizer, como já salientado, que a revista tenha se curvado inteiramente a pressões provenientes da esfera econômica e adotado uma linha de atuação contrária ao seu projeto original. Em vez disso, revela que mesmo um discurso construído na contramão das práticas, sentidos e valores que estão emergindo na esteira de novas formas de organização da vida econômica e social não deixa de ser assediado pelas vozes ideológicas cuja hegemonia está em processo de consolidação na sociedade.

Por outro lado, o fato de um certo interregno pós-moderno ser sucedido pela reafirmação de linhas afinadas com os projetos históricos da revista mostra que o universo ideológico, conquanto pressionado pelas forças dominantes que buscam sempre impulsioná-lo, em um movimento centrípeto, para a unidade e para a estabilização, também é permeado por forças divergentes que o empurram, sob impulsos centrífugos, para a diversidade, o que significa dizer que a luta ideológica é sempre um processo em aberto.

Assim, o modo como embates ideológicos fundamentais da contemporaneidade se desenvolvem na produção enunciativa da revista *Ciência Hoje* pode ser lido como uma pequena demonstração de que a aparência de naturalidade e irreversibilidade de um universo organizado por princípios como velocidade, desempenho, instantaneidade, fluidez e competitividade nada mais é que o resultado, por definição provisório, de uma luta pelo controle dos sentidos e dos significados.

REFERÊNCIAS BIBLIOGRÁFICAS

BIBLIOGRAFIA GERAL

AMORIM, M. "Ato *versus* Objetivação e Outras Oposições Fundamentais no Pensamento Bakhtiniano". In: FARACO, C. A.; TEZZA, C. & CASTRO, G. (orgs.). *Vinte Ensaios sobre Mikhail Bakhtin.* Petrópolis/RJ, Vozes, 2006, pp. 17-24.

ALPATOV, V. M. "La linguistique marxiste en URSS dans les années 1920-1930". Traduit du russe par Patrick Sériot. In: SÉRIOT, P. (ed.). *Le discours sur la langue en URSS à l'époque stalienne (espistemologie, philosophie, idéologie). Cahiers de l'ILSL n. 14,* Lausanne, Université de Lausanne, 2003, pp. 5-22.

_____. "What is Marxism in Linguistics?" *In*: BRANDIST, C. & TIHANOV, G. *Materializing Bakhtin. The Bakhtin Circle and Social Theory.* London, MacMillan Press, 2000, pp. 173-193.

ANDERSON, P. "Balanço do Neoliberalismo". *In*: SADER, E. & GENTILI, P. (orgs.). *Pós-neoliberalismo. As Políticas Sociais e o Estado Democrático.* Rio de Janeiro, Paz e Terra, 1995, pp. 9-23.

_____. *As Origens da Pós-modernidade.* Trad. Marcus Penchel. Rio de Janeiro, Jorge Zahar Ed., 1999.

ARISTÓTELES. *Retórica.* 4. ed. Trad. Antonio Tovar. Madrid, Centro de Estudios Constitucionales, 1990

AUTHIER-REVUZ, J. L. *Palavras Incertas*: *As não Coincidências do Dizer.* Campinas, Editora da Unicamp, 1998

BAUMAN, Z. *Modernidade Líquida.* Trad. Plínio Dentzien. Rio de Janeiro, Zahar, 2001.

BENNETT, T. *Formalism and Marxism.* London/New York, Routledge, 2003.

BERNARD-DONALS, M. F. *Mikhail Bakhtin: Between Phenomenology and Marxism.* Cambridge, Cambridge University Press, 1994.

BERNHEIM, C. T. & CHAUÍ, M. S. *Desafios da Universidade na Sociedade do Conhecimento.* Brasília, Unesco, 2008.

BOCHAROV, S & LIAPUNOV, V. "Conversations with Bakhtin". *PMLA*, vol. 109, n. 5 (Oct., 1994), pp. 1009-1024. Published by Modern Language Association. Stable url: http://www.jstor.org/stable/462968. Acesso em 30.05.2011.

BONDARENKO, M. "Reflet et réfraction chez les philosophes marxistes du langage des années 1920-30 en Russie: V. Volochinov lu à travers V. Abaev". *In*: SÉRIOT, Patrick et FRIEDRICH, Janette (eds.). *Langage et pensée: Union Soviétique années 1920-1930. Cahiers de l'ILSL* n. 24, Lausanne: Université de Lausanne, 2008, pp. 113-148.

BOURDIEU, P. *Os Usos Sociais da Ciência. Por uma Sociologia Clínica do Campo Científico.* Trad. Denice Barbara Catani. São Paulo, Editora da Unesp, 2004.

BRAIT, B. (org.). *Bakhtin: Conceitos-chave.* São Paulo, Contexto, 2005.

_____. (org.). *Bakhtin: Outros Conceitos-chave.* São Paulo, Contexto, 2006.

_____. (org.). *Bakhtin. Dialogismo e Construção do Sentido.* Campinas, Editora da Unicamp, 2005.

_____. (org.). *Bakhtin – Dialogismo e Polifonia.* São Paulo, Contexto, 2009.

_____. (org.). *Bakhtin e o Círculo.* São Paulo, Contexto, 2009.

BRAIT, B & Campos, M. I. B. "Da Rússia Czarista à Web". *In*: BRAIT, B. (org.). *Bakhtin e o Círculo.* São Paulo, Contexto, 2009, pp. 15-30.

BRANDIST, C. "Gramsci, Bakhtin e a Semiótica da Hegemonia". *In*: RIBEIRO, A. P. G. & SACRAMENTO, I. (org.). *Mikhail Bakhtin: Linguagem, Cultura e Mídia.* São Carlos/SP, Pedro & João Editores, 2010, pp. 185-210.

_____. "Bakhtin, Marxism and Russian Populism". *In*: BRANDIST, C. & TIHANOV, G. *Materializing Bakhtin. The Bakhtin Circle and Social Theory.* London, MacMillan Press, 2000, pp. 70 93.

_____. *The Bakhtin Circle. Philosophy, Culture and Politics.* London, Pluto Press, 2002.

_____. "Mikhail Bakhtin e os Primórdios da Sociolinguística Soviética". *In*: FARACO, C. A.; TEZZA, C. & CASTRO, G. (orgs.). *Vinte Ensaios sobre Mikhail Bakhtin.* Petrópolis/RJ, Vozes, 2006, pp. 67-88.

_____. "The Origins of Soviet Sociolinguistics". *Journal of Sociolinguistics 7/2.* Oxford, Blackwell Publishing Ltda., 2003, pp. 213-231.

_____. "Early Soviet Research Projects and the Development of 'Bakhtinian' Ideas: The View from the Arquives". *Proceedings of the XI1 International Bakhtin Conference.* Jyväskyla, Finland, 18-22 July, 2005, pp. 144-156. Edited by Department of Languages, University of Jyväskyla, Finland, 2006. Disponível em: [http://eprints. whiterose.ac.uk/2134/1/brandistc4.pdf]. Acesso em: 16 de julho de 2010.

_____. *Repensando o Círculo de Bakhtin*. Trad. Helenice Gouvea e Rosemary H. Schettini. São Paulo, Contexto, 2012.

_____. "Os Círculos de Vygotsky e Bakhtin: Explicando a Convergência". *Repensando o Círculo de Bakhtin*. Trad. Helenice Gouvea e Rosemary H. Schettini. São Paulo, Contexto, 2012a, pp. 91-111.

_____. "Linguística Sociológica em Leningrado: O Instituto de Estudos Comparados das Literaturas e Línguas do Ocidente e do Oriente (ILIAZV) 1921-1933". *Repensando o Círculo de Bakhtin*. Trad. Helenice Gouvea e Rosemary H. Schettini. São Paulo, Contexto, 2012b, pp. 155-181.

BRANDIST, C. & TIHANOV, G. *Materializing Bakhtin. The Bakhtin Circle and Social Theory*. London, MacMillan Press, 2000.

BRANDIST, C; SHEPHERD, D & TIHANOV, G. *The Bakhtin Circle. In the Master's Absence*. Manchester/UK, Manchester University Press, 2004.

BRONCKART, J-P & BOTA, C. *Bakhtin Desmascarado. História de um Mentiroso, de uma Fraude, de um Delírio Coletivo*. Trad. Marcos Marcionilo. São Paulo, Parábola, 2012.

BUENO, Wilson da Costa. *Jornalismo Científico no Brasil: uma Prática Dependente*. Tese de Doutorado, ECA/USP, São Paulo, 1984.

BUKHARIN, N. *Tratado de Materialismo Histórico* [1921]. Tradução revista por Edgard Carone. Rio de Janeiro, Laemmert, 1970.

_____. "Breves Notas sobre o Problema da *Teoria do Materialismo Histórico* [1923]". *Tratado de Materialismo Histórico* [1921]. Tradução revista por Edgard Carone. Rio de Janeiro, Laemmert, 1970, pp. 366-378.

CASTELLS, M. *A Sociedade em Rede. A Era da Informação: Economia, Sociedade e Cultura* – vol. 1. 6. ed., 15ª reimp. Trad. Roneide Venancio Majer/Jussara Simões. São Paulo, Paz e Terra, 2012.

CHAUÍ, M. *O Que É Ideologia*. 8. ed. São Paulo, Brasiliense, 1982.

_____. "O Discurso Ccompetente [1977]". *Cultura e Democracia: O Discurso Competente e Outras Falas*. 11. ed. rev. e ampl. São Paulo, Cortez Editora, 2006, pp. 15-25.

_____. "Sob o Signo do Neoliberalismo". *Cultura e Democracia: O Discurso Competente e Outras Falas*. 11. ed. rev. e ampl. São Paulo, Cortez Editora, 2006, pp. 311-339.

CLARK, K. & HOLQUIST, M. *Mikhail Bakhtin*. Trad. J. Guinsburg. São Paulo, Perspectiva, 2004 [1984].

CORACINI, M. J. R. F. *Um Fazer Persuasivo: o Discurso Subjetivo da Ciência*. 2. ed. Campinas, Pontes, 2007.

COSTA, L. R. *Da Ciência à Política. Dialogismo e Responsividade no Discurso da SBPC nos Anos 80*. São Paulo, Fapesp/Annablume, 2010.

_____. "Dialogismo, Responsividade e Referenciação: Uma Análise de Editoriais da Revista Ciência Hoje". *In*: GARCIA, B.R.V.; CUNHA, C.L.; PIRIS, E.L.; FERRAZ, F.S.M. & GONÇALVES SEGUNDO, P.R. (orgs.). *Análises do Discurso: O Diálogo entre as Várias Tendências na USP*. São Paulo, Paulistana, 2009.

DEBORD, G. *A Sociedade do Espetáculo*. Trad. Estela dos Santos Abreu. Rio de Janeiro, Contraponto, 1997.

DEPRETTO, C. *L'heritage de Bakhtine*. Paris, pub, 1997.

EAGLETON, T. *Ideologia*. Trad. Silvana Vieira e Luís Carlos Borges. São Paulo, Boitempo, 1997.

EMERSON, C. *Os Cem Primeiros Anos de Mikhail Bakhtin*. Trad. Pedro Jorgensen Jr. Rio de Janeiro, Difel, 2003.

FARACO, C. A.; TEZZA, C. & Castro, G. (orgs.). *Vinte Ensaios sobre Mikhail Bakhtin*. Petrópolis/RJ, Vozes, 2006.

_____. "Aspectos do Pensamento Estético de Bakhtin e seus Pares". *Letras de Hoje*. Porto Alegre, PUC/RS, vol. 46, n. 1, pp. 21-26, jan./mar. 2011

_____. *Linguagem e Diálogo: As Ideias Linguísticas do Círculo de Bakhtin*. São Paulo, Parábola, 2009.

FEATHERSTONE, M. *Cultura de Consumo e Pós-Modernismo*. Trad. Julio Assis Simões. São Paulo, Studio Nobel, 1995.

_____. *O Desmanche da Cultura. Globalização, Pós-modernismo e Identidade*. Trad. Carlos Eugênio Marcondes de Moura. São Paulo, Studio Nobel, 1997.

FERNANDES, Ana Maria. *A Construção da Ciência no Brasil e a SBPC*. Trad. Marcos Bagno. Brasília, Editora da Universidade de Brasília/Anpocs/CNPq, 1990

GARDINER, M. E. *The Dialogics of Critique: M. M. Bakhtin and the Theory of Ideology*. London/New York, Routledge, 1992.

_____. "Editor's Introduction". *In*: GARDINER, Michael E. (ed.). *Mikhail Bakhtin. Suge Masters of Modern Social Thought*. London, Thousand Oaks, New Delhi, Sage Publications, 2003, pp. IX-XXX

_____. "Le défi dialogique de Bakhtine aux sciences sociales". *In*: Vauthier, B. (Dir.). *Mikhail Bakhtine, Valentin Voloshinov et Pavel Medevedev dans les contextes européen et russe. Slavica Occitania n. 25*. Toulouse, Université de Toulouse, 2007, pp. 67-87.

GRILLO, S. V. C. "Esfera e Campo". *Bakhtin: Outros Conceitos-chave*. São Paulo, Contexto, 2006, pp. 133-160.

_____. "Épistémologie et genres du discours dans le cercle de Bakhtine. *Linguistique des genres – le programme de Bakhtine et ses perspectives contemporaines*". *Revue Linx* n. 56, Université Paris X, Nanterre, 2007.

_____. "O Método Formal nos Estudos Literários: Introdução Crítica a uma Poética Sociológica". *In*: BRAIT, B. (org.). *Bakhtin e o Círculo*. São Paulo, Contexto, 2009, pp. 73-96.

_____. *Divulgação Científica: Linguagens, Esferas e Gêneros*. São Paulo, FFLCH/USP, 2013. Tese de livre-docência.

HABERMAS, J. "Técnica e Ciência Enquanto Ideologia [1968]". Trad. Zeljko Loparic e Andréa Maria Altino de Campos Loparic. In: *Os Pensadores*. São Paulo, Abril Cultural, 1980, pp. 313-343.

HARVEY, D. *Condição Pós-moderna*. 20. ed. Trad. Adail Ubirajara Sobral e Maria Stela Gonçalves. São Paulo, Edições Loyola, 2010.

_____. *O Neoliberalismo: História e Implicações*. Trad. Adail Sobral e Maria Stela Gonçalves. São Paulo, Loyola, 2008.

HERRICK, T. "Fenomenologia da Linguagem em Bakhtin e Merleau-Ponty". In: FARACO, C. A.; TEZZA, C.; & CASTRO, G. (orgs.). *Vinte Ensaios sobre Mikhail Bakhtin*. Petrópolis/RJ, Vozes, 2006, pp. 133-145.

HIRSCHKOP, K. & SHEPHERD, D. (eds.). *Bakhtin and Cultural Theory*. Manchester/New York, Manchester University Press, 2001.

HIRSCHKOP, K. "Bakhtin, Discurso e Democracia". In: RIBEIRO, A. P. G.; SACRAMENTO, I. (orgs.). *Mikhail Bakhtin: Linguagem, Cultura e Mídia*. São Carlos/SP, Pedro & João Editores, 2010 [1986].

_____. "Bakhtin in the Sober Light of Day (An Introduction to the Second Edition)". In: HIRSCHKOP, K. & SHEPHERD, D. (eds.). *Bakhtin and Cultural Theory*. Manchester/New York, Manchester University Press, 2001, pp. 1-25.

_____. *Mikhail Bakhtin: An Aesthetic for Democracy*. New York, Oxford University Press, 1999.

HITCHCOCK, P. "Dialética Dialógica: Bakhtin, Zizek e o Conceito de Ideologia". Trad. ing. por Carlos Alberto Faraco. In: FARACO, C.A; TEZZA, C. & CASTRO, G (orgs.). *Vinte Ensaios sobre Mikhail Bakhtin*. Petrópolis, Vozes, 2006, pp. 161-171.

HOLQUIST, M. "Dialogismo e Estética". In: RIBEIRO, A. P. G. & SACRAMENTO, I. (orgs.). *Mikhail Bakhtin: Linguagem, Cultura e Mídia*. São Carlos/SP, Pedro & João Editores, 2010, pp. 37-64.

INDURSKY, F. "A Ideologia em Bakhtin e em Pêcheux: um Estudo em Contraponto". In: ZANDWAIS, A. (org.). *Mikhail Bakhtin – Contribuições para a Filosofia da Linguagem e Estudos Discursivos*. Porto Alegre, Editora Sagra Luzzato, 2005.

IVANOV, V. V. "The Significance of M. M. Bakhtin's Ideas on Sign, Utterance and Dialogue". In: BARAN, H. (ed.). *Semiotics and Structuralism: Readings from the Soviet Union*. New York, International Arts and Science Press, 1974, pp. 310-367.

IVANOVA, I. "Le dialogue dans la linguistique soviétique des années 1920-1930". In: SÉRIOT, P. (ed.). *Le discours sur la langue en URSS à l'époque stalienne (epistemologie, philosophie, idéologie)*. Cahiers de l'ILSL n. 14, Lausanne, Université de Lausanne, 2003, pp. 157-182.

JAMESON, F. *Pós-modernismo: A Lógica Cultural do Capitalismo Tardio*. Trad. Maria Elisa Cevasco. Revisão da tradução Iná Camargo Costa. São Paulo, Ática, 1996.

_____. *A Virada Cultural. Reflexões sobre o Pós-modernismo*. Trad. Carolina Araújo. Rio de Janeiro, Civilização Brasileira, 2006.

KONDER, L. *A Questão da Ideologia*. São Paulo, Companhia das Letras, 2002.

KUZNECOV, S. "La langue internationale et la révolution mondiale. Traduit et adapté du russe par Patrick Sériot". *In*: SÉRIOT, P. (ed.). *Un paradigme perdu: la linguistique marriste. Cahiers de l'ILSL* n. 20, Lausanne, Université de Lausanne, 2005, pp. 143-159.

LÄHTEENMÄKI, M. "Da Crítica de Saussure por Voloshinov e Iakubinski". Trad. ing. Carlos A. Faraco. *In*: FARACO, C. A.; TEZZA, C. & CASTRO, G. (orgs.). *Vinte Ensaios sobre Mikhail Bakhtin*. Petrópolis/RJ, Vozes, 2006, pp. 191-207.

_____. "Sur l'idée du caractere de classe de la langue: Marr et Volosinov". *In*: SÉRIOT, P. (ed.). *Un paradigme perdu : la linguistique marriste. Cahiers de l'ILSL* n. 20, Lausanne, Université de Lausanne, 2005, pp. 161-175.

LACAPRA, D. "Bakhtin, o Marxismo e o Carnavalesco". *In*: RIBEIRO, A. P. G. & SACRAMENTO, I. (orgs.). *Mikhail Bakhtin: Linguagem, Cultura e Mídia*. São Carlos/SP, Pedro & João Editores, 2010 [1983], pp. 149-184.

LÊNIN, V. I. *O Que Fazer?* São Paulo, Martins, 2006 [1902].

LÉVY, P. *Cibercultura*. Trad. Carlos Irineu da Costa. São Paulo, Ed. 34, 1999.

_____. *O Que É o Virtual?* Trad. Paulo Neves. São Paulo, Ed. 34, 1996.

LIPOVETSKY, G. *Metamorfoses da Cultura Liberal. Ética, Mídia e Empresa*. Trad. Juremir M. Silva. Porto Alegre, Sulina, 2004.

_____. *Os Tempos Hipermodernos*. Trad. Mário Vilela. São Paulo, Barcarola, 2004a.

LYOTARD, J.-F. *A Condição Pós-moderna*. 15ª ed. Trad. Ricardo Corrêa Barbosa. Rio de Janeiro, José Olympio, 2013[1979].

LÖWY, M. *Ideologias e Ciência Social. Elementos para uma Análise Marxista*. 19. ed. São Paulo, Cortez, 2010.

MACHADO, I. *Analogia do Dissimilar. Bakhtin e o Formalismo Russo*. São Paulo, Perspectiva, 1989.

MALCUZINSKI, M-P. *Entre-Dialogues avec Bakhtin: ou sociocritique de la (dé) raison polyphonique*. Amsterdam/Atlanta, Rodopi, 1992.

MARCUSCHI, L. A. & XAVIER, A. C. (orgs.). *Hipertexto e Gêneros Digitais. Novas Formas de Construção de Sentido*. 3. ed. São Paulo, Cortez, 2010.

MARCUSCHI, L. A. "Gêneros Textuais Emergentes no Contexto da Tecnologia Digital". *In*: MARCUSCHI, L. A. & XAVIER, A. C. (orgs.). *Hipertexto e Gêneros Digitais. Novas Formas de Construção de Sentido*. 3. ed. São Paulo, Cortez, 2010, pp. 15-80.

MARCUSE, H. *A Ideologia da Sociedade Industrial: O Homem Unidimensional.* [1964] Trad. Giasone Rebuá. 5. ed. Rio de Janeiro, Zahar, 1979.

MARX, K. & ENGELS, F. *A Ideologia Alemã* (I- Feuerbach) [1845-46]. 3. ed. Trad. José Carlos Bruni e Marco Aurélio Nogueira. São Paulo, Livraria Editora Ciências Humanas, 1982.

MARX, K. *Para a Crítica da Economia Política* [1858-59]. Trad. José Arthur Giannotti e Edgar Malagodi. *Os Pensadores.* São Paulo, Abril Cultural, 1978, pp. 101-257.

MASSARANI, L & MOREIRA, I. C. "A Divulgação Científica no Brasil e suas Origens Históricas". *Revista TB n. 188,* Rio de Janeiro, Tempo Brasileiro, 2012, pp. 5-26.

_____. "Aspectos Históricos da Divulgação Científica no Brasil". *In*: MASSARANI, L., MOREIRA, I. C. & BRITO, F. *Ciência e Público: Caminhos da Divulgação Científica no Brasil.* Rio de Janeiro, Casa da Ciência – Centro Cultural de Ciência e Tecnologia da UFRJ. Fórum de Ciência e Cultura, 2002, pp. 43-64.

MEDVIÉDEV, I. & MEDVIEDEVA, D. "The Scholarly Legacy of Pavel Medvedev in the Light of His Dialogue with Bakhtin". *In*: BRANDIST, C.; SHEPHERD, D. & TIHANOV, G. *The Bakhtin Circle. In the Master's Absence.* Manchester/UK, Manchester University Press, 2004, pp. 24-43.

_____. "Pavel Nikoláievitch Medviédev: Nota Biográfica". *O Método Formal nos Estudos Literários - Introdução Crítica a uma Poética Sociológica* [1928]. Trad. Ekaterina V. Américo e Sheila C. Grillo. São Paulo, Contexto, 2012, pp. 247-255.

MEYER, Michel. *A Retórica.* Trad. Marly N. Peres. São Paulo, Ática, 2007.

MIOTELLO, V. "Ideologia". *In*: BRAIT, B. (org.). *Bakhtin: Conceitos-chave.* São Paulo, Contexto, 2005, pp. 167-176.

MORSON, G. S. & EMERSON, C. *Mikhail Bakhtin. A Criação de uma Prosaística.* Trad. Antonio de Pádua Danesi. São Paulo, Edusp, 2008.

MOSER, C. A. *Esthetics as Nightmare: Russian Literary Theory, 1855-1870.* Princeton, Princeton University Press, 1989.

NAESS, A. *et al. Democracy, Ideology and Objectivity: Studies in the Semantics and Cognitive Analysis of Ideological Controversy.* Oslo, University Press, 1956.

OLIVEIRA, M. B. "Neutralidade da Ciência, Desencantamento do Mundo e Controle da Natureza". *Scientiae Studia.* São Paulo, vol. 6, n. 1, 2008, pp. 97-116.

_____. "Ciência: Força Produtiva ou Mercadoria?" *Crítica Marxista,* Rio de Janeiro, Revan, n. 21, 2005, pp. 77-96.

ORLANDI, E. P. *Análise de Discurso: Princípios e Procedimentos.* 5ª ed. Campinas/SP, Pontes, 2003.

PERELMAN, C. *O Império Retórico: Retórica e Argumentação.* Trad. Fernando Trindade e Rui Alexandre Grácio. Porto(Portugal), 1993.

PERELMAN, C. & OLBRECHTS-TYTECA, L. *Tratado da Argumentação*: *A Nova Retórica.* Trad. Maria Ermantina Galvão G. Pereira. São Paulo, Martins Fontes, 1996.

PEYTARD, J. *Mikhail Bakhtine: Dialogisme et analyse du discours*. Paris, Bertrand-Lacoste, 1995.

PLEKHANOV, G. *A Arte e a Vida Social* [1912]. 2. ed. Trad. Eduardo Sucupira Filho. São Paulo, Brasiliense, 1969.

_____. *Os Princípios Fundamentais do Marxismo* [1908]. Trad. Sônia Rangel. São Paulo, Hucitec, 1978.

_____. "A Concepção Materialista da História [1897]". *Obras Escolhidas*. Trad. José Sampaio Marinho. Moscou, Edições Progresso, 1987, pp. 286-314.

_____. "A Propósito do Papel do Indivíduo na História". *Obras Escolhidas*. Trad. José Sampaio Marinho. Moscou, Edições Progresso, 1987, pp. 315-346.

PONZIO, A. *A Revolução Bakhtiniana*. Coord. de trad. Valdemir Miotelo. São Paulo, Contexto, 2009.

POOLE, B. "From Phenomenology to Dialogue: Max Scheler's Phenomenological Tradition and Michael Bakhtin's Development from 'Toward a Philosophy of the Cct' to His Study of Dostoevsky". *In*: HIRSCHKOP, K. & SHEPHERD, D. (eds.). *Bakhtin and Cultural Theory*. Manchester/New York, Manchester University Press, 2001, p. 109-135.

RAEFF, M. *Origins of the Russian Intelligentsia. The Eighteenth-Century Nobility*. San Diego/New York/London, Harcourt Brace & Company, 1966.

REIS FILHO, D. A. *Uma Revolução Perdida: A História do Socialismo Soviético*. 2ª ed. atualizada. São Paulo, Editora Fundação Perseu Abramo, 1997.

RIBEIRO, A. P. G. & SACRAMENTO, I. (orgs.). *Mikhail Bakhtin: Linguagem, Cultura e Mídia*. São Carlos/SP, Pedro & João Editores, 2010.

RIESTRA, D. (comp.). *Saussure, Voloshinov y Bajtin Revisitados. Estudios Históricos y Epistemológicos*. Buenos Aires, Mino y Dávila Editores, 2010.

RUBIM, A. C. C. "A Contemporaneidade como Idade Mídia". *Interface. Comunicação, Saúde, Educação.* São Paulo, Unesp, ago-2000, vol. 4, n. 7, pp. 25-36.

SCHNAIDERMAN, B. *Turbilhão e Semente. Ensaios sobre Dostoiévski e Bakhtin*. São Paulo, Livraria Duas Cidades Editora, 1983.

SÉRIOT, P. (ed.). "Le discours sur la langue en URSS à l'époque stalienne (espistemologie, philosophie, idéologie)". *Cahiers de l'ILSL* n. 14, Lausanne, Université de Lausanne, 2003.

_____. "Volochinov, la sociologie et les lumières". *In*: VAUTHIER, B. (dir.). *Mikhail Bakhtine, Valentin Voloshinov et Pavel Medevedev dans les contextes européen et russe. Slavica Occitania* n. 25. Toulouse, Université de Toulouse, 2007a, pp. 89-108.

_____. "Généraliser l'unique: genres, types et sphères chez Bakhtine". *In*: SIMON BOUQUET, S. & GRILLO, S. V. C. *Linx* [en ligne], 56 | 2007b, mis en ligne le 18 février 2011. url: http://linx.revues.org/352, pp. 37-53.

_____. "Preface". In: VOLOSHINOV. V. N. *Marxisme et philosophie du langage. Les problèmes fondamentaux de la méthode sociologique dans la science du langage.* Éd. Bilingue. Traduit du russe par Patrick Sériot et Inna Tylkowsky-Ageeva. Lausanne, Lambert-Lucas, 2010, pp. 13-109.

SHEPHERD, D. "Re-Introducing the Bakhtin Circle". *In*: BRANDIST, C.; SHEPHERD, D. & TIHANOV, G. *The Bakhtin Circle. In the Master's Absence.* Manchester/UK, Manchester University Press, 2004, pp. 1-21.

SOBRAL, A. "Ato/Atividade e Evento". *In*: BRAIT, Beth (org.). *Bakhtin: Conceitos-Chave.* São Paulo, Contexto, 2005, pp. 11-36.

_____. *Do Dialogismo ao Gênero – As Bases do Pensamento do Círculo de Bakhtin.* Campinas/SP, Mercado de Letras, 2009.

SOUZA, G. T. *Introdução à Teoria do Enunciado Concreto do Círculo de Bakhtin/Volochinov/Medvedev.* São Paulo, Humanitas, 1999.

_____. *A Construção da Metalinguística (Fragmentos de uma Ciência da Linguagem na Obra de Bakhtin e seu Círculo).* São Paulo, FFLCH-USP, 2002. Tese de doutorado.

_____. "Gêneros Discursivos em *Marxismo e Filosofia da Linguagem*". *In*: SOUZA-E-SILVA, C. & BRAIT, B. (dir.). *The ESPecialist.* Sao Paulo, vol. 24, n. esp., 2003, pp. 185-202.

TCHOUGOUNNIKOV, S. "Por uma Arqueologia dos Conceitos do Círculo de Bakhtin: Ideologema, Signo Ideológico, Dialogismo". Trad. Ana Zandwais e Vincent Leclercq. *In*: ZANDWAIS, A. (org.). *Mikhail Bakhtin – Contribuições para a Filosofia da Linguagem e Estudos Discursivos.* Porto Alegre, Editora Sagra Luzzato, 2005, pp. 11-40.

_____. "O Dialogismo e a Paleontologia da Linguagem: O Circulo de Bakhtin na Episteme Soviética (1920-1930)". *Conexão Letras – PPG Letras UFRGS.* Porto Alegre, Sagra Luzzato, vol. 1, n. 1, 2005, pp. 11-46.

_____. "O Círculo de Bakhtin e o Marxismo Soviético: Uma 'Aliança Ambivalente'". *Conexão Letras – PPG Letras UFRGS.* Porto Alegre, Nova Prova, vol. 3, n. 3, 2008, pp. 19-36.

TEZZA, C. *Entre a Prosa e a Poesia: Bakhtin e o Formalismo Russo.* Rio de Janeiro, Rocco, 2003.

TIHANOV, G. "Seeking a 'Third Way' for Soviet Aesthetics: Eurasianism, Marxism, Formalism". *In*: BRANDIST, C; SHEPHERD, D. & TIHANOV, G. *The Bakhtin Circle. In the Master's Absence.* Manchester/UK, Manchester University Press, 2004, pp. 45-69.

_____. "Volochinov, Ideology and Language: The Birth of Marxist Sociology from the Spirit of *Lebensphilosophie*". *The South Atlantic Quarterly*, vol. 97, n. 3/4, 1998, pp. 599-621.

_____. "Culture, Form, Life: The Early Lukács and the Early Bakhtin". In: Brandist, C. & Tihanov, G. *Materializing Bakhtin. The Bakhtin Circle and Social Theory*. London, MacMillan Press, 2000, pp. 43-69.

Tylkovski, I. *V. N. Voloshinov en contexte: essai d'épistémologie historique*. Université de Lausanne, 2010. Thèse de Doctorat. Faculté des Lettres.

Todorov, T. *Mikhail Bakhtine: le principe dialogique – Suivi de écrits du Cercle de Bakhtine*. Paris, Du Seuil, 1981.

Trotsky, L. *Literatura e Revolução*. Trad. M. Bandeira. Rio de Janeiro, Zahar Editores, 1969 [1923].

Ulam, A. B. *Os Bolcheviques*. 2. ed. Trad. Francisco Manoel da Rocha Filho e Archibaldo Figueira. Rio de Janeiro, Nova Fronteira, 1976.

Vasilev, N. L. "A História da Questão sobre a Autoria dos 'Textos Disputados' em Estudos Russos sobre Bakhtin (M.M. Bakhtin e os seus Coautores)". Trad. Irina Starostina. *In*: Faraco, C. A.; Tezza, C. & Castro, G. (orgs.). *Vinte Ensaios sobre Mikhail Bakhtin*. Petrópolis/RJ, Vozes, 2006, pp. 290-304.

Vauthier, B. "Préface". *In*: Vauthier, B. (dir.). *Mikhail Bakhtine, Valentin Voloshinov et Pavel Medevedev dans les contextes européen et russe. Slavica Occitania* n. 25. Toulouse, Université de Toulouse, 2007, pp. 9-43.

_____. "Introduction – La poétique sociologique de Pavel Nikolaevich Medvedev. Première contribution du 'Cercle de Bakhtine' à une tentative d'eclairage réciproque des connaissances et des arts". *In*: Medvedev, P./Cercle de Bakhtine. *La méthode formelle en littérature*. Toulouse, Presses Universitaires du Mirail, 2008, pp. 7-70

_____. "Lire Medvedev pour mieux comprendre Bakhtine. Le rapport entre pensée et langage dans l'oeuvre de jeunesse de Bakhtine". *In*: Sériot, Patrick et Friedrich, Janette (eds.). *Langage et pensée : Union Soviétique années 1920-1930. Cahiers de l'ILSL* n. 24, Lausanne, Université de Lausanne, 2008a, pp. 77 99.

Volin (Vsevolod Mikhailovitch Eichenbaum). *A Revolução Desconhecida*. Vol. 1: *Nascimento, Crescimento e Triunfo da Revolução Russa (1825-1917)*. Trad. do fr. Jaime de Almeida. São Paulo, Global, 1980.

Williams, R. *Marxismo e Literatura*. Trad. Waltensir Dutra. Rio de Janeiro, Zahar Editores, 1979.

_____. "Base e Superestrutura na Teoria da Cultura Marxista". *Cultura e Materialismo*. São Paulo, Editora da Unesp, 2011, pp. 43-68.

_____. "Meios de Comunicação como Meios de Produção". *Cultura e Materialismo*. São Paulo, Editora da Unesp, 2011a, pp. 68-86.

Yaguello, M. "Introdução" [1977]. *In*: Volochinov, V. N./Bakhtin, M. *Marxismo e Filosofia da Linguagem* [1929]. 9. ed. Trad. fr. Michel Lahud e outros. São Paulo, Hucitec/Annablume, 2002, pp. 11-19.

ZAMBONI, L. M. S. *Cientistas, Jornalistas e Divulgação Científica*. Campinas, Autores Associados, 2001.

ZANDWAIS, A. (org.). *Mikhail Bakhtin – Contribuições para a Filosofia da Linguagem e Estudos Discursivos*. Porto Alegre, Editora Sagra Luzzato, 2005.

_____. "O Papel das Leituras Rngajadas em *Marxismo e Filosofia da Linguagem*". *Conexão Letras* – PPG Letras UFRGS. Porto Alegre, Sagra Luzzato, vol. 4, n. 4, 2009, pp. 31-40.

ZIZEK, S. (org.). *Um Mapa da Ideologia*. Trad. Vera Ribeiro. Rio de Janeiro, Contraponto, 1996.

_____. *Eles Não Sabem o Que Fazem: O Sublime Objeto da Ideologia*. Trad. Vera Ribeiro. Rio de Janeiro, Jorge Zahar Editor, 1992.

BIBLIOGRAFIA DO CÍRCULO

BAKHTINE, M. "Préface à *Résurrection* [1929]". *In*: TODOROV, T. *Mikhail Bakhtine: le principe dialogique*. Paris V, Éditions du Seuil, 1981, pp. 217-241.

BAJTIN, M. "Autor y Héroe en la Actividad Estética [1924]". *In*: BAJTIN, M. *Hacia una Filosofía del Acto Ético. De los Borradores y Otros Escritos*. Trad. Tatiana Bubnova. Rubi (Barcelona), Anthropos; San Juan, Universidad de Puerto Rico, 1997, pp. 85-105.

BAJTIN, M. *Hacia uma Filosofía del Acto Ético. De los Borradores y Otros Escritos* [1920/1924]. Trad. Tatiana Bubnova. Rubi (Barcelona), Anthropos; San Juan, Universidad de Puerto Rico, 1997.

BACHTIN, M. *Problemi dell'opera di Dostoevskij* [1929]. Trad. Margherita De Michiel. Bari, Edizioni dal Sud, 1997.

BAKHTIN, M. "Os Gêneros do Discurso [1952-1953]". *Estética da Criação Verbal*. 3. ed. Trad. fr. de Maria Ermantina Galvão G. Pereira. São Paulo, Martins Fontes, 2000, pp. 277-326.

_____. "O Autor e o Herói [1922-1924]". *In*: BAKHTIN, M. *Estética da Criação Verbal*. Trad. Maria Ermantina Galvão G. Pereira. São Paulo, Martins Fontes, 2000a, pp. 23-220.

_____. "O Problema do Texto [1959-1961]". *Estética da Criação Verbal*. 3. ed. Trad. do fr. Maria Ermantina Galvão G. Pereira. São Paulo, Martins Fontes, 2000b, pp. 327-358.

_____. *Para uma Filosofia do Ato Responsável* [1920-1924]. Trad. do it. Valdemir Miotelllo e Carlos Alberto Faraco. São Carlos, Pedro & João Editores, 2010.

_____. "Arte e Responsabilidade [1919]". *In*: BAKHTIN, M. *Estética da Criação Verbal*. Trad. Paulo Bezerra. São Paulo, Martins Fontes, 2010a, pp. xxxiii-xxxiv.

_____. "A Respeito de *Problemas da Obra de Dostoiévski* [1929]". *In*: BAKHTIN, M. *Estética da Criação Verbal*. Trad. Paulo Bezerra. São Paulo, Martins Fontes, 2010b, pp. 193-201.

_____. "Reformulação do Livro sobre Dostoiévski". *In*: BAKHTIN, M. *Estética da Criação Verbal*. Trad. Paulo Bezerra. São Paulo, Martins Fontes, 2010c, pp. 337--366.

_____. "Os Gêneros do Discurso [1952-1953]". *Estética da Criação Verbal*. Trad. do russo de Paulo Bezerra. 5. ed. São Paulo, Martins Fontes, 2010d, pp. 261-306.

_____. *Problemas da Poética de Dostoievski* [1963]. 4. ed. Trad. do russo de Paulo Bezerra. 4. ed. Rio de Janeiro, Forense Universitária, 2008.

_____. "O Problema do Conteúdo, do Material e da Forma na Criação Literária [1923-24]". *Questões de Literatura e de Estética. A Teoria do Romance*. 5. ed. Trad. do russo de Aurora Fornoni Bernardini e outros. São Paulo, Hucitec/Annablume, 2002, pp. 13-70.

_____. "O Discurso no Romance [1934-1935]". *Questões de Literatura e de Estética. A Teoria do Romance*. 5. ed. Trad. do russo de Aurora Fornoni Bernardini e outros. São Paulo, Hucitec/Annablume, 2002a, pp. 71-210.

MEDVEDEV, P. *O Método Formal nos Estudos Literários – Introdução Crítica a uma Poética Sociológica* [1928]. Trad. Ekaterina V. Américo e Sheila C. Grillo. São Paulo, Contexto, 2012.

_____. *La méthode formelle en littérature – Introduction à une poétique sociologique*. [1928] Publ. sob o nome de MEDVEDEV, P./Cercle de Bakhtine. Trad. de Bénédicte Vauthier et Roger Comtet. Toulouse, Université de Toulouse/Presses Universitaires du Mirail, 2008.

VOLOCHINOV, V. *Freudisme. Essai critique (Le)*. Publ. sob o nome de M. Bakhtin. Trad. par Guy Verret. Lausanne, Editions L'Age d'Homme, 1980.

_____. *Marxismo e Filosofia da Linguagem* [1929]. Publicado sob o nome de M. Bakhtin (Volochinov). 9. ed. Trad. do fr. Michel Lahud e outros. São Paulo, Hucitec/Annablume, 2002.

_____. *Marxisme et philosophie du langage. Les problèmes fondamentaux de la méthode sociologique dans la science du langage* [1929]. Éd. bilingue. Traduit du russe par Patrick Sériot et Inna Tylkowsky-Ageeva. Lausanne, Lambert-Lucas, 2010.

_____. "Le discours dans la vie et le discours dans la poésie" [1926]. *In*: TODOROV, T. *Mikhail Bakhtine: Le principe dialogique*. Paris VI, Éditions du Seuil, 1981, pp. 181-215.

_____. "La structure de l'énoncé" [1930]. *In*: TODOROV, T. *Mikhail Bakhtine: le principe dialogique*. Paris VI, Éditions du Seuil, 1981a, pp. 287-316.

_____. *O Freudismo, um Esboço Crítico* [1927]. Publicado sob o nome de M. Bakhtin. Trad. Paulo Bezerra. São Paulo, Perspectiva, 2007.

_____. "La Palabra en la Vida y la Palabra en la Poesía [1926]. *In*: Bajtin, M. *Hacia una Filosofía del Acto Ético. De los Borradores y Otros Escritos*. Trad. Tatiana Bubnova. Rubi (Barcelona), Anthropos; San Juan, Universidad de Puerto Rico, 1997, pp. 106-137.

_____. "Qu'est-ce que la langue et le langage?" [1930]. *In*: Vološinov, V. N. *Marxisme et philosophie du langage. Les problèmes fondamentaux de la méthode sociologique dans la science du langage*. Éd. bilingue. Traduit du russe par Patrick Sériot et Inna Tylkowsky-Ageeva. Lausanne, Lambert-Lucas, 2010a, pp. 519-566.

_____. "Rapport d'activité à l'iljazv de V. N. Vološinov, doctorant, pour l'année académique 1927-1928" [1928]. *In*: Vološinov. V. N. *Marxisme et philosophie du langage. Les problèmes fondamentaux de la méthode sociologique dans la science du langage*. Éd. bilingue. Traduit du russe par Patrick Sériot et Inna Tylkowsky-Ageeva. Lausanne, Lambert-Lucas, 2010b, pp. 477-517.

_____. "Rapport d'activité à l'Institute de Recherches de l'Université pour l'anée 1925-1926". *In*: Vološinov. V. N. *Marxisme et philosophie du langage. Les problèmes fondamentaux de la méthode sociologique dans la science du langage*. Éd. bilingue. Traduit du russe par Patrick Sériot et Inna Tylkowsky-Ageeva. Lausanne, Lambert-Lucas, 2010c, pp. 471-475.

Título	*A Questão da Ideologia no Círculo de Bakhtin e os Embates no Discurso de Divulgação Científica da Revista* Ciência Hoje
Autor	Luiz Rosalvo Costa
Editor	Plinio Martins Filho
Produção editorial	Aline Sato
Revisão de provas	Ateliê Editorial
Design, diagramação e capa	Tainá Nunes Costa
Formato	16 × 23 cm
Tipologia	Minion Pro, Avenir Next LT Pro e Trade Gothic LT
Número de páginas	272
Papel	Chambril Avena 80 g/m² (miolo)
	Cartão Supremo 250 g/m² (capa)
CTP, impressão e acabamento	Cromosete